작품과 함께 읽는

스페인어권 문학사

●

박종탁 지음

신아사

머리말

오늘날 스페인어가 세계적 언어가 된 것은 사용국가 수와 인구 때문만이 아니라 찬란한 문학 전통에 힘입은 바 크다. 스페인은 오래 전부터 독창성이 넘치는 작품들로 세계문학에 지대한 기여를 하였다. 스페인어를 모국어로 쓰는 사람들은 이 사실을 대단히 자랑스럽게 생각하기 때문에, 이러한 문학 전통을 이해하는 것은 사교를 위한 교양으로서도 꼭 필요하다.

이 책은 스페인의 정열이 문학에 어떻게 나타나고 있는가를 보여주려고 한다. 무수히 많은 명작들 중에서 몇몇 작품의 일부분이라도 우리 글로 읽을 수 있게 함으로써, 원어로 감상할 수 없는 독자들에게 스페인의 정열의 실체를 조금이라도 맛보고 이해할 수 있게 하려는 뜻이다. 한 권의 책에 작품 감상을 포함시키는 만큼, 문학사에 대한 자세한 서술은 줄어들 수밖에 없으나, 독자는 그 부분을 이미 시중에 나와 있는 문학사 서적들로 보충하시기 바란다.

끝부분에는 스페인 문학의 계승자로서 오늘날 세계문학에 큰 영향을 미치고 있는 중남미 문학사를 간략히 정리하여 덧붙였다. 짧은 대신에 전체 개요를 파악하기에는 좋을 것이며, 작가와 작품명을 익혀두면 언젠가 뜻하지 않은 곳에서 요긴한 지식으로 쓰일 수 있을 것이다.

저자 박종탁

작품과 함께 읽는
스페인어권 문학사

차례

제1부 스페인 문학

I. 개관

1. 스페인문학에서 무엇을 만나게 되는가 • *11*
2. 스페인 민족과 문화의 형성 • *13*

II. 광대시인과 『엘 시드의 노래』

1. 아랍 시에 숨은 진주 하르차 • *22*
2. 광대시인과 영웅 엘 시드 • *24*
3. 유실된 무훈시들 • *33*

III. 성직자문학과 『사랑신의 책』

1. 성직자 문학 • *34*
2. 『사랑신의 책』 • *36*
3. 귀족주의를 표방한 작가들 • *49*

IV. 민요시와 궁정시

1. 서정요와 로만세 • *51*
2. 깐시온 • *58*
3. 궁정시와 호르헤 만리께 • *61*

V. 중세와 르네상스의 교차점 『라 셀레스띠나』
1. 『라 셀레스띠나』 • 72
2. 르네상스의 도래와 스페인적 수용 • 95
3. 16세기 스페인 시 • 99

VI. 신비주의 문학과 악자 소설
1. 저 높은 곳을 향한 신비주의 문학 • 109
2. 이 낮은 곳의 악자 소설(라사리요의 인생유전) • 118

VII. 세르반테스의 『돈키호테』
1. 『돈키호테』는 웃기는 책 • 138
2. 기사소설을 공격한 기사소설 • 140
3. 돈키호테의 이상주의 • 147
4. 돈키호테의 휴머니즘 • 158

VIII. 바로크 시대 황금세기 문학
1. 바로크의 발흥 • 172
2. 로뻬 데 베가 • 180
3. 돈 후안의 탄생 • 189
4. 깔데론의 인생은 일장춘몽 • 197

IX. 신고전주의, 낭만주의, 사실주의
1. 신고전주의와 모라띤 • *206*
2. 낭만주의와 벡께르 • *210*
3. 사실주의와 갈도스 • *221*

X. 98 세대와 27 세대
1. 98 세대와 스페인문학의 부흥 • *226*
2. 격정의 사상가 우나무노 • *232*
3. 과묵한 진실 안또니오 마차도 • *257*
4. 세기초 문학 세대 • *264*
5. 27 세대 • *270*

XI. 전후 문학
1. 소설 • *274*
2. 시 • *280*
3. 극 • *284*

제2부 중남미 문학

I. 원주민 문학과 식민지 시대 및 독립 초기의 문학 (콜럼버스 이전 ~ 1492 ~ 1910) • 292

II. 주체기의 문학(1910 ~ 1930)
1. 멕시코 혁명 소설 • 297
2. 지역주의 소설 • 299
3. 인디오 소설 및 사회고발 문학 • 300
4. 기타 작가와 시인 • 303

III. 변화의 시도(1930 ~ 1950) • 305
전위주의와 마술적 사실주의

IV. 신소설과 '붐'(1950 ~ 1970) • 309
1. 신소설의 개척자와 '붐' 작가들 • 310
2. 신소설의 특징 • 313

V. '붐' 이후(1970 ~ 현재) • 316

제1부

스페인 문학

I. 개관

1. 스페인문학에서 무엇을 만나게 되는가?

정열과 이원성

흔히 스페인의 국민성을 가리켜 정열적이라고 한다. 강렬한 리듬과 긴장된 몸짓의 플라멩코 춤이 그렇고, 적(赤)과 흑(黑)의 치명적인 만남인 투우가 그렇다. 이 두 가지는 스페인의 정열을 상징하는 것으로 널리 알려졌지만, 어찌 이 둘뿐이랴. 스타카토가 한없이 이어지는 스페인어, 얼른 눈을 떼지 않으면 그대로 빨려 들어갈 듯한 여인의 검은 눈동자, 구름 한 점 없이 파란 하늘에서 쏟아지는 햇살 등 스페인의 정열은 곳곳에 배어있다.

그러나 이것은 단순한 힘의 분출이나 뽐냄이 아니며, 단편적인 현상에 그치는 것도 아니고 스페인적인 삶의 확고한 한 양태이다. 영롱한 진주가 이물질과의 투쟁에서 빚어지는 것처럼, 스페인의 정열은 모순과 갈등을 아우르는 힘이고 정신이다. 스페인 사람들의 격정적인 대화에서 잘 볼 수 있듯이, 그것은 신랄하면서도 순진무구하다. 생명력이 넘치면서도 파괴적이고, 무모하면서도 세련되었고, 독창적이면서 동시에 지극히 보수적이기도 한 것이다. 도대체 이 정열은 어떻게 형성되었고 그 근저에 흐르는 정신은 무엇인가?

이 정열의 근원과 정체를 밝히는데 가장 적합한 도구가 아마도 역사와 문학일 것이다. 역사가 이 땅에 '무엇'이 오고 갔나를 밝히면 문학은 그 땅에 사는 사람들에게 '어떻게' 그 일이 일어났나를 들려준다. 역사가 사실의 뼈대를 세우면, 삶의 총체적 증언으로서의 문학은 스페인에서 어떻게 자연과 인간과 역사가 만나고 부대껴 왔는가를 보여줌으로써 사실을 진실되게 만든다.

그 문학은 삶과 죽음 사이, 욕망과 이상 사이에 이베리아 반도의 풍요로운 대지/거칠고 험한 지형, 백색인종/유색인종, 기독교/이슬람교, 귀족주의/대중주의, 토착문화/외래문화가 끊임없이 대립하고 어울려 왔다는 것에 대해 증언한다. 이러한 이항대립의 짝들은 서로를 배척하는 듯 포용하고, 표면에서 밀려나는 것은 안으로 스며들면서 스페인 특유의 강렬한 개성을 만들어 냈다. 삶과 진실은 다면적인 것이고, 유용과 무용은 경계가 모호하다는 것을 생래적으로 터득한 스페인 사람은 달관과 체념에 빠지지 않고 모순된 삶을 그 자체로 즐기는 경향이 농후하다. 그리고 그러한 가운데서 생겨나는 것이 스페인의 정열이다.

2. 스페인 민족과 문화의 형성

지리 환경

스페인과 포르투갈이 5 : 1의 비율로 나누고 있는 이베리아 반도는 유럽의 서남부 끝이면서 아프리카의 서북쪽 끝에 맞닿아 있다. 유럽을 한 척의 배로 본다면 이베리아 반도는 아프리카와 아메리카를 향한 뱃머리에 해당된다. 그러나 유럽으로 가는 길은 피레네 산맥이 완강히 막아서고, 아프리카와는 지중해가 가르고, －지브롤터 항에서는 비록 15km뿐이 안 떨어져 있지만－, 아메리카로 가는 길은 콜럼버스가 항로를 발견하기까지 드넓은 대서양이 갈라놓고 있었다. 다시 말하여, 아프리카의 관문이며 아메리카로 가는 교두보이면서, 동시에 유럽에서 고립되기 쉬운 지리적 위치인 것이다.

반도의 중앙은 해발 600m의 평평한 고원지대인데 남한 면적의 2.5배쯤 된다. 이 주위를 여러 산맥이 두르고, －북쪽으로는 칸타브리아, 동으로는 이베리아, 남으로는 시에라 모레나 등의－, 그레도스 · 과다라마 산맥은 가운데를 갈라놓는다. 스페인의 최고봉은 카나리아 제도의 떼이데 산(3718m)에 있지만 반도의 산맥들도 보통 1000m에서 3000m를 넘나든다. 이러한 지형은 중앙부가 인위적 · 자연적으로 행사하려 하는 구심력에 주변부가 원심력으로 맞서는 경향을 낳게 해왔다. 풍습과 말씨와 지방자치 등에서 자주성을 엿볼 수 있다.

강으로는 지중해로 빠지는 에브로, 대서양으로 흘러 들어가는 두에로, 따호, 과디아나, 그리고 세비야까지 선박운항이 가능한 과달끼비르 등이 있다. 에브로 강은 길이가 900km가 넘고 수량도 많아 고대인들에게 깊은 인상을 주었던 모양이다. 바스크 어로 '강'이라는 뜻의 이 말에서 **이베로 족**이니, 이베리아 반도니 하는 이름이 붙여진 것을 보면 말이다. 그런데 에브로 강도 유럽의 큰 강들에 비해서는 영세한 편이니, 나머지 강들의 규모는 결코 크다고 할 수 없는 것이다. 이유는 비가 적게 오기 때문이다. 수많은 관광객이 우선적으로 스페인의 작열하는 태양을 보고 찾아오는데서 알 수 있듯이 맑은 날이 300일이 넘는 건조한 기후지대인 것이다. 년간 강우량 500mm가 넘는 지역은 북부 지방에 국한된다. 그래서 스페인의 들판은 대체로 황량하고 척박한 느낌을 준다.

기후로는 북반구 온대에 해당되나, 중앙부는 혹서와 혹한이 있는 대륙성 기후이고, 대서양에 면한 북부 지방은 온화 · 습윤하며, 동쪽 지중해안 지대는 온난 · 건조한 날씨다.

민족과 문물의 왕래

스페인에는 대략 10만 년 전 구석기시대부터 사람이 살았던 것으로 보이지만, 확실한 흔적은 알타미라 동굴의 벽화에 나타난다. 지금부터 약 18,500년 전에 누군가가 이 동굴의 벽에 150여 마리가 넘는 들소, 사슴, 말 등을 정교하고 생생하게, 또 여러 색(검정, 황갈색, 빨강)을 써서 그려 놓은 것이다. 그러나 이 선사시대의 원주민들에 대해서 자세한 것은 알 수가 없다.

청동기시대에 들어 좀더 명확한 문명집단이 등장한다. 이른바 이베로 족으로서 이들이 남긴 유물, 이를테면 청동기 장신구, 설화석고 잔, 뼈 바늘, 무덤의 묘실, 엘체의 여인상 등을 보면 상당한 수준의 문화에 도달하였음을 알게 된다. 이들은 소아시아 혹은 아프리카에서 건너온 것으로 보이는데, 머리는 크지만 마른 몸에 피부는 가무잡잡하였다. 남부 지방에 흩어져 살면서 점차 동북 해안과 반도의 중앙으로 영역을 넓혀갔는데, 성경에서 '타르시스'로 나오는(요나 1:3) 타르테소스는 왕국인지 부족 연합인지 확실치 않지만 이베로 족의 번성한 일파로 보아도 좋을 것이다.

기원전 9세기 무렵부터는 켈트족이 유럽 중앙에서 피레네 산맥을 넘어 도래한다. 금발에 키가 큰 백인인 이들은 처음에는 반도의 북쪽과 서쪽에 자리잡았지만, 철기를 사용한 부족으로서 점차 반도 중앙으로 진출하여 이베로 족을 제압하였다. 그리고 이 두 부족이 합쳐져 **쎌띠베로 족**을 형성하였는데, 이들은 용감한 전사로 이름이 높았다.

대규모로 정착한 것은 아니지만 **페니키아, 그리스, 카르타고**도 순차적으로 이베리아 반도에 진출하였다. 먼저 페니키아 인들은 기원전 1,000년 경에 금, 은, 주석, 납 등을 찾아 지중해 동쪽 끝에서 스페인까지 진출하여 타르테소스 왕국을 격파하고 까디스와 말라가라는 두 상업도시를 건설하였다. 그리스인들은 기원전 8세기경부터 해양강국으로 떠올랐고 경쾌한 선박을 타고 지중해 서쪽으로 그들의 문명을 전했다. 이베리아 반도에는 사군또를 비롯한 여러 곳에 시장을 세웠는데 여기에서 출토된 유물들은 그리스 문화의 풍요로움에 새삼 경탄하게 하는 것들이다.

카르타고(오늘날의 튀니스)는 페니키아의 후예로서 기원전 535년에 그리스를 사르디니아 해상전투에서 격파하고 이베리아 반도로 날아와 그들의 주요거점으로 삼았다. 이들은 새로 떠오르는 강자 **로마**와 숙명의 대결을 벌이는데 그것이 바로 3차에 걸친 포에니 전쟁이다. 흥미진진하기로는 한니발이 활약하는 2차 전쟁(기원전 218－201)이 압권이라고 할 수 있다. 한니발은 스페인의 쎌띠베로 인을 용병으로 고용하여 알프스 산을 넘어가 로마를 배후에서 기습공격 한다. 최후의 승리는 거두지 못 하지만 역사에 길이 남는 명장이 되었다.

스페인의 역사 발전에서 가장 길고 결정적인 영향을 미친 것이 무엇이냐고 묻는다면 그 답은 단연코 로마이다. 쎌띠베로 인들은 로마의 지배 아래 들어가는 것을 거부하여 게릴라 전술로 로마군단을 괴롭히거나 누만시아의 예처럼 결사항전으로 맞섰다. 스페인은 근 2세기를 끌며 로마제국에 굴복되지 않으려 했지만, 그러나 결과적으로 **로마화**가 됨으로써 스페인은 오늘날의 스페인이 되는 기틀을 마련했다. 언어와 생활습관과 법제도의 근간이 그때 마련되었고, 또한 나중에는 기독교의 열렬한 수용국이 되었다. 무엇보다 중요한 요소는 언어인데, 이베리아 인들이 역사상 처음으로 하나의 언어를 쓰게 됨으로써 서로 간에 동질감을 갖기 시작한 것이다.

뿐만 아니라, 라틴어는 그리스 · 라틴 문화를 전하는 도구가 되어 반도인의 지적 수준을 높이는데 크게 공헌하였다. 그 결실로서 웅변가이자 저술가로 이름이 높았던 세네카 부자와 조카인 루카누스, 킨틸리아누스, 마르시알 등 스페인 출신의 문인들이 기원 후 1세기의 라틴문학의 은(銀) 시대를 빛냈다.

로마보다 더 로마화가 되었다는 얘기를 들을 정도가 되다 보니 스페인 출신 황제도 여럿 나왔다. 트라야누스, 아드리아노, 안토니우스 피오, 마르쿠스 아우렐리우스, 테오도시우스가 그들이었다. 또한, 종교에 있어서도 수많은 성자, 순교자, 학자를 배출하였다. 기독교가 제국의 공식 종교가 된 후 첫 번째 열린 니케아 종교회의(325년)는 스페인의 꼬르도바 출신 오시우스가 주재하였다. 그는 삼위일체설을 확립하고 <사도신경>을 제정하였다. 또한 4세기의 위대한 기독교 시인 프루덴시오 역시 반도인이었다.

게르만 족의 대이동은 5세기부터 로마제국을 마비시키는데, 스페인에는 먼저 반달 족 · 알라노스 족 · 수에보스 족이 들어왔지만 비교적 개명한 편이었던 서고트 족이 이들을 몰아내고 지배권을 차지한다. 서고트 족은 지배층으로서 그들의 봉건영주제도를 부과하였지만, 언어 · 문화 · 종교적으로는 스페인에 흡수가 되었다.

8세기 초에는 회교도인 무어(los moros)인들이 전격적으로 침략하여 서고트 족의 지배를 붕괴시킨다. 아랍인과 시리아 인이 절반, 아프리카 북부의 베르베르 인이 절반인 소수의 정복자들(약 30만 명)은 차례대로 사회의 상층부를 형성하였고, 이 밑으로 절대 다수의 피정복자가 있었다. 많은 인구가 회교로 개종하였으나, **모사라베스**로 불리우게 되는 일부 기독교도는 중과세를 당하면서도 신앙을 저버리지 않았다. 반면에 소수 계층인 유태인들은 정복자들의 협조자로서 보다 나은 지위를 누렸다. 정복자들은 꼬르도바를 수도로 하여 서칼리프 시대를 펼쳤는데, 이들이 계승 발전시킨 그리스 · 동양 문화는 중세 시대에 가장 발달한 것이었다. 건축술 · 의학 · 천문학 · 문헌학 · 철학 등 거의 모든 분야에서 여타 중세 유럽 국가들을 앞지르고 있었다. 이들은 711년부터 1492년까지 스페인에 머무르면서 스페인 문화 형성에 지대한 영향을 미쳤다.

다른 한편, 북쪽 변방으로 밀려났던 서고트 귀족들은 기독교도를 모아서 장장 8세기에 걸친 국토회복전쟁(la Reconquista)을 시작한다. 영웅 엘 시드가 활약한 11세기 말에는 국토의 절반 정도를 이미 탈환하였다. 잘게 쪼개진 회교 왕국들은 점점 강성해지는 스페인의 기독교 왕국들에 조공을 바치면서 연명을 하는 처지가 되었고, 13세기 중반부터는 영역이 남쪽 끝 그라나다 지방에 국한될 정도로 미미해졌다.

언어 면에서 중요한 점은, 반도 내의 여러 기독교 왕국 중에서 가장 늦고 작게 시작한 까스띠야 왕국이 국토회복전쟁의 주역이 되면서 자연히 **까스띠야어**(el castellano)가 다른 여러 로망스어를 누르고 표준어가 되었다는 것이다. 참고로, 로망스어란 구어체 대중 라틴어가 로마제국 붕괴 후 독자적인 진화과정을 거쳐 각 나라 혹은 지방의 고유어가 된 것이다. 스페인어, 프랑스어, 포르투갈어, 이태리어, 루마니아어 등이 대표적인 로망스어이며, 스페인어는 까스띠야어, 갈리시아어, 까딸루냐어로 세분된다.

15세기말에는 까스띠야 왕국의 이사벨 여왕과 아라곤 왕국의 페르난도 왕이 결혼을 하여 영토의 통일이 이루어진다. 흔히 "가톨릭 왕부처"(los Reyes Católicos)로 불리우는 이들은 1492년 마지막 회교왕국 그라나다를 함락하여 국토회복전쟁을 종결짓고, 콜럼버스를 지원하여 **아메리카**를 발견함으로써 대제국으로의 발판을 마련하였다. 16세기는 가히 스페인의 황금세기이다. 유럽에서는 네델란드 · 프랑코 · 나폴리 · 시칠리아 · 세르데니아 · 밀란 · 토스카나를 소유하였고, 아프리카와 아시아에도 영토를 가졌고, 무엇보다도 광대한 아메리카 대륙이 스페인의 것이었다. 그리하여 "스페인 영토에는 해가 지지 않는다"는 말도 이때 나왔다. 16세기에 르네상스 문학이 꽃피고, 17세기에 **바로크 문학**이 전성기를 맞이하면서 문학의 황금시대가 열렸다. 르네상스 문학이 수입 모방품이었다면 바로크 문학은 스페인적인 체취가 물씬 풍긴다. 역동적인 시각으로 세상의 온갖 모순을 포용하고, 동시에 넘어서는 스페인의 정열과 이상, 보편주의가 어우러져 있는 것이다.

그러나 17세기부터 스페인은 유럽에서의 패권을 잃고, 영향을 주던 입장에서 영향을 받는 입장으로 바뀐다. 19세기 초에는 나폴레옹 군대에 점령당하더니 이어서 아메리카의 거의 전 지역이 가을 낙엽 떨어지듯 우수수 떨어져 나갔다. 1898년에는 미국이 전쟁을 걸어오지만 당해내지 못하고 쿠바 · 푸에르토리코 · 필리핀 · 괌 등을 내준다. 이때 지식인들의 각성이 일어나고, <98 세대> 문학이 형성된다. 이후 30여 년간 문학에서 제 2 황금세기를 구가한다. 1936~39년에는 스페인 내란이 치열하게 전개되었고 이후 프랑코 장군의 철권통치가 36년간

이어진다. 1975년에 그가 죽자 후안 까를로스 1세가 왕위에 올라 민주주의 체제를 신속하게 정착시켰고, 스페인은 바스크 분리 독립주의 운동(ETA) 외에는 큰 불안요소 없이 사회 · 경제적 성장을 이루어 왔다. 피카소, 살바도르 달리, 조안 미로, 안또니 가우디 등 창의성이 넘치는 천재를 낳은 나라답게 패션 · 영화 산업이 발달하였고, 강인한 쎌띠베로의 후예답게 축구 · 농구 · 테니스 · 골프 · 자동차 경주 등 여러 종목의 스포츠에서 큰소리를 치고 있기도 하다. 다만, 최근 까딸루냐 주에서 자치권을 넘어 자주권을 요구하는가 하면, 아프리카 · 남미 · 동유럽으로부터 이민자가 급증한 가운데, 글로벌 금융위기로 인해 경기가 침체되고 실업률이 높아져 어려움이 가중되는 상황이다. 그러나 정열과 실용, 종교심과 축제, 전통과 혁신이 어우러진 문화 강국 스페인은 이러한 모든 어려움을 극복할 저력을 갖추고 있을 것이다.

II. 광대시인과 『엘 시드의 노래』

1. 아랍 시에 숨은 진주 하르차

전통적으로 스페인문학사를 여는 첫 작품은 작자미상의 『엘 시드의 노래』로 알아 왔으나, 1948년 하르차(jarcha)의 대량 발굴은 스페인문학사를 1세기 가량 앞당겨 11세기 초에 갖다 놓게 하였다. 아랍인들은 정복지 스페인에서 감미로운 서정시 무와샤아를 읊었는데, 이 노래 시는 우리의 돌림노래 '강강수월래'나 '쾌지나칭칭 나네'처럼 하르차(jarcha)라는 후렴구가 있었고 그 중에는 스페인어로 된 것이 종종 있었던 것이다. 회교도가 주인 행세를 하는 땅에서 눈치 밥을 먹고산 스페인 기독교도들을 모사라베스(mozárabes)[1]라고 하는데, 이들은 아마도 압박과 설움 속에서 풍부한 서정을 피워 내어 노래로 한을 달랬을 것이다. 이들의 노래가 아랍인과 유태인의 시심(詩心)을 자극하여 무와샤아를 낳게 했기 때문에 하르차는 모사라베스의 언어 그대로 삽

1 반대로, 기독교 치하에서 개종하지 않은 회교도들도 많았는데, 이들을 무데하레스(mudejares)라 부른다. 참고로, 회교도로 개종한 반도인은 물라디(muladi), 기독교로 개종한 무어인은 또르나디소(tornadizo)라 한다.

입된 것으로 보인다. 물론 이 스페인어는 오늘날에는 해독하기 어려운 안달루시아 지방의 옛 로망스어이고 통속 아랍어와 뒤섞여 있으나, 어쨌든 스페인 사람의 정서가 영롱한 문학 언어로 표현된 최초의 예라고 판단되는 것이다. 대표적인 하르차 몇 수를 옮겨보면,

Tant' amare, tant' amare,
habib, tant' amare,
enfermiron uellos nidios
ya dolen tan male.

얼마나 사랑하고 사랑했던지
님이여, 얼마나 사랑했던지
반짝이던 두 눈에 병이 났네
얼마나 아픈지 큰 일이 났네.

Far sodes devyna
garme cand me vernad
e devynas bi－l－haqq,
meu habibi Ishaq.

당신은 점쟁이라지요
정말로 알아맞춘다고요
그러면 내 님 이삭이
언제 올지 말해주어요.

Venid la Pasca, ay, aun
sin ellu,
lacrando meu corayún
por ellu.

부활절이 다가오는데, 아이,
그 이는 없고,
가슴만 찢어질 것 같네,
그 이 때문에.

2. 광대시인과 영웅 엘 시드

기자 겸 엔터테이너로서의 후글라르

교통이 불편하고 매스미디어가 없던 중세시대에도 문화 전파자들이 있었다. 그들은 후글라르(juglar)라 부르는 소리광대들이었다. 이들은 이 마을 저 마을, 이 성(城) 저 성으로 돌아다니며 광장에 사람들을 모아놓고 하프나 만돌린 등의 악기연주를 곁들여 재미난 얘기나 새로운 소식을 전해주었다. 그러면 청중은 그 대가로 동전을 던져주거나 포도주 한 잔을 대접하곤 하였다. 후글라르가 읊고 다니던 것은 사랑을 주제로 한 서정요(抒情謠)나 전쟁 이야기를 담은 무훈 서사시에서부터 종교적인 내용에 이르기까지 장르를 가리지 않았는데, 그 원고는 유식한 성직자나 음유시인(trovador)이 로망스어로 지은 이야기나 시 등을 넘겨받은 것이었고, 간혹 서툰 솜씨로나마 후글라르가 직접 짓기도 하였다. 그런데 이 중에는 무려 3,730행에 이르는 작자 미상의 장편 서사시 『엘 시드의 노래』 ***El Cantar de Mío Cid***[2)]도 들어 있었다.

역사상의 엘 시드

스페인 역사상 최고의 장군은 단연 엘 시드[3)]이다. 그는 까스띠야의 비바르에서 1043년에 태어나고 비옥한 발렌시아 지방의 성주로 군림하다가 1099년에 죽었다. 원래 페르난도 1세 치하의 무인이었는데, 왕은 1065년에 죽으면서 자식들에게 왕국을 쪼개서 장남 산초에게 까스띠야를, 차남 알폰소에게는 레온을 나누어주었다. 그러나 장남은 이러한 분배에 동의하지 않았고 동생도 양보를 하지 않아 결국은 형제간에 싸움이 일어났다. 시드가 총사령관을 맡은 산초 왕의 군대가 우세하여, 동생 알폰소는 패배를 하고 똘레도의 회교왕국으로 피신을

2) 현존하는 스페인 무훈시 중 가장 오래되고 거의 완전한 『엘 시드의 노래』는 시드를 개인적으로 알던 누가 그의 사후에 산 에스떼반 데 고르마스에서 최초로 쓰고, 그후 1140년경에 메디나셀리에서 다른 사람이 소설적 요소를 가미한 것으로 보인다. 뻬르 아밧(Per Abbat)이란 필사자가 1307년에 옮겨 쓴 사본이 전해 내려온다.

3) 본명은 로드리고 디아스 데 비바르(Rodrigo Díaz de Vivar)이지만, 회교도들에게도 두려움과 존경의 대상이 되어 아랍어로 시드(Cid, 영어 Lord에 해당)라 불리게 되었다.

하였다(1072년). 그렇지만 알폰소의 부하들은 사모라에서 반격을 시도하였고, 이것을 진압하려 산초는 출정을 하였다가 베이도 돌포스라는 자에게 암살을 당하고 말았다. 그는 밀사를 가장하여 왕을 유인한 다음 창으로 찔러 죽인 것이다. 형이 죽자 알폰소가 돌아와 왕위를 승계하게 되었다. 그는 스스로 <전(全) 스페인황제>라 칭하고 옛 비시고도 왕국의 영예를 되찾고자 하였고, 1085년에는 똘레도를 정복하여 수도로 삼은 야심만만한 왕이었다. 그러나 그 전에 왕은 시드 앞에서 수모를 겪어야 했다. 성질이 곧고 억센 까스띠야인들은 알폰소가 비겁하게 암살자를 보낸 것이라는 의심을 하였고, 시드는 그들을 대표하여 새 왕으로 하여금 그 범죄에 연루되지 않았다는 것을 교회에서 선서하게 만든 것이었다. 이 굴욕을 잊지 않고 있다가, 알폰소 왕은 그라나다의 회교 왕이 보내는 공물을 받으러 간 사자(使者)를 시드가 공격한 일이 발생하자 그를 왕국에서 쫓아내었다(1081년).

후글라르가 전하는 엘 시드

이 쫓겨나는 부분에서부터 『엘 시드의 노래』는 시작한다. 9일 내에 까스띠야 땅을 완전히 떠나라는 추방령을 받은 시드를 친척과 부하와 친구들이 동행하지만 영웅의 두 눈에는 눈물이 흐른다. 부인과 두 딸을 수도원에 맡기고 떠나는 것이다.

기도를 마치고 미사가 끝나자
성당을 나와 이제 말 타고 달릴 참이라
시드는 아내 히메나를 껴안고
히메나는 남편의 손에 입 맞추는데
눈물이 나와 어찌할 바를 모르더라
시드는 고개를 돌려 딸들을 보고
"영(靈)의 아버지이신 하나님께 너희를 맡긴다.
지금은 헤어지지만 하나님이 다시 합쳐 주실 거야."
그리곤 눈물을 쏟는데, 여보시오, 어찌 그리 섧겠소,
생살에서 손톱을 잡아 뽑는 듯 하더이다.[4)]

이 다정다감한 사나이는 동시에 전쟁의 귀재로서 기습공격의 대가이기도 하였다. 아직 무어족의 수중에 들어 있던 아라곤 지방에 침투하여 까스떼혼과 알꼬세르를 점령하고, 동쪽으로 나아가 바르셀로나의 영주 베렝게르 라몬 백작과 싸워 그를 사로잡는다. 이어서 그는 스페인 최대의 곡창지대인 발렌시아로 쳐들어가 눈 깜짝할 새에 회교도의 철옹성을 빼앗는다(1094). 기독교 세계는 모두 놀라고, 시드의 명성과 부는 높아만 간다. 그는 자기를 쫓아낸 알폰소 왕에게 대적하지 않고 오히려 전리품이 생길 때마다 그에게 좋은 것을 보낸다. 왕은 그의 충성에 감격하여 친구로 여길 뿐만 아니라 시드의 두 딸에게

4) 366 – 375행.

중매까지 서준다. 까리온의 두 왕자가 두 딸을 탐내고 있었던 것이다. 그런데 다음 장면을 보면 이들은 영웅 시드의 사윗감으로는 좀 부족한 자들임을 알 수 있다.

시드가 온 식구랑 발렌시아에 사는데
까리온의 왕자 두 사위도 있었더라.
침상에 누워 시드가 낮잠을 자는데
얼마나 무서운 일이 일어났는지 아시오?
사자가 우리를 뛰쳐나온 것이라.
궁궐 안이 온통 겁에 질린 가운데
시드의 부하들은 망토를 팔에 감고
침상을 둘러싸 장군님을 보호하는데,
까리온의 왕자 페르난 곤살레스는
숨을 만한 방이나 탑을 찾지 못하자
겁에 질려서 침대 밑으로 들어갔고요,
디에고 곤살레스는 문 밖으로 나가면서
"고향은 다 봤구나!" 소리치더랍니다.
주방 오렌지 착즙기 뒤에 숨었는데
나올 때 보니 망토와 옷이 엉망진창이라.
이때 시(時)를 잘 받고 태어난 분이 잠이 깨어
둘러보니 충성스런 부하들이 에워싸고 있는지라,
"그대들이 웬 일이뇨, 뭘 하려는 것인가?"
"장군님, 사자가 저희를 놀래켰나이다."

시드가 팔꿈치를 괴더니 벌떡 일어나
망토를 목에 두르고 사자 쪽으로 가더라.
사자가 그를 보자 그만 부끄러워서
시드 앞에 머리를 숙이고 코를 박았는데
시드 장군은 사자의 목을 잡아설랑
우리로 끌고 가 그 안에 처넣으니
모든 사람이 그걸 보고 경탄하며
궁궐 안 처소로 돌아가더라.
시드가 두 사위를 찾아도 없는지라
사람들이 불러도 대답들이 없구나.
찾아내 보니까 핏기를 잃었더라.
사람들이 얼마나 비웃었는지 아시오?
시드가 영을 내려 그것을 금했지만
모두가 두 사위를 겁쟁이로 여기니
까리온의 왕자들이 앙심을 품더라.[5)]

그리하여 이 모자란 사위들은 엉뚱하게도 자기의 아내들에게 복수를 하기로 흉계를 꾸민다. 아내들을 데리고 고향 까리온에 다녀오겠노라고 하고선 어떻게 하는지를 보자.

날이 밝으니 텐트를 걷어서
시종들은 먼저 걸어가누나.

5) 2278 – 2310행.

까리온의 두 왕자가 그렇게 시킨 것이라.
남자든 여자든 아무도 남지 말고
우리 아내 엘비라와 솔만 남으라.
보는 사람 없는 데서 맘껏 놀려는가?
모두가 가고 두 쌍의 부부만 남았는데
두 왕자는 오랫동안 악행을 꾸민 것이라.
"엘비라 부인과 솔 부인은 들으라,
너희는 이 무서운 숲에서 욕을 보겠고
우리는 너희를 버리고 떠나겠노라.
우리네 땅을 너희가 밟지 못하겠고
이 소식이 시드의 귀에 들어갈 것이다.
그러나 이건 사자 건에 대한 복수니라."
아내들의 망토와 코트를 벗기고
속옷 차림으로 살이 드러나게 하누나.
배신자들은 장화에 박차를 달았고
손에는 질기고 강한 채찍을 들었구나.
이 꼴을 보고 있던 솔 부인이 말하는데,
"제발 비오니, 우리 낭군님들이여,
당신들은 꼴라다와 띠손이라고 부르는
희대의 명검을 차고 있지 않소,
그 칼로 우리의 머리를 베시오.
우리는 죽겠고 모든 사람이[6] 말할 것이요,
우리가 이유 없이 변을 당했다고요.

6) 원문 표현으로는 '무어인들과 기독교인들(Moros e Christianos)'.

그토록 나쁜 일을 저지르지 마시오.
우리를 때린다면 당신들이 천해지고
여기에서든 궁궐에서든 붙잡힐 거요."
이러한 탄원도 아무 소용이 없으니
이때 두 왕자가 매질을 시작한지라.
질기디 질긴 채찍으로 갈기고
아픈 데를 골라 박차로 상하게 하니
두 여자의 속옷이 터지고 찢어지누나.
깨끗하고 아름다운 피가 철철 흐르지만
마음 속 고통이 더욱 아프구나.
오, 하나님께 빌어 그 자리에 당장
시드가 나타날 수 있다면 좋으련만!
얼마나 맞았던지 두 여잔 정신을 잃고
속치마와 셔츠는 피투성이로구나.
누가 누가 잘 때리나 시합하다가
못돼먹은 두 왕자도 지쳤는지
죽은 듯이 말없는 엘비라와 솔 부인을
꼬르뻬스 참나무 숲에 버려두고
망토와 담비 코트까지 들고 가더라.[7]

다행히 두 여자는 되돌아온 시종에게 구출이 된다. 화가 난 시드의 요구에 따라 똘레도에서 궁중회의가 열리고 시드는 명예를 회복하기

7) 2706 – 2748행.

위해 결투를 신청한다. 시드의 측근들이 까리온의 왕자들과 싸워 이기고, 나바라와 아라곤의 왕자가 두 딸에게 청혼을 하는 것으로 이 서사시는 끝을 맺는다.

『엘 시드의 노래』의 가치와 특성

이 작품을 철저히 연구하고 일부 유실된 부분을 복원하기까지 한 메넨데스 삐달(1869－1968)에 의하면,『엘 시드의 노래』는 지리 · 습관 · 의복 · 인물 · 역사 등에 있어 사실에 근거할 뿐만 아니라, 역사서로 알 수 없는 사실들을 확실하게 알게 해준다. 따라서 이 작품의 가장 두드러진 특징은 생생한 사실주의라는 것이다. 그러나 회교도의 세력이 위세를 떨치던 12세기 중엽에 그에 맞서 싸울 정신적 상징을 시드라는 영웅에게서 찾고자 하였으므로 다소 사실에서 벗어나거나[8] 환상적인 요소가 없지 않다.

인물의 성격묘사에서도 사실주의적 필치가 드러난다. 전쟁에서는 용감하고, 사생활에서는 부드럽고 정이 많으며, 군주에게 충성하되 인간적 존엄성을 잃지 않음으로써 시드는 독자의 호감을 사로잡는다. 웃을 줄도 알고 눈물을 흘릴 줄도 아는 성실하고 관대하며 또한 낙천적인 인물에게서 깊은 인간적 진실을 느끼게 된다. 실제의 시드가 정

8) 일례로, 시드의 두 딸의 이름은 엘비라와 솔이 아니라, 각각 끄리스띠나와 마리아였다.

말로 그렇게 완벽한 인간의 전형이었는지는 알 수 없지만, 어쨌든 그러한 덕성을 지닌 시드가 스페인 국민의 사랑과 존경을 받아 온 것은 당연한 일이었고, 그렇게 된 데에는 오래 전에 광대시인은 사라졌어도 『엘 시드의 노래』가 문자로 남아 있는 것이 크게 기여한다.

문학 자체로도 이 작품의 가치는 결코 과소평가할 수 없다. 시 형식에 있어 세련되고 완벽한 것은 아니지만, 소박하고 간결한 문체로 가장 섬세한 면에서부터 가장 격렬한 면에 이르기까지, 또 미묘한 아이러니에서부터 비장한 극적 장면에 이르기까지 매우 다양한 색조를 표현한다. 그리고 경쾌하면서 강렬하고 감동적인 언어구사는 황금세기의 대가들이 빚어낼 훌륭한 솜씨를 앞질러 보여주고 있다.

3. 유실된 무훈시들

『엘 시드의 노래』는 거의 완전한 형태로 보존이 되었지만, 12－13세기의 여러 무훈 서사시들은 대개 유실이 되어서, 연대기나 로만세 등을 통하여 그것들이 존재하였고 줄거리가 어떠하였다는 것만 전하여 온다. 『돈 로드리고의 전설』, 『베르나르도 델 까르삐오의 노래』, 『페르난 곤살레스 전』, 『가르시 페르난데스 백작과 배신한 백작 부인의 노래』, 『라라의 왕자들의 전설』, 『가르시아 왕자의 로만세』, 『산쵸 2세와 포위된 사모라 성의 노래』 가 있었다.

III. 성직자문학과 『사랑신의 책』

1. 성직자문학

대중을 향한 성직자문학

성직자문학이라고 하면 우선 종교적인 색채가 느껴질 것이다. 그러나 스페인문학사에서 말하는 성직자문학은 13～14세기에 가톨릭 사제들이 썼다는 것을 말할 뿐, 반드시 종교적인 주제를 다루고 있는 것은 아니며 그렇지 않은 경우도 많다는 것을 알아야 한다. 당시에는 대중교육이 보급되지 않아 일반대중은 글을 몰랐고, 수도사를 비롯한 성직자들이 유식한 계층의 대부분을 차지하였다. 아직 인쇄술이 발명되기 전이라서 이들의 주임무 중의 하나는 성경을 손으로 베껴 쓰는 것이었지만, 글을 아는 사람으로서 창작충동을 느낀 경우가 적지 않았고 그럴 때 전달대상과 전달도구를 생각하여야 했다. 다시 말해, 인구의 대부분이 무식하여 글을 읽을 수가 없고 더군다나 인쇄술이 없어서 대량보급도 할 수 없었기 때문에 첫째, 후글라르의 입을 통하여 유포를 시켜야 했고, 둘째, 후글라르는 대중이 좋아할 만한 작품을 고를 수밖에 없기에 성직자문학 작품들은 고리타분하다기보다는 오히려 흥미진진한 요소가 많았다. 요컨대, 작품의 소재가 옛 성인들이나 성서에 관한 것이건, 예부터 전해 오는 사랑이나 모험담, 전설 따위의 것이건 간에, 몸에 좋은 양약으로서의 교훈을 먹이기 위해 재미라는 달콤한 옷을 입혀야 한다는 것을 잘 알았다는 얘기이다.

성직자문학을 가리키는 스페인어는 '메스떼르 데 끌레레씨아'(El Mester de Clerecía)이며 서민층인 후글라르의 문학(El Mester de Juglaría)보다는 훨씬 규칙적이고 세련되었다. 주로 쓴 시 형식은 각 행이 14음절이고 단운(單韻)의 4행시인 꾸아데르나 비아(cuaderna vía)였다.

대표적인 성직자문학 작품들

먼저 작자가 분명치 않거나 미상인 작품들을 보면, 『아뽈로니오 이야기』, 『알렉산더 전(傳)』, 『페르난 곤살레스의 노래』 등이 전해져 온다. 첫 번째의 것은 복잡한 모험담으로 호머의 오딧세이와 유사한 주제를 보여주며, 둘째 것은 온갖 상상력을 동원하여 알렉산더 대왕의 이야기를 10,000행이 넘는 방대한 분량에 담았고, 마지막의 것은 까스띠야 왕국을 독립시킨 백작 페르난 곤살레스의 전설적인 무훈을 노래한다.

곤살로 베르세오(Gonzalo Berceo)는 스페인 문학사에서 이름이 알려진 최초의 시인으로서, 12세기 말경 리오하 지방의 베르세오에서 태어나 수도승으로 지내며 성모와 성자들의 생애와 기적을 그린 9편의 작품을 남기고 13세기 중엽에 죽었다. 그중『성모 마리아의 기적』이 가장 유명한데, 서문과 25편의 이야기로 구성되어 있다. 독창적인 내용은 아니지만 섬세하면서도 유쾌하고 친근한 문체는 대중의 호감을 사기에 충분할 뿐만 아니라 문학적 가치도 뛰어나다고 평가받고 있다.

그러나 성직자 문학의 백미는 다음의 작품이다.

2.『사랑신의 책』

이따 마을의 수석사제(el Arcipreste de Hita)로 더 잘 알려진 **후안 루이스**(Juan Ruiz)는 13세기 말경 마드리드 근교의 알깔라 데 에나레스에서 태어난 것으로 추정할 뿐 그 외 알려진 것이 전혀 없지만,『사랑신의 책』(El Libro de Buen Amor)이란 걸작을 남기고 있다. 1330년과 1343년 두 번에 걸쳐 출판되었는데, 곤살로 베르세오의 경건한 열정과는 정반대로 자유분방하고 유머러스하게 또 풍자적으로 이야기를 나열하는 것이 특징이다. 내용은 자서전 형식의 사랑의 모험 15편이 주가 되지만 그밖에도 많은 우화와 교훈담과 다양한 서정시가 14음절 4행시로 1728연에 걸쳐 펼쳐진다. 이 작품에 대해서 조금 자세히 알아보도록 하자.

〈저자가 밝히는 책의 의도〉

현자의 말씀이시라, 카톤 가라사대,
사람 마음에 어찌 괴로움이 없을까 만은,
즐거움을 섞어서 생각을 기쁘게 하라,
너무 슬퍼해도 큰 죄이니라.[9)]

심각한 얘기는 안 우스우니까
어디 우스개 얘기 좀 해볼까요.
듣다가 따질 것이 있는 사람은
말로 하려 말고 운문으로 하시오.

---

9) 원문 : Palabras son del sabio y díjolo Catón: 44
el hombre, entre las penas que tiene el corazón,
debe mezclar placeres y alegrar su razón,
pues las muchas tristezas mucho pecado son.
참고로, 시에는 운율을 살리기 위한 여러 장치가 있다. 음절의 수를 맞추는 것이 기본이고, 각운(rima)으로 운율을 완성한다. 각 행의 음절수를 세려면, 모음융합(la sinalefa), 강모음화(el hiato), 끝음절 강세어(palabra aguda) 등의 규칙을 알아야 한다. 또한, 14음절 시는 7음절 반행(hemistiquio) 두 개로 이루어진다.

내 말을 잘 알아듣고 핵심을 잡아
로마가 그리스에게 학문을 청했을 때
그리스의 현인과 무식하기 짝이 없는
로마인 사이의 일이 안 일어나기 바라오.

로마가 법이 없었기 때문에
훌륭한 법을 갖춘 그리스에게 달랬겠다,
그리스가 대답하길, 저들이 무식하니
받을 자격이 있나, 준들 이해를 하겠나.

하지만 법을 꼭 써야 되겠다면
그리스의 현자들과 겨루어 보아
받을 만한 자격이 있는지를 보여라.
이 근사한 대답은 핑계를 대는 것이지만

로마인들은 덥석 좋다고 하면서
시합을 하기로 계약하였소.
그러나(그리스어 같은) 옛날 말을 알 수가 없었기 때문에
유식한 자끼리 손짓으로 대화하자 했지요.

서로 겨룰 날짜를 정하긴 하였는데
로마는 걱정이 태산 같았으니,
어지간히 유식해서는 그 박식하고 잘난
그리스인들을 이해나 하겠는가!

이렇게 근심하는데, 누가 꾀를 내길,
건달이 하나 있는데 그를 내보내자,
손짓으로 하는 것이니 그가 잘 할 것이라,
사람들이 듣고 그럴 듯하게 여기었더랍니다.

그는 단수가 높은 건달이었는데
그에게 제안하길, 이제 그리스와 손짓으로
겨루어야 하는데 이 위기를 넘긴다면
네가 원하는 대로 해주겠노라.

그리곤 값비싼 천으로 옷을 해 입히니
철학박사처럼 근사해 보이는 거요.
이 자가 자리를 잡고 허풍을 떨면서,
똑똑하다는 그리스인아 올 테면 와라.

드디어 그리스 대표도 도착했는데
박사 중의 박사로 칭송 받는 사람이라.
만민이 모인 가운데 자기 자리에 올라가
약속한 대로 손짓을 시작하였소.

그리스인이 일어나 한 손가락을 보이는데
엄지손가락 바로 옆의 손가락이라.
그리곤 자기 자리에 다시 앉았지요.
이번엔 광대가 일어나 인상부터 쓰더니

그리스인을 향해 세 손가락을 뻗는데
엄지와 옆의 두 손가락을 모아
작살모양을 만들고 나머진 오그렸지요.
그리고는 멍청이가 자기 옷을 보면서 앉는 겁니다.

그리스인이 일어나 손바닥을 펼쳐 보이고
다시 앉는데 얼굴이 온화해 보입디다.
그러자 건달이 일어나 허세를 부리며
싸울 듯이 주먹을 쥐어 보였지요.

그리스의 현자가 자기 편 사람들에게,
로마는 법을 받을 자격이 있소이다.
거기 있던 모두가 안도하며 일어서니,
천한 건달 덕분에 로마가 영광을 얻은 거외다.

그리스인에게 무슨 논쟁을 했느냐
로마인이 무어라 답하더냐 물으니,
내가 하나님은 한 분이라고 하니까
그가 얼른 손짓으로 삼위일체라 합디다.

내가 모든 게 주님의 손바닥 안에 있다고 하자
그가 주님의 권능이 세상을 다스린답디다.
그렇고말고요. 그들이 삼위일체를 안다면
법을 제대로 간수할 수 있을 것이외다.

이번에는 광대에게 무얼 했느냐 물으니,
그 자가 한 손가락을 보인 건 내 눈알 하나를
뽑겠다는 뜻인데, 내가 화가 나고
약이 올라 딱 분질러 답했소.

사람들 앞에서 두 손가락으로 두 눈을
엄지로 이빨들을 박살내겠다고요.
그러자 그가 그런 생각을 거두지 않으면
귀싸대기를 벌겋게 때리겠다 길래

오냐, 평생 복수를 못하게끔
주먹으로 패주겠다고 했지요.
싸움이 걷잡을 수 없이 커지려 하니
그 자가 더 이상 협박하지 못합디다.

그래서 영리한 노파가 이르듯이
나쁘게 받아들이지 않으면 나쁜 말이 없는 것이라.
잘만 이해하면 모든 말이 좋은 말이고
내 책을 잘 이해하면 예쁜 각시를 얻을 것이요.

농담을 들어도 천하게 여기지 말고
이 책의 의도를 신중히 생각해 보시오.
선과 악에 대해서는 천 명 중에 한 시인도
품격 있게 말하기가 어려운 법.

백로(白鷺)는 많이 볼 것이나, 그 알은 못 찾으며,
새 옷 짓는 이는 솜씨 있는 수선공이 아니라.
내가 광기에 못 이겨 시를 읊는 게 아니고
사랑신의 말씀을 옮기는 것이라오.

내 글은 모든 사람에게 드리는 바요.
사려 깊은 사람은 분별을 볼 것이요,
피가 끓는 젊은이는 광기를 삼갈지라.
복 있는 사람은 좋은 것을 고르나니.

사랑신의 말씀은 감추어진 말씀이라.
경고와 교훈을 어디서 찾을지 생각하시오.
말씀을 이해하고 의도를 붙잡으면
언뜻 악의가 있는 듯한 데서 충고를 볼 것이오.

거짓말인 듯한 것이 더 큰 진실을 말하나니,
번지르르한 시구에 추악함이 담겨 있는 법.
책이 좋은지 나쁜지는 음표로 가리시오.
소리를 들어보고 칭찬하든가 욕을 하시오.

악사가 악기의 주인이듯 나는 책을 지은이라.
여러분이 잘 켜는지 아닌지 나는 알 수 있소.
생각이 끌리는 곳에 멈추어 음미하시오.
나를 잘 켤 줄 안다면 마음에 와 닿을 것이요.(44~70연)

그리스인과 로마인의 손짓 대화에서 보듯 자기의 마음 수준에 따라 세상이 달라 보인다. 선한 사람은 남도 선하게 보지만, 그렇지 못한 경우, 뭐 눈에는 뭐뿐이 안 보인다고 하잖는가. 그런데 독자들은 작가가 꼭 그런 뜻으로만 이 비유를 했다고 보진 않는다. 이 책이 써진 중세에는 수도원이 무척 많았고, 수도원에서는 침묵을 규율로 정해놓은 경우가 많아 손짓으로 의사표시를 주고받곤 했는데 그게 오죽했겠느냐, 그 지나친 관행을 후안 루이스가 비꼰 것이라는 견해가 우세하다. 혹자는, 현자나 광대나 할 것 없이 인간은 저마다의 관점에 갇혀 있을 뿐 하나님의 지혜와는 까마득히 멀다는 뜻이라고 풀기도 한다. 어쨌든, 나쁜 뜻으로 받아들이지 않으면 나쁜 말이 없는 법이다. 지당하신 말씀이다. 그런데, 그렇게 이해를 잘 하면 "예쁜 각시를 얻는다"고 한다. 약간 뚱딴지같은 소리인 듯도 싶지만, 이것이 청중에게 먹혀드는 유머라는 것을 후안 루이스는 잘 알았던 모양이다.

결론은 이 책이 악보 혹은 악기와 같은 것이니까 독자가 연주를 잘 해야 한다는 것이다. 귀에 거슬리는 소리가 나는 건 악기가 안 좋아서가 아니라 연주자가 신통찮아서 그렇다는 것이다. 작품의 의미는 고정된 것이 아니라, 독자의 교양 수준과 마음 밭에 따라 달라지기도 하고 달성되거나 미달될 수 있다는 현대적 비평 상대주의의 입장을 후안 루이스는 이미 취하고 있다. 그러나 사실은 이제부터 독자가 읽게 될(혹은 듣게 될) 육적 사랑, 즉 "미친 사랑"(loco amor)의 얘기를 고상한 사랑, 즉 "사랑신"(Buen Amor)의 얘기로 봐 달라는 다소 무리한(?) 부탁을 하기 위함이다.

작가는 자신의 연애담을 소개하면서 그 속에 여러 우화를 끌어들인다. 그래서 15편의 사랑의 모험을 각각 도덕적 교훈으로 끝을 맺고 있지만, 세속적 사랑의 냄새가 지워지지는 않는다. 세속적이고 쾌락주의적인 것과 교훈적이고 금욕주의적인 것 사이에서 독자는 의도의 미궁을 헤매게 된다. 작가의 유머와 아이러니가 절정에 오른 작은 여자 얘기를 들어보자.

〈작은 여자에 대한 칭송〉 Elogio de la mujer chiquita

여러분, 나는 이 말씀을 짧게 하려오.
나는 언제나 설교라면 짧은 설교,
여자는 작은 여자, 얘기는 짧아야 좋았소.
적게 잘 말한 게 가슴에 남는 법이요.[10)]

말이 많으면 비웃고, 많이 웃으면 미친 자라.
작은 여자 속에는 작지 않은 큰 사랑이 있네.
큰 걸 바꾼 적은 있어도 작은 여자는 안 바꾸지.
작은 걸 큰 걸로 바꾸는 자는 후회한다오.

---

10) Quiero abreviar, señores, esta predicación
porque siempre gusté de pequeño sermón
y de mujer pequeña y de breve razón,
pues lo poco y bien dicho queda en el corazón.

사랑신이 시키길, 작은 여자를 칭송하고
그 고상함을 노래하라, 이제 들어보시라.
작은 여자를 칭찬하면 장난인 줄 알겠지만,
눈처럼 쌀쌀맞아도 불보다 더 뜨겁다네.

겉으론 차갑지만 사랑하면 불같으니,
잠자리는 즐거워 신이 나 방실거리며
집에선 부지런하고 상냥한 요조숙녀라.
여러분도 살펴보면 많은 장점을 볼 것이요.

작은 수정에 큰 광채가 깃들고
설탕은 조금만 있어도 몹시 달다네.
그처럼 작은 여자엔 큰 사랑이 깃들어 있네.
똑똑한 사람에겐 많은 말이 필요 없을 것이요.

좋은 후추 알갱이는 아주 작아도
호두알보다 더 후끈거리는 것처럼
작은 여자가 사랑을 받아들이면
세상 낙은 다 그녀 속에 들어 있다오.

장미꽃은 작아도 색깔은 진하듯이,
조그만 금덩이가 엄청나게 비싸듯,
향수는 몇 방울에 향기가 진동하듯,
작은 여자는 몹시 큰 사랑을 품고 있소이다.

작은 루비 하나에 온화와 열정,
덕과 가치, 기품과 광채가 깃들 듯이,
작은 여자는 어찌 그리 곱고 예쁘며
우아하고 사랑스러우며 절개가 굳을까.

종달새도 작고 나이팅게일도 작지만
큰 새보다 달콤한 노래를 하는데,
여자가 작으면 금상첨화라,
사랑할 때 설탕과 꽃보다 더 달고나.

잉꼬와 꾀꼬리는 작은 새지만
둘 다 달콤한 노래꾼들 아닌가.
귀여운 작은 새, 소중한 노래꾼들처럼
작은 여인도 사랑에 있어 그와 같다오.

작은 여인과 견줄 만한 게 무엇이더냐.
지상의 낙원이요 커다란 위안이며,
유희와 기쁨, 희락과 축복이라.
칭찬보다 시험해 봄이 나을 것이오.

난 항상 큰 여자보다 작은 여자를 원했소.
큰 악에서 피하는 건 잘못이 없나니!
악은 적게 취하라, 현인의 말씀이니
그런즉 여자 중에서 작은 여자가 최고라![11] (1606~1617연)

작은 여자에 대한 찬양이 마지막 부분에서 갑자기 <작은 여자 = 적은 악>이라는 등식으로 둔갑하니 어찌된 영문인가? 작은 여자를 찬양한 것은 후안 루이스의 본심이 아니었단 말인가? 사실이던 아니던, 성직자가 여자를 노골적으로 권장했으니 파계를 범하는 것이다. 그리하여 끝에 가서 슬며시 악은 적게 행할수록 좋다고 훈계를 한다. 그 시대의 통념으로는 여자는 악이었으니까. 이 경우 감추어진 의도는 훈계를 가장한 파계(세속적 가치의 찬양)일 수도 있고, 파계를 위장한 훈계(세속적 가치의 부정)일 수도 있다. 어떤 경우든지 <작은 여자 = 적은 악>이라는 것은 엉뚱한 전환이다. 지고의 '선'인양 작은 '여자'를 추켜세우다가 갑자기 '악'으로 둔갑시키고, '작다'와 '적다'를 의도적으로 혼동하고 있는 것이다. 이처럼 논리가 의외의 전환을 할 때 유머가 성립되며, 이 순간 앞서의 모든 진술은 무효가 된다. 그렇지만 여태까지의 작은 여자 예찬은 너무 진짜 같지 않았던가. 여자가 악이라는 진술은 위장일 뿐이지 않을까. 웃자! 유머의 의미를 심각하게 생각하면 웃을 수가 없다(그러나 주의하라! "많이 웃으면 미친 자라").

이 작품을 몇 가지로 정리하자면, 우선 이 작품의 의도는 작가가 밝

---

11) Siempre quise a la chica más que a grande o mayor;
escapar de un mal grande nunca ha sido un error!
Del mal tomar lo menos, dícelo el sabidor,
por ello, entre mujeres, la menor es mejor!

혔듯이, 유익한 것을 전하려고 한다는 점에서 교육적이다. 그런데 그 의도는 반드시 도덕적이라기보다는 세상의 쾌락에 대한 열망을 더 많이 담고 있음으로 인해 상당히 모호해진다. 금욕적인 것과 세속적인 요소들이 나란히 놓이거나 서로 끼어드는 이런 현상은 유산계급이 증가하면서 중세가 무너져 가는 징후로 볼 수 있다. 덕과 헌신이라는 고전적 가치규범 위에다 돈과 교활함을 올려놓는 중산층은 삶의 목적을 즐거운 인생, 관능의 만족에 두려고 한다. 그리고 그 어조는 사실주의적이고 풍자적으로 나타나는 특징이 있기 때문이다. 그러나 혹자는 이러한 이원적인 태도의 기원을 아랍문학의 이중성에서 찾아야 한다고 주장하기도 한다. 즉, 『사랑신의 책』은 회교도의 관능성과 도덕적 교훈을 기독교－스페인 식으로 다듬었다는 것이다.

둘째, 이 작품은 문체상으로 뛰어난 가치를 지닌다. 풍부한 어휘와 자연스러운 표현으로 생활에 밀착한 얘기를 날렵하고 경쾌하게 전개하면서, 그 속에 재미있는 유머를 집어넣어 어느 누구나 유쾌하게 읽게 한 것이다.

셋째, 이 작품은 또한 개인적 양식을 문학에 도입한 첫 예이다. 누구에 대한 얘기가 아니라 자기에 대해 말하는 자전적 형식을 취하고 있는 것이다. 그것도 고상하게 미화하는 것이 아니라 악의적인 장난기가 흘러넘친다.

결론적으로, 『사랑신의 책』은 이중적인 의도, 표현력이 풍부한 언어구사, 날카로운 유머감각, 활기찬 사실주의, 광대시인의 감흥 등이 어우러져 유례없는 독창성을 낳고 있다.

3. 귀족주의를 표방한 작가들

후안 루이스가 수석사제란 신분에 걸맞지 않게 쾌활한 대중주의를 표방하는데 반해, 돈 후안 마누엘과 아얄라는 귀족주의를 지향한다. 전자는 현왕 알폰소 10세의 조카로서, 『루까노르 백작』(El Conde Lucanor) 의 저자이다. 루까노르 백작이 이러저러한 경우에 처할 때 시종 빠뜨로니오가 다양한 종류의 우화와 전설, 역사에서 적당한 비유를 찾아내 대답하는 형식이다. 예를 들자면, 당나귀를 데리고 장에 가는 아버지와 아들의 이야기가 들어있다. 나귀 등에 짐도 없는데 아버지와 아들이 걸어가는 것을 보고 사람들은 어리석다고 비웃었다. 그러자 아들을 나귀에 태우고 갔다. 이번에는 지나가는 사람들이 늙은 아버지는 걷는데 아들이 타고 간다고 흉을 보았다. 그래서 아들이 내리고 아버지가 나귀에 올라탔다. 그렇게 가고 있는데, 사람들이 말했다. 어린 아들을 걸리다니 무정한 아빠라고. 할 수 없이 둘이 함께 올라탔다. 이번에는 가련한 짐승을 고생시킨다는 비난을 들어야 했다. 즉, 타인의 일에 대해 결점을 찾아내는 사람은 항상 존재하기 마련이며, 그러므로 다른 사람의 의견을 따르기보다는 각자가 자신이 판단하여 옳다고 생각하는 것을 행하는 것이 좋다는 것이다. 이 책의 내용은 독창성은 없으나 엄선된 어휘와 간결한 문장은 산문 소설의 모범이 되었다.

아얄라는 엄격한 도덕관과 귀족정신으로『궁중의 운율』(El Rimado de Palacio)이란 운문 작품을 지어 14세기 스페인 사회의 부도덕성을 비판하고 있으나, 문체가 메마르고 멋이 없어서 문학적 가치는 적은 편이다.

Ⅳ. 민요시와 궁정시

1. 서정요와 로만세

앞에서 말했듯이, 회교도가 통치하는 지역에서 지어진 '하르차'라는 서정요가 스페인 문학사를 여는 장르가 되고 있는데, 기독교 지역에서도 서정시가 많이 지어졌다. 특히 프랑스 남부의 프로방스는 음유시인들의 본고장이었고 그 영향을 받아 스페인의 북서부인 갈리시아에 시가 발달하게 되었다. 이 멀리 떨어진 곳이 가장 큰 영향을 받은 이유는 산띠아고 데 꼼뽀스뗄라가 있기 때문이었다. 예루살렘이 회교도의 손에 넘어간 이후 유럽의 기독교세계가 발견한 제 2의 성지가 이 도시였는데, 9세기에 이곳에서 성 야곱(12사도 중의 하나로서 요한 성자의 형제)의 무덤이 발견되었다는 소식은 온 유럽을 들끓게 하였고 이곳은 유럽 최대의 순례지가 되었다. 그러다 보니 프로방스의 시인들도 그들의 노래를 들어줄 청중을 찾아오게 된 것이었다. 선천적으로 감상적 기질이 있는 갈리시아인들은 이들의 시를 모방하여 더욱 독특하고 감미로운 '님의 노래'(cantigas de amigo)를 만들어 내었다.

아 꽃들아, 아 푸른 소나무 꽃들아!
내 님의 소식을 너희는 아느냐?
아 하나님! 에 우 에?

갈리시아의 서정시는 너무도 유명하여서 까스띠야에서도 산문은 까스띠야어, 시는 갈리시아어로 짓는 것이 14～15세기까지 관례이다시피 하였다.

그러나 까스띠야어로 된 훌륭한 서정시가 진작부터 있어 왔고, 곤살로 데 베르세오의『성모 마리아의 기적』의 도입부에 나오는 시행들도 풍부한 서정미를 보여 주는 예이다. 여기서는 13세기 초에 지은 것으로 추정되는 무명씨의「사랑 이야기」(Razón de amor)를 일부 감상해 보기로 하자.

마음이 슬픈 사람은
이 얘기를 들으러 오시오.
행도 잘 맞고 운도 잘 맞는
사랑 이야기를 들어보시오.
어떤 학생이 이걸 지었는데
그 사람은 예법을 배운다고
독일에 갔다가, 프랑스에 갔다가,
롬바르디아에서 오래 살았죠.
그렇지만 언제나 공부보다는

여자들을 더 좋아했다나.
때는 춘 사월, 점심을 들고
올리브 나무 아래 있는데
저기 사과나무 그늘 사이에
은잔이 하나 보이더라.
그 안에는 좋은 향의 붉은
포도주가 찰랑찰랑하고
더위가 범할새라
뚜껑을 살짝 덮었더라.
그걸 갖다놓은 여인은
과수원의 주인 아가씨.
사랑하는 님이 오시면
마시라고 드리려 함이라.

한 처녀가 오고 있는데
태어나서 그렇게 예쁜 여자는 처음.
희고 발그레한 살결에
귀가 드러나는 짧은 머리카락,
윤기가 나는 하얀 이마에
사과처럼 상큼한 얼굴,
곧고 가지런한 콧날.
이렇게 잘 생긴 여자는 처음.
반짝이는 검은 눈동자,
알맞은 입에 하얀 치아,

붉은 입술은 도톰하고,
정말 균형이 잡혔어.
허리는 가늘고
알맞은 키에 날씬한 몸매.
망토와 드레스는
다른 천도 아닌 비단.

까스띠야 서정시는 여러 형식의 것이 있지만 가장 특징적인 것은 **로만세**(romance)이다. 원래 로만세는 후글라르가 읊조리고 다닌 무훈 서사시를 가리키니 역사를 노래한다는 뜻으로 사가(史歌)라고 옮기는 것이 좋을 듯하다. 그런데 서사시들이 보통 긴 것이 아니니 그걸 다 읊을 수도, 듣고 있을 수도 없다. 그래서 그 긴 얘기에서 가장 감칠 맛 나는 대목만이 입에서 입으로 전해지게 되었고, 그것들은 자연히 서정성이 많은 부분일 수밖에 없었다. 그러면서도 로만세는 본래의 서사적인 성격을 잃지 않는데, 그 이유는 형태가 짧고 간명하여 – 각 행 8음절에 짝수 행만 운을 맞춘다 – 말 타고 달리는 기상이기 때문이다. 서사적인 동시에 서정시이기도 한 이 로만세는 그야말로 불꽃같은 스페인 기질의 표출이라고 할 수 있다. 그래서 중세 이후에도 로만세는 시인들이 곧잘 애용하는 시 형식이었고 오늘날까지도 민요조 가락으로 굳건히 살아남아 사랑을 받고 있는 것이다. 다른 나라에서는 중세의 시 형태가 곧 소멸이 된 것과 큰 대조를 이룬다고 하겠다. 16

세기 중엽부터는 로만세로(romancero)라는 이름으로 로만세 시들을 모은 시집들이 곧잘 간행이 되었다. 로만세 한 수를 감상해 보자.

「순례자의 로만세」

내가 부르고스를 떠나
바야돌릿으로 가는 길에
순례자를 만났는데
그가 말을 걸어 오는데,
—"젊은 양반, 총각, 어디 가오?
당신의 예쁜 각시는 죽었는데
어디 가오, 불쌍한 양반?
내가 보니 죽어 있습디다.
각시를 데려 가는 관은
검은 천으로 둘러쌌고요,
명복 기도를 해줄 때는
내가 대답을 거들었다오.
지체 높은 양반들이
당신 대신 데려갑디다."
무덤에 이르러보니
하얀 그림자가 떠도는데
내가 뒷걸음칠수록
나한테 달라붙더라.

–"이봐요, 도망치지 말아요,
왜 나를 피하시는 거에요?
난 당신의 사랑이에요.
작별하려고 왔답니다."
–"내 사랑이라면 왜 나를
안지 않소? 말해 보오."
–"당신을 안던 두 팔은
수의로 쌌기 때문이고요,
당신에게 맞추던 입은
땅에다 주었기 때문이에요."
–"오래 오래 사세요, 사랑하는 님,
사세요, 나는 죽었으니."

다음의 시는 「죄수의 로만세」(Romance del Prisionero)로 널리 알려진 것이다. 푸른 오월을 누릴 수 없는 죄수에게 작은 새 한 마리는 얼마나 소중한 것인가.

오월은 오월이어라.
날씨는 더워지고,
밀 줄기는 쑥쑥 자라고,
들에는 꽃이 만발하고,
종달새가 우짖으면
꾀꼬리가 화답하고,

연인들은 쌍쌍이
사랑에 열중할 때인데,
이 몸은 처량하게
옥에 갇혀 사누나.
날이 샜는지
밤이 왔는지 모르는데
작은 새 한 마리가 내게
동이 텄다고 노래해주었지.
그걸 어떤 활잡인지 죽였으니
신이시여 고약한 상을 주소서.[12)]

---

12) Que por mayo era por mayo,
cuando hace la calor,
cuando los trigos encañan
y están los campos en flor,
cuando canta la calandria
y responde el ruiseñor,
cuando los enamorados
van a servir al amor,
sino yo, triste, cuitado,
que vivo en esta prisión,
que ni sé cuando es de día
ni cuándo las noches son,
sino por una avecilla
que me cantaba al albor.
Matómela un ballestero ;
déle Dios mal galardón.

2. 깐시온

로만세는 어떠한 소재든지 소화를 해낼 수 있는 즉흥성과 자연스러움이 있는데 반해, 깐시온(canción: 시가 혹은 서정요로 옮김)은 보다 더 서정적 여운을 담는데 적합하다.

사랑하는 님이시여,
새벽빛을 밟고 오세요.
동녘 빛을 밟고 오세요,
친구는 데려오지 마시구요.
새벽빛을 밟고 오세요,
친구는 많이 데려오지 마시구요.

이 여인의 님은 어지간히 놀기 좋아하는 모양이다. 잘 들어오지도 않고 또 들어올 때는 친구들을 끌고 오는 한량이다. 그래도 어쩌랴. 아침에라도 무사히 일찍 들어오기만 하면 좋겠고, 친구는 데려오지 말라고 바가지를 긁고 싶지만, 서운하면 아니 올까, 많이는 데려오지 말라고 물러서는 마음이 고우면서 애처롭다.

이번에는 15세기 스페인판 갑돌이와 갑순이를 만나보자.

그 사람이 미워요, 엄마,
그 점잖은 사람 말에요,
미워죽겠어요.
날 속으로만 좋아하니까
얄미워 죽겠어요,
그 사람에겐 내가 밉겠지요,
나도 속으로만 좋아하니까.
좋냐고 물어본 적이 있어야
싫다고 해볼 텐데 말에요.
그 사람이 미워 죽겠어요.[13)]

둘이는 서로 사랑한다. 그러나 둘이는 마음뿐이다. 겉으로는 모른 척한다. 그러니 속이 탄다. 속이 타다 못해 미워진다. 밉다 못해 원수 같다. 왜 다가와서 "나 좋지?"라고 못하느냐 말이다. 그러면 "싫어"라고 한번 튕기고 빼보는 사랑의 유희가 시작될 터인데. . .

---

13) Enemiga le soy, madre,
aquel caballero yo,
mal enemiga le só.
En quererme es él de sí
tan enemigo crüel,
como yo enemiga de él
por ser amiga de mí ;
nunca en cosa pidió <sí>,
que no le dijese <no> :
mal enemiga le só.

"ᄃᆞᆯ하 노피곰 도ᄃᆞ샤 어긔야 머리곰 비취오시라"로 시작되는 「정읍사」같은 노래도 있다.

달아, 밝은 달아,
밤새도록 밝혀다오.
하얀 은 쟁반 같은
달아, 밝은 달아,
사랑하는 고운 님을
밤새 밝혀다오.
님아, 밝은 님아,
밤새도록 밝혀주오.

백제가요에서 달님이 멀리 빛을 비춰야 하는 이유는 님이 진 데를 디딜까 걱정하는 애틋한 마음 때문이지만, 여기서는 사랑의 점층적인 도취가 있을 뿐이다. 그러다가 아예 님이 달이 되어 버리는 전위(轉位)에 묘미가 있다.

마지막으로, 아낙네들이 농사일이나 길쌈을 공동으로 할 때 즐겨 부르던 노동요 하나를 들어보자.

사랑스런 세 처녀가
하엔에 살았는데요,
앗사, 파티마, 마리엔이래요.

고 예쁜 세 처녀가
올리브 따러 갔다가
모조리 따였다나요,
하엔에서요.
앗사, 파티마, 마리엔이래요.
모조리 따였다나요,
얼이 빠져 돌아오는데
핏기는 하나도 없고요,
하엔에서요,
앗사, 파티마, 마리엔이래요.
고 싱싱한 세 처녀가
사과 따러 갔다가
모조리 따였다나요,
하엔에서요,
앗사, 파티마, 마리엔이래요.

3. 궁정시와 호르헤 만리께

이러한 민요조의 시가들은 형식이 자유로워 역시 스페인 사람들의 사랑을 받았는데, 15세기에는 궁정시로도 발전하였고 그러다 보니 지나치게 우아하고 기교를 부린 것들이 생겨났다. 사랑하는 대상도 고상한 귀부인 일색이 되어 이른바 '궁정사랑'(amor cortés)이 탄생한다.

이것의 특징은, 사랑하는 여인을 천사의 위치로 승격시켜 이상화시키지만 그 여인은 사랑을 거부하는 까닭에 시인은 우울함에 잠겨 한탄과 원망을 하는 것이다.

로만세처럼 시가들도 여러 시가집(cancionero)으로 묶여지곤 하였다. 가장 유명한 것으로는 개종한 유태인 바에나가 편찬하여 15세기 중엽에 후안 2세에게 바쳤다고 하는『바에나 시가집』(Cancionero de Baena)을 들 수 있다. 여기에 수록된 시들의 주제는 주로 기사도적인 것, 종교적 · 정치적 · 풍자적인 것들이다.

궁정시인 중 특기할 만한 인물들은 산띠야나 후작, 후안 데 메나, 호르헤 만리께이다. 먼저, 산띠야나 후작은 "시란 아름다운 보자기에 싼 유익한 것"이란 시관을 피력하였고, 작품은 이태리 르네상스의 영향을 받은 식자풍의 시와 서민적 취향의 시가를 두루 썼다. 후안 데 메나는 단테의『신곡』을 모방하여『운명의 미로』를 지었는데, 꽤 오래 명작으로 간주되었다. 마지막으로, 호르헤 만리께는「아버지의 죽음 앞에 바치는 시」(Coplas a la muerte de su padre)의 작가이다. 이 시는 15세기 스페인 서정시 중 가장 훌륭한 것으로 평가받고 있는 바, 작품을 일부 감상해보기로 하자.

(1) 잠든 영혼아 깨어나라.
정신을 차리고 일어나서

바라보아라,
어떻게 인생이 지나가 버리는지
어떻게 죽음은 아무 소리도 없이
다가오는지,
즐거움은 어찌나 빨리 사라지는지
다시 생각해 보면 어찌 그리
고통스러운지.
그래서 우리가 보기에는
모든 지나가 버린 세월이
더 좋았노라.

(2) 현재를 가만히 바라보면
어떻게 한 순간에 지나가
없어지는지,
우리가 지혜롭게 따져보면
아직 오지 않은 일도 지난 일이나
마찬가지라.
아무도 속지 말자, 절대로,
이제 올 일이 지나간 일보다
오래 가겠는가.
지나간 일이 짧았던 것처럼
모든 일이 그렇게 지나가고
마는 법이니.

(3) 우리네 인생은 강이라네
흘러 흘러 바다에 닿으면
죽음이라네.
고관대작이라 할지라도
종말을 향해 곧장 달려가
사라진다네.
도도히 흐르는 큰 강이나
그에 못 미치는 냇물이나
개울이던가
동일한 곳에 도달한다네.
손을 놀려야 먹고사는 자나
부자나 똑같다네.[14)]

---

14) Nuestras vidas son los ríos
que van a dar en la mar
que es el morir,
allí van los señoríos
derechos a se acabar
y consumir,
allí los ríos caudales,
allí los otros medianos
y más chicos,
allegados son iguales
los que viven por sus manos
y los ricos.
여기서 보듯이, 각 연은 두 개의 6행시가 합쳐져 12행시로 되어 있다. 각 행은 8음절이지만 3번째 행마다 5음절씩이고, 각운은 3행씩 짝을 이루고 있다. 참고로, 이러한 시 형식을 'Copla de pie quebrado'라고 한다.

(5) 이 세상은 길과 같다네
고통이 없는 저 세상으로
가는 길이라네.
그러나 여로를 걸으면서
헤매지 않으려면 분별이
필요하다네.
사람은 나면서 떠나고
사는 것이 곧 길가는 것,
도착을 하면
사라지는 시간인지라
그렇게 죽음을 맞으면
쉬게 된다네.

(16) 제왕 돈 후안은 어찌 되었는가?
그 유명한 아라곤 왕자들은
어찌 되었는가?
그 멋쟁이로 뽐내던 친구들은?
그 뛰어난 재주덩어리들은
어찌 되었는가?
말 타고 겨루던 창 솜씨며
찬란한 말 옷이며 비단 자수며
투구의 술이
한갓 장난이 아니고 무엇인가?
야채 밭은 푸성귀가 아니고

무엇이겠는가?

(17) 그 아름다운 귀부인들과
의상과 장신구와 향수는
어찌 되었는가?
연인들의 사랑의 불길,
타오르던 사랑의 불길은
어찌 되었는가?
악사들이 즐겨 연주하던
그 유명한 시와 노래는
어찌 되었는가?
금 자수가 놓인 옷을 입고
날렵하게 추던 그 춤은
어찌 되었는가?

시간의 덧없음과 인생무상을 탄식(1－13연)하는 것으로 시작하여, 라틴문학의 토픽인 '어디로 갔는가'(ubi sunt) 기법을 써서 부귀영화를 누린 왕후장상들은 어디로 갔는가를 구체적으로 묻고(14－24연) 있다.

그렇다고 해서 인생무상이 이 시의 메인 토픽인 것은 아니다. 호랑이는 죽어서 가죽을 남기고, 사람은 이름을 남긴다. 르네상스 시대가 추구하던 최고의 가치는 명성이었다. 그리하여, 만리께는 이어서 작고한 부친 로드리고 만리께 기사단장의 무훈과 덕망을 노래(25－33연) 한다.

그러나 기독교 세계관에서는 그것도 뛰어넘어야 한다. 명성 또한 영원하고 진정한 것은 아니기 때문이다. 하나님 나라, 즉 천국에서 영생을 누리는 것이 기독교인의 최종 소망이다. 시인은 의인화된 죽음과 아버지와의 대화로 영원한 세계를 소개(34－39연)한다.

(34) 훌륭한 기사여,
거짓된 세계와 그 즐거움을
떠날지어다.
그대의 강철 같은 심장은
이 잔을 마시는데 위대한 노력을
보일지어다.
그대가 명성을 위해서는
목숨과 건강을 안중에 두지
않았듯이
그대의 덕성을 모아서
그대를 부르러 온 이 모욕을
감수하여라.

(35) 그대가 맞이하는 무서운 전투가
그대에게 너무 괴로운 싸움이
되지 않게 하라.
왜냐하면 무척 영광스러운
명성의 삶이 더 오래

남게 될 것이니.
비록 이 영예로운 삶이
영원하지도 진정한 것도
아닐지라도,
그러나 그 일시적이고
허망하게 사라지는 삶보다는
훨씬 낫노라.

(36) 영원히 지속되는 삶은
속세의 생활로는 얻을 수가
없는 것이라.
즐거운 인생으로도 못 얻나니
오히려 그 안에 지옥 갈 죄악이
있을 뿐이라.
그러나 선량한 신자들은
기도와 눈물로 영생을
얻게 되고,
명성이 높은 기사들은
이교도에 대한 투쟁과 노고로
얻게 되노라.

(37) 그런즉, 덕망이 높은 자여,
그토록 많은 이교도를
무찔렀으니

그대의 두 손으로 이 세상에서
이룬 것에 대한 포상을
기대하라.
이러한 믿음을 가지고
또 그대의 온전한 신앙을
굳게 가지고
밝은 희망을 품고서
이제 얻게 될 제 3의 삶을
향해 떠나라.

(38) 이제 더 이상 그런 식으로
하찮은 인생에 시간을 쓰기를
원치 않나니,
나의 뜻은 모든 일에 있어
하늘의 뜻에 맞추어 있도다.
그런즉 기쁘고 밝은 마음, 깨끗한
뜻으로 내 자신의 죽음에
동의하나니,
하나님이 죽기를 원할 때
인간이 살고자 하는 건
미친 짓이라.

(39) 하나님, 당신은 우리의 악함을 인하여
천한 몸과 낮은 이름을

취하셨나이다.
하나님, 당신 스스로의 신성에
이름과 같이 누추한 것을
더하셨나이다.
하나님, 당신은 그 험한 고통을
아무 거리낌없이 몸소
겪으셨나이다.
제가 그 만한 값어치가 있어서 아니라,
오로지 주님의 자비로 저를
용서하시나이다.

마지막 40연에서 만리께는 아버지를 여읜 애틋한 심정을 다음과 같이 위로하며 마무리한다.

(40) 이렇게 흠 없는 정신으로
인간의 모든 생각과 감정을
지니신 채로,
사랑하는 아내와 자식들과
형제와 하인들에게
둘러싸여서,
영혼을 주님께 돌려 드렸나니
영광의 자리가 하늘나라에
마련될 것이라.

그러니 삶을 떠나 가셨지만
아버님의 추억은 우리에게 커다란
위안이어라.

여기서 보듯이, 이 시는 죽음을 주제로 다루면서도 어둡고 음산한 느낌을 주지 않는다. 다만 심오한 감정과 격조 높은 표현으로 지상의 삶의 덧없음을 차분히 드러내고 영원한 삶의 우위를 부각시킬 뿐이다. 호르헤 만리께가 사용한 민요체의 시 형식 또한 대단히 유연하고 자연스럽게 시의 이미지를 조성해 나간다. 주제 면에서 본다면, 과거에 대한 향수 어린 회고와 영원한 정신적 가치에 대한 찬양은 세계문학의 영원한 주제 중의 하나라고 하겠는데, 이것을 만리께는 진한 정서가 배이되 간결하고 장중한 어법으로 표현함으로써 스페인 문학사에 길이 남는 작품이 되게 하였다.

V. 중세와 르네상스의 교차점『라 셀레스띠나』

1.『라 셀레스띠나』

젊은 주역을 제친 늙은 조역 라 셀레스띠나

스페인 문학사에서『돈키호테』다음으로 높이 평가를 받는『라 셀레스띠나』(La Celestina)는 중세와 르네상스의 교차점에서 나타난 희곡작품이다. 초판은 16장으로 구성되어서 1499년 부르고스에서 출판되었다. 1501년에 세비야에서 간행된 제 2판은 그 서문에서 학사 **페르난도 데 로하스**(Fernando de Rojas)가 이미 쓰여져 있던 1장을 우연히 발견하고 방학 중 보름 만에 나머지 15장을 썼다고 밝히고 있다. 또 1502년 세비야에서 나온 제 3판에는 5장이 추가됨으로써 이 작품은 총 21장으로 완성되었다. 그러다보니 구조상으로는 연극이지만 분량이 너무 커서 개작을 않고서는 상연이 불가능하다. 그래서 '대화체 소설'이라느니 '드라마 소설'이라고 부르기도 한다.

그런데 이 작품의 제목인 셀레스띠나는 원래『깔리스또와 멜리베아의 희비극』(Tragicomedia de Calisto y Melibea) 속의 사악한 뚜쟁이 노파의 이름이다. 이 노파는 주인공이 아닌 조연에다가, 극의 중간에서 죽는 바람에 중간 이후에는 아예 등장을 하지 않지만 그 성격이 얼마나 리얼하고 강렬하게 묘사되어 있는지 1519년부터는 이 희곡의 제목을 차지하여 버렸다.

줄거리는, 귀족 가문의 젊은이인 깔리스또가 사냥하던 중 매를 쫓아오다 보니 멜리베아의 정원에 이르렀고 거기서 그녀를 본 순간 사랑에 빠진다. 그러나 그녀가 쌀쌀맞게 대하자 하인인 셈쁘로니오와 의논을 하고, 그의 충고대로 셀레스띠나에게 사랑의 중개를 부탁한다. 이런 일에 이골이 난 셀레스띠나는 멜리베아를 찾아가 능란한 솜씨로 그녀 속에 숨어 있던 깔리스또에 대한 연정을 살려 내고, 둘 사이의 만남을 주선한다. 이 대가로 깔리스또는 셀레스띠나에게 돈과 금목걸이를 주었고, 셈쁘로니오는 동료와 함께 자기들의 몫을 노파에게 요구하다가 죽이고 만다. 이들은 체포되어 참수형을 당한다. 깔리스또는 어느 날 밤 멜리베아의 이층 방에 있다가, 밖에서 소란이 일자 사정을 살피려고 창문에 늘어뜨린 사다리를 타고 나가려다 발을 헛디뎌 떨어져 죽는다. 멜리베아는 절망한 나머지 집 꼭대기에 올라가 아버지가 보는 앞에서 투신자살을 하고, 그녀의 부모가 통곡하는 가운데 작품은 끝이 난다.

이 작품이 왜 이렇게 비극적으로 끝날 수밖에 없었는가? 어떤 비평가는, 정통 기독교 가문의 청년과 개종한 부자 유태인의 딸이 결혼하는 것은 당시 사회가 용납을 안 했기 때문일 것이라고 추측한다. 또 혹자에 의하면, 이상적인 정열적 사랑은 혼외정사를 통해서만 가능했다는 것이다.

'희비극'의 이원적 구도

『셀레스띠나』는 세계적인 작품이지만 동시에 대단히 스페인적인데, 그 이유는 무엇보다 여러 층위에 걸쳐 나타나는 이원성 때문이다.

첫째, 일련의 요소들이 중세적 시각과 르네상스적 시각의 양면성을 띠고 있다. 예컨대, 미친 사랑을 책망하기 위해 썼다고 하는 작가의 도덕적 동기나, 주인공 남녀와 하수인들의 죽음을 신의 징벌로 이해할 때 전통적인 종교규범과 일치하는 것이 중세적이라면, 멜리베아의 사랑으로 인한 자살이며, 깔리스또의 대담한 발언(셈쁘로니오가 사랑에 미친 깔리스또에게 기독교도가 맞냐고 묻자, 이렇게 대답한다: "나 말이야? 나는 멜리베아 교도야, 멜리베아를 경배하고, 멜리베아를 믿으며, 멜리베아를 사랑해." Yo soy melibeo. Adoro a Melibea, creo en Melibea, amo a Melibea.), 그리고 많은 장면의 선정성은 르네상스의 인본주의적 · 이교적 분위기와 일치한다.

둘째, 인물들은 열광하는 인간형과 회의적인 인간형으로 나누어진다. 교양 있고 세련된 주인공 남녀는 사랑의 정열에 도취되어 움직이는데 반해, 셀레스띠나와 하인들은 지독한 탐욕과 이기주의에 의해 움직인다. 앞의 인물들은 아름다운 프리즘을 통해 인생을 보고, 뒤의 인물들에게는 천박한 물욕의 세계만이 존재한다.

셋째, 문체상으로도 대중성과 박식성이 대조를 보인다. 대중성은 하인들의 말씨에서 주로 나타나는데, 속담과 중언부언, 길거리 표현 등이 뭉쳐 활기찬 대화형으로 나타나고, 박식성은 르네상스 인본주의의 라틴어 풍을 좇으려는 어투로 표현된다. 깔리스또와 멜리베아의 입을 통해 빈번히 신조어가 등장하고, 동사가 문장의 끝에 놓이며, 우아한 능변이 흘러나온다.

문학적 가치

이 작품의 플롯은 대단히 단순한 것이나, 로하스는 엄청난 극적 가치가 있는 작품으로 만드는데 성공하였다. 로하스가 창조한 인물들은 작가가 조종한다는 느낌을 거의 주지 않는다. 그들은 스스로의 정열과 충동에 따라 움직이는 실제의 인간이라고 믿게 할 정도로 심오한 인간적 진실을 지니고 있다. 어떤 인물들에게서도 상투적이거나 거짓으로 꾸민 흔적을 찾을 수가 없다. 주인공의 사랑도 육체적 · 정신적으로 얼마나 실감이 나는지, 대부분의 르네상스 시인들이 상투적인 문학적 유행에 사로잡혀 있던 것과 선명한 대조를 이룬다. 실감나는 감정－셀레스띠나의 뻔뻔스러운 교활함, 깔리스또와 멜리베아의 흥분, 셈쁘로니오의 저급한 위선, 선량한 쁠레베리오의 고통받는 부정(父情)－이 독자의 마음을 강력하게 파고든다. 이런 면에서 이 작품은 행동의 외적 역동성이 강조되는 황금세기 스페인 연극보다는 인물들의 심리에 밝은 셰익스피어의 극에 가깝다고 할 수 있다. 또한 몇몇 장면에서는 뛰어난 서정성도 나타난다. 결론적으로,『라 셀레스띠나』는 1500년경의 유럽문학에서 가장 중요한 작품으로 칠 수 있으며, 세르반테스는 "인간적인 것을 좀 감춘다면 내 생각에는 최상의 책"(libro, en mi opinión, divino, si encubriera más lo humano)이라고 극찬하였다.

여기서는 제 12막을 감상해 본다.

〈제 12 막〉

자정이 가까워지자 깔리스또, 셈쁘로니오, 빠르메노는 무장을 하고 멜리베아의 집으로 간다. 루끄레시아와 멜리베아는 깔리스또를 기다리며 문간에 서 있다가 그가 도착하자 루끄레시아는 자리를 피하고 두 연인은 문을 사이에 두고 얘기한다. 한편 빠르메노와 셈쁘로니오도 자기끼리 얘기를 하다가 길에 사람들 소리가 나자 도망가려고 한다. 깔리스또와 멜리베아는 다음 날 밤에 다시 만나기로 약속하고 헤어진다. 쁠레베리오는 길에서 나는 소리를 듣고 잠이 깨 아내 알리사를 부른다. 부부는 멜리베아에게 누가 왔는지를 묻는다. 멜리베아는 목이 말랐다고 둘러댄다. 깔리스또와 하인들은 집으로 돌아가 깔리스또는 잠자리에 들고 빠르메노와 셈쁘로니오는 셀레스띠나 집으로 가서 자기네 몫을 요구한다. 셀레스띠나는 금목걸이를 감추고 시침을 뗀다. 싸움이 일어나고 셀레스띠나는 죽임을 당한다. 엘리시아가 소리를 지른다. 포졸이 달려와 두 하인을 붙잡는다.

깔리스또, 셈쁘로니오, 빠르메노의 대화

깔리스또 : 얘들아, 지금 시간이 몇 시냐?

셈쁘로니오 : 열 시요.

깔리스또 : 오, 하인들의 건망증이 날 미치게 하는구나! 오늘 밤 내가 마음을 졸이고 있고 네가 원래 부주의하고 잘 잊는다는 걸 생각하면 당연히 기억하고 주의해야 할 게 아니냐. 이 경솔한 셈쁘로니오야, 내 사정을 알고 있으면서 어떻게 열 시이든 열 한 시든 네 입에 우선 떠오르는 대로 대답을 한단 말이냐? 오, 심란하구나! 만약에 내가 잠이 들었다가 11시를 10시라 하고 12시를 11시라고 하는 셈쁘로니오의 대답에 의존하였더라면 멜리베아가 나왔다가 내가 없으니 돌아섰을 것이다. 그리하여 내 불행은 끝이 없고 내 소원을 실행에 옮겨보지도 못했을 뻔했구나! 강 건너 불구경이라는 말이 괜히 있는 게 아니로구나.[15]

셈쁘로니오 : 내 생각엔 말이죠, 알면서 묻는 것이나 모르면서 대답하는 거

15) No se dice en balde que «mal ajeno de pelo cuelga».

나 똑같이 잘못이라구요.[16] 그러니까 말이죠, 도련님, 남은 시간에 시비꺼리를 찾기보다는 무기나 챙기는 게 나을 겝니다.

깔리스또 : (멍청이가 말은 잘 하네! 그래, 내가 화낼 때가 아니지. 지나간 일은 몰라도 장차 올 일은 생각하고 싶지 않아. 이 녀석의 부주의로 손해를 입지 말고 내가 열심히 해서 이익을 얻자꾸나. 일단 참으면 화는 없어지거나 누그러지는 거야.) 빠르메노야, 내 갑옷을 꺼내다오. 그리고 너희들도 무장하거라. 단단히 준비를 하고 가는 것이 좋아. 유비무환이라는 말도 있잖니.

빠르메노 : 여기 있습니다, 도련님.

깔리스또 : 입는 것을 도와다오. 그리고 셈쁘로니오는 길거리에 누가 보이나 봐라.

셈쁘로니오 : 도련님, 아무도 안 보입니다. 또 있다 해도 너무 캄캄해서 우리를 알아보지 못할 겝니다.

셋이 거리로 나선다

깔리스또 : 자, 이 길로 가자. 약간 돌아가긴 해도 더 안전하니까 말야. 이제 자정이로구나. 알맞은 시간이다.

빠르메노 : 다 와 갑니다.

깔리스또 : 제 시간에 왔구나. 빠르메노 너는 다가가서 문틈으로 그 아가씨가 나와 있는지 봐라.

16) Tanto yerro, señor, me parece, sabiendo preguntar como ignorando responder.

빠르메노 : 제가요, 도련님? 전 말이죠, 남의 일을 망치는 게 제일 싫다구요. 저를 보고 놀라지 않게 도련님이 먼저 만나시는 게 좋을 겁니다. 이토록 숨어서 만나고 겁내는 걸 보면 알만 하지요. 또 도련님이 놀려먹었다고 생각할지도 모르니까요.

깔리스또 : 아, 참 좋은 말을 했다! 너의 현명한 충고가 나를 살려 주었다. 그녀가 내 잘못된 조치로 인해 돌아설 뻔했구나. 내가 저기 갈 테니 너희들은 여기 있어라.

빠르메노와 셈쁘로니오

빠르메노 : 이봐, 셈쁘로니오, 첫 번째 위험에 바보 같은 우리 주인이 날 방패막이로 써먹으려 한 거 어떻게 생각해? 저 닫힌 문 뒤에 누가 있을지 알아? 누가 배신이라도 했는지 알게 뭐야. 멜리베아가 움직이는 건 우리 주인이 이런 식으로 막무가내로 나오기 때문인지 어떻게 알아? 그리고 그 할망구가 사실대로 말한 건지도 확실치 않아. 그런 위험을 피했으니 내가 오늘 태어난 거나 마찬가지야.

셈쁘로니오 : 진정해, 진정하라구, 빠르메노. 기뻐 날뛰지 말고 소리도 내지 마라. 그러다 되레 후회할라.

빠르메노 : 시끄러워, 임마. 내가 좋아서 이러는 게 아냐. 내가 가지 않은 건 우리 주인이 해야 할 일이기 때문이라고 믿게 했잖아. 사실은 내 안전 때문이었는데 말야. 누가 나처럼 자기 이익을 감출 줄 알겠어? 네가 앞으로 눈여겨보면 내가 깔리스또뿐만 아니라 이 일에 관련된 모든 사람이 눈치도 못 채게 여러 가지 일을 하는 걸 알게 될 거다. 왜냐

하면 이 색시는 낚시 미끼거나 매밥일 게 틀림없는데 그걸 먹으러 왔다간 대가를 톡톡히 치르게 마련이지.

셈쁘로니오 : 저런! 정말 그럴지 모르지만 네 꾀에 네가 안 넘어가면 좋겠다. 준비해라. 무슨 소리가 들리기만 하면 줄행랑을 놓는 거다.

빠르메노 : 너도 나와 똑같구나. 우린 한 마음이다. 난 줄행랑만 놓는 게 아니라 확실하게 삼십육계까지 쓸 참이다.

셈쁘로니오 : 멜리베아가 나온 모양이다. 들어봐, 뭐라고 소근대잖아.

빠르메노 : 아, 그 여자가 아니고 누가 목소리만 흉내 내는 거라면 큰일인데!

셈쁘로니오 : 하나님, 제발 배신자가 없게 해주시고, 우리가 도망갈 길이 막히지 않게 하소서. 다른 건 무섭지 않습니다.

멜리베아 집 대문 — 깔리스또, 루끄레시아와 멜리베아

깔리스또 : 이 소리는 한 사람 이상이 내는 거잖아. 누가 됐건 말해 보자. 여보세요, 아가씨!

루끄레시아 : 이건 깔리스또 목소리에요. 내가 가봐야지. 누구시죠? 어느 분이 밖에 와 계신 거죠?

깔리스또 : 당신의 분부를 좇아 온 사람입니다.

루끄레시아 : 아가씨, 빨리 오세요. 겁내지 말고 이쪽으로 오세요. 그 분이에요.

멜리베아 : 미쳤어, 작은 소리로 말해! 그 사람인지 잘 보구.

루끄레시아 : 오시라니까요, 아가씨, 맞아요, 내가 목소리 알아요.

깔리스또 : 내가 속은 게 분명해. 나한테 말한 사람은 멜리베아가 아니었어.

떠드는 소리가 들리고, 난 망했다! 하지만 살든 죽든 여기서 떠나지 않을 테다.

멜리베아 : 가 봐, 루끄레시아, 잠 좀 자요. 여보세요, 이름이 누구세요? 누가 여기 오시라고 했나요?

깔리스또 : 그 분은 세상을 움직일 만하고 내가 감히 받들어 모실 자격도 없을 만한 분입니다. 두려워 마시고 당신의 우아함에 포로가 된 이 사람을 보십시오. 내 귓전에서 결코 떨어지지 않는 당신의 감미로운 목소리는 당신이 나의 멜리베아 아가씨임을 증명해 주는군요. 난 당신의 종 깔리스또입니다.

멜리베아 : 깔리스또 도련님, 당신의 전갈이 하도 대담하여서 어쩔 수 없이 내가 얘기를 하게 되었습니다. 지난번에 이미 대답한 게 있는데, 그 때 보여드린 거 말고 어떤 사랑을 더 끌어내시려는 건지 모르겠군요. 공연히 엉뚱한 생각 품지 마세요. 내 명예와 인격이 고약한 의심의 제물이 되지 않게 말이죠. 내가 나온 것은 이 말을 하기 위해서랍니다. 당신이 단념하셔야 내가 마음 편히 쉴 수가 있겠습니다. 내 명예가 험담꾼의 혓바닥 위에 놓이게 하시려는 건 아니겠죠.

깔리스또 : 오, 깔리스또는 불행한지고! 오, 네 하인들한테 골탕을 먹다니! 오, 거짓말쟁이 셀레스띠나! 날 차라리 죽게 내버려두고 내 희망을 다시 살리려 하지 말라. 이미 나를 신음하게 하는 불길을 부채질할 뿐이다. 왜 당신은 나의 아가씨의 말을 거짓으로 옮겼단 말인가? 왜 나를 여기에 오라고 했단 말인가? 내 파멸과 영광의 열쇠를 가진 이 아가씨의 입을 통해 고작 퉁명스러움과 금지, 불신과 미움을 보라는 것이었던가? 오, 원수여! 이 아가씨가 내게 호의적이라고 말하지 않았단 말

인가? 누구를 믿을 수 있을 것인가? 누가 감히 내게 이 끔찍한 파멸의 소망을 주었단 말인가?

멜리베아 : 오, 나의 도련님, 당신의 진실된 원망을 멈추세요. 내 가슴은 더 이상 견딜 수가 없고, 두 눈은 감출 수가 없군요. 당신은 날 잔인하다 여기시고 슬퍼서 우는데 나는 내게 그토록 진실하신 걸 보고 기뻐서 운답니다. 오, 나의 도련님, 내 모든 행복이시여! 당신의 목소리를 듣기보다 얼굴을 볼 수 있다면 얼마나 좋을까요! 하지만, 당장은 다른 걸 할 수가 없으니, 그 끈덕진 노파의 혀에 써서 보낸 말씀을 확인해드리니 안심하세요. 그분이 당신에게 한 말은 모두 틀림없습니다. 모두 맞다는 걸 보증할께요. 도련님, 눈물을 닦으시고 저에게 마음대로 분부하셔요.

깔리스또 : 오, 나의 아가씨, 내 영광의 소망, 내 고통의 안식과 위안, 내 가슴의 기쁨이시여! 당신의 한없이 부드러운 사랑을 누리기에는 너무나 보잘것 없고 나약한 인간인 내가 비탄에 빠진 순간에, 사랑을 해주시기로 하시다니요! 이 과분하고 비할 데 없는 은혜를 어찌 다 말로 할 수 있겠습니까? 지금까지 얼마나 많은 날들을 이 생각을 품었다가 이루지 못할 꿈이겠거니 하며 밀쳐놓았는지 아시나요? 그러다가 그대의 맑디맑은 얼굴에서 반짝이는 광선이 내 두 눈을 비추고, 내 심장에 불을 붙이고, 혀를 깨어나게 하고, 자존감을 갖게 하고, 비겁함을 쫓아내고, 움츠려든 어깨를 펴게 하고, 기운을 갑절로 하고, 내 두 손과 발을 움직이게 하였습니다. 그리고 마침내 그 큰 힘이 나로 하여금 담대히 나서게 하여, 지금 그대의 달콤한 목소리를 넋이 빠져 듣는 이 황홀한 순간으로 이끌어 온 것입니다.

멜리베아 : 깔리스또 도련님, 저도 도련님이 지체 높으시고 온갖 은사를 구비하신 훌륭한 분이라는 걸 제대로 알고 난 다음에는 한 시도 도련님이 가슴속에서 떠나질 않았답니다. 그걸 숨기느라고 무척 여러 날 속으로 싸웠지요. 하지만 그 노파가 도련님의 달콤한 이름을 기억에 다시 떠오르게 하자 본마음을 감출 수가 없었고요, 도련님을 이 자리 이 시간에 오시게 하였지요. 이제 도련님의 처분에 맡기오니 원하시는 대로 저에게 분부하시어요. 그런데 이 문이 우리의 기쁨을 가로막고 있군요. 빗장은 튼튼하고 내 힘은 연약할 뿐이니 참으로 저주스러워요. 그렇지만 어쩔 수가 없으니 도련님도 참으시고요, 저도 불만을 삭여야지요.

깔리스또 : 내 사랑, 어떻게 막대기 하나가 우리의 기쁨을 가로막는데 체념하라고 하십니까? 나는 당신의 마음 외에 다른 무엇이 방해가 될 것이라고는 추호도 생각하지 못 하였습니다. 오, 귀찮고 성가신 문짝이여! 하나님께 비오니 내 가슴속에 일어나는 분노가 불이 되게 하소서. 그 불이 삼분의 일만 있어도 문아, 너는 눈 깜짝할 새에 재가 될 터이다. 그러니 멜리베아, 내가 하인들을 불러 이 문을 부수도록 해주시오.

빠르메노 : 들었지, 들었지, 셈쁘로니오? 재수 옴 붙게 우릴 부르려고 하잖아. 내 생각엔 이 사랑 놀음이 애당초 글러 먹었더라니! 난 여기서 더 안 기다릴란다.

셈쁘로니오 : 쉿, 쉿, 들어봐! 저 여자는 우리가 오는 걸 막는데.

멜리베아 : 내 사랑, 나를 파멸시키고 내 명예를 손상시키고 싶으세요? 마

음의 고삐를 놓지 마세요. 희망은 확실하고요, 도련님이 분부하시면 시간도 지척이랍니다. 도련님은 단지 한 사람의 고통을 느끼시지만 나는 우리 두 사람의 고통을 느끼고 있어요. 그러니까 내일 이 시간에 과수밭 담장으로 오시는 것으로 만족하세요. 만일 지금 이 못된 문짝을 부셔버리면 당장은 발각이 안 될는지 몰라도, 날이 밝으면 아버지가 내 잘못을 무섭게 추궁하실 거에요. 지체가 높으면 높을수록 잘못이 더욱 커지고, 금새 온 도시에 소문이 난다는 걸 도련님도 아시잖아요.

셈쁘로니오 : 오늘 밤 영 재수 없이 여기 왔어! 우리 주인이 꾸물대는 꼴을 보니 아무리 행운이 우리를 도와도 시간이 오래 걸리다 보면 이 집에서건 이웃집에서건 눈치를 챌 거란 말야.

빠르메노 : 틀림없이 뭐가 우릴 노리고 있을 거라고 내가 너한테 가자 한게 벌써 두 시간이나 되었잖아.

깔리스또 : 오, 내 사랑, 내 모든 행복이시여! 성자의 도우심으로 내게 주어진 그것을 왜 잘못이라고 하십니까? 오늘 내가 막달레나 제단 앞에서 기도를 드리는 중에 그 열성적인 노파가 당신의 기쁜 소식을 전하더란 말입니다.

빠르메노 : 헛소리 작작해라, 깔리스또! 이봐, 맹세코 말야, 우리 주인은 기독교인이 아냐. 그 간교한 할망구가 역겨운 마술을 걸어 엮어 놓은 일을 갖고서 성자가 도우셨다니 나, 원! 이런 확신이면 문도 부수려고 들겠는데.

셈쁘로니오 : 그렇지만 빠르메노, 우리는 멀찌감치 떨어져 있으니까 걱정 말아. 무슨 소리만 나면 뺑소니가 최고야.

빠르메노 : 말 잘 했다. 나랑 동감이구나. 그러자구. 우리가 아직 새파란 나이에 도망가야지 죽어서 되겠어. 이봐, 내가 어떻게 하고 있나 보라구. 비스듬히 서서 두 다리는 벌리고, 왼쪽 발은 앞으로 향해 도망칠 준비를 갖추고 옷자락은 허리에 감고, 방패는 걸리적거리지 않게 말아서 겨드랑이에 끼고 있는 거야. 오, 신이시여, 여기 위험이 큰 만큼 사슴처럼 빨리 달리게 해 주소서.

셈쁘로니오 : 나는 또 어떻구, 방패랑 칼은 허리끈으로 동여매어서 달려도 떨어지지 않게 했지, 투구는 두건에 묶었지. 가만, 들어봐! 들었지, 빠르메노? 우라질! 우린 죽었다! 튈 준비해, 셀레스띠나 집 쪽으로 가자. 우리 집으로 앞질러 갈지 모르니까.

빠르메노 : 도망쳐, 도망쳐, 넌 그렇게 밖에 못 뛰냐! 아이구 내가 죄가 많아서! 잡히게 생겼으면 방패니 뭐니 다 버려!

셈쁘로니오 : 우리 주인은 벌써 죽은 거 아냐?

빠르메노 : 내가 알아? 아무 말 말아. 잔말 말고 뛰기만 해. 그런 건 내 관심 밖이야.

셈쁘로니오 : 이봐, 이봐, 빠르메노! 돌아서, 돌아서, 가만히, 뭔가 했더니 저쪽 길에서 딱딱이 치고 가는 야경꾼들이야.

빠르메노 : 잘 봐. 눈을 너무 믿지 마라. 제 멋대로 이걸 저걸로 보는 경우가 허다하니까. 제기랄, 피가 다 말라붙고 등덜미가 덜덜 떨렸잖아, 나 죽었다 싶어서 말야.

멜리베아 : 깔리스또 도련님, 길에서 나는 저 소리가 뭐지요? 사람들이 도망치는 소리 같아요. 오 하나님 맙소사, 잘 보세요, 위험에 처하신 거에요!

깔리스또 : 아가씨, 무서워 마세요, 내 안전은 염려 없습니다. 내 하인들인 모양인데, 좀 극성맞은 놈들이라서 지나가는 사람을 모조리 무장해제 시킨답니다. 그래서 누가 도망을 치는 모양이지요.

멜리베아 : 많이 데리고 오셨어요?

깔리스또 : 아니, 둘뿐입니다. 그렇지만 힘들이 세서 상대가 여섯이래도 무기를 뺏고 쫓아버리는 건 식은 죽 먹기일 겁니다. 믿을 만하죠. 그러니까, 내가 지푸라기에 불 붙여서 다니는 건 아니지요. 아가씨의 명예가 걸린 것이 아니라면, 이 문도 박살을 냈을 겁니다. 그리고 우리가 눈치채이면 아가씨와 나를 이 집의 시종들로부터 다 구출해 낼 겁니다.

빠르메노 : 이봐요, 주인님! 거기서 빨리 오세요. 사람들이 떼거리로 횃불 들고 다가 온다구요, 눈에 띄었다간 숨을 곳도 없어요.

깔리스또 : 오, 이런 답답한 일이! 아가씨와 헤어지려니 발걸음이 떨어지질 않는군요. 정말이지 당신의 명예로 인한 두려움이지 죽음의 공포 때문은 아닙니다! 그러니 천사들이 당신과 함께 계시길 빕니다. 분부하신 대로 나는 과수밭으로 오겠습니다.

멜리베아 : 그러세요. 조심해 가세요.

멜리베아의 부모인 쁠레베리오와 알리사의 방

쁠레베리오 : 여보, 부인, 주무시오?

알리사 : 아뇨.

쁠레베리오 : 딸의 방에서 무슨 소리가 들리지 않소?

알리사 : 네, 들려요. 멜리베아! 멜리베아!

쁠레베리오 : 당신 소리를 못 듣는구려. 내가 더 크게 부르리다. 얘야, 멜리베아!

멜리베아 : 네, 아버지.

쁠레베리오 : 누구 발소리냐? 네 방에서 웬 소란이지?

멜리베아 : 아버지, 루끄레시아에요, 물주전자를 가지러 나갔어요. 제가 목이 몹시 말라서요.

쁠레베리오 : 자거라, 딸아, 나는 혹시 다른 일인가 생각했다.

멜리베아의 방

루끄레시아 : 별 소리도 안 났는데 두 분이 깨셨네요. 아주 놀라신 말투에요.

멜리베아 : 아무리 순한 짐승도 자식에 대한 사랑이나 염려로 죽기를 마다하지 않잖아. 그런데 만일 내 행동을 아시게 되면 어떻게 하실까?

깔리스또의 집

깔리스또 : 얘들아, 그 문을 닫아라. 그리고 너 빠르메노는 위에다 촛불을 올려놓거라. 음, 나는 멜리베아 아가씨에게 너희들에 대해 그리고 너희들의 도움과 보호 덕분에 내가 얼마나 안전한지를 얘기했다. 너희들

공이 크다. 하나님께 내 건강을 빌어다오. 너희들이 날 위할수록 그만큼 상급을 후히 주마. 자, 가서들 쉬어라.

(자러 간다.)

빠르메노 : 셈쁘로니오, 우리는 어디 갈까? 잠자러 갈까, 아니면 요기하러 부엌에 갈까?

셈쁘로니오 : 넌 네 맘대로 하려무나. 난 말이지 날이 밝기 전에 셀레스띠나한테 가서 목걸이에서 내 몫을 받아내야겠어. 시간을 주면 무슨 흉계를 꾸며서 우리를 따돌릴지 모르거든.

빠르메노 : 너 좋은 생각했다. 내가 깜빡했어. 우리 같이 가서 혼줄을 빼놓아 돈에는 친구가 없다는 걸 알게 하자.[17]

셀레스띠나 집 앞

셈쁘로니오 : 이봐요, 이봐! 가만있어, 이 창문 곁에서 잔다니까.(탕탕!) 셀레스띠나 이모, 문 좀 여슈.

셀레스띠나 : 뉘요?

셈쁘로니오 : 문 열어요, 당신 자식들이요.

셀레스띠나 : 이 시간에 돌아다니는 자식들 둔 적 없다.

셈쁘로니오 : 빠르메노와 셈쁘로니오라구요. 같이 요기 좀 하러 왔수다.

셀레스띠나 : 아이구, 이 극성맞은 놈들! 들어와라, 들어와. 이 시간에 웬 일이냐, 벌써 날이 밝았니? 뭣들 한 거야? 무슨 일 있어? 깔리스또는 희

17) Sobre dinero no hay amistad.

망이 날아갔냐, 아니면 아직도 그 여자와 붙어 있냐, 아니면 어떻게 됐어?

셀레스띠나의 집 안

셈쁘로니오 : 어떠냐구요, 아이구! 우리가 아니었더라면 우리 주인의 영혼은 쉴 곳을 찾아 영원히 헤매고 있을 걸. 그러니까 우리에게 빚진 걸 어림할 수 있다면 재산을 다 팔아도 못 갚을 게요. 목숨과 인격은 다른 무엇보다도 귀중하고 가치 있다는 말이 맞다면 말이요.

셀레스띠나 : 맙소사! 아니 그토록 욕을 봤단 말이냐? 얘길 해 봐라, 제발.

셈쁘로니오 : 어휴, 치 떨려! 그걸 다시 생각만 해도 온 몸에 피가 끓수다.

셀레스띠나 : 제발 진정하고 말해 보라니까.

빠르메노 : 지금 긴 얘기할 상태인 줄 아시는 모양인데, 우리가 지금 얼마나 흥분해 있는지, 얼마나 화를 참고 왔는지 아슈? 우선 먹을 거나 챙겨 주시는 게 나을 거요. 그러면 좀 흥분이 가라앉을지 모르겠수다. 직성 같아서는 화를 풀 상대가 있었으면 딱 좋겠는데. 아 글쎄 그렇게 한 놈들은 잽싸게 도망을 쳐서 없고 말이요.

셀레스띠나 : 네가 어찌나 사나운 얼굴을 하고 있는지 내가 놀라지 않으면 가래톳이 나서 죽겠다. 어서 얘기해 봐, 셈쁘로니오, 무슨 일이 있던 거냐?

셈쁘로니오 : 아이구, 얼이 빠지고 기가 막혀서! 아무리 할매 앞이라지만 화를 가라앉히고 다른 얼굴을 해 보일 수가 없을 지경이요. 남자들 하고라면 그러구 자시구도 없지만. 난 약자 앞에선 힘 자랑 해본 적이 없수

다. 할매, 내 무기는 몽땅 결딴이 났수다. 방패는 테가 빠졌고, 칼은 톱처럼 되었고, 투구는 정수리가 패였지요. 그 모양이라 주인을 모시고 한 발짝도 못 나가게 생겼단 말이요. 하필 주인이 오늘 밤 다시 만나러 약속이 되어 있을 때 말이지. 그럼 다시 사면 되지 않냐구? 동전 한 닢이라도 있으면 그 위에 자빠져 죽기라도 할 텐데, 그것도 없다 이겁니다.

셀레스띠나 : 네 주인보고 해 달래라. 주인 섬기다가 닳고 망가진 거잖아. 통이 큰 사람이니까 그것뿐만 아니라 다른 것도 해 줄 거다.

셈쁘로니오 : 허! 빠르메노 꺼도 다 망가졌거들랑요. 이 지경이면 무기 사다가 뽕이 빠지겠수다. 벼룩도 낯짝이 있지 어떻게 그 양반에게만 졸라대란 말씀이슈? 나더러 되로 주고 말로 받으란[18] 말은 하질 말라고 하슈. 아, 우리한테 금화 백 냥 줬지, 나중에 금목걸이 줬지. 많이 움켜쥐면 꽉 조일 수가 없다[19]는 말처럼 적당한 선에서 만족해야지 욕심을 부리다가 다 놓치는 법이요.

셀레스띠나 : 당나귀가 방귀 뀌네! 내가 공으로 늙은 줄 아니, 밖에서 저 혼자 잘 처먹고 와서는 우리가 다 배 터지게 먹었다고 하는 꼴이네. 셈쁘로니오, 너 정신이 있니? 네 보수나 급료랑 내 수입이나 사례금하고 무슨 상관이 있어? 내가 너희 무기를 땜질해 주고 부족한 걸 채워줄 의무가 있냐? 네가 말꼬리 잡지 않았으면 날 죽이라고 해. 내가 전날 말이지, 길에서 너한테 그랬지, 내 껀 다 네 꺼고, 내 얼마 안 되는 힘이지만 너를 한껏 돕겠다, 네 주인하고 일이 술술 잘 풀리면 너는 손

18) Dando un palmo pide cuatro.

19) Quien mucho abarca, poco suele apretar.

해볼 것 아무 것도 없다고 말이야. 그러니까 너도 알다시피, 셈쁘로니오, 그런 제안, 즉 선의에서 나온 말은 강요하는 게 아냐. 빛난다고 다 금은 아니야[20) 안 그러면 값어치가 없지. 어떠냐, 셈쁘로니오, 내가 네 생각 잘 알지? 내가 늙었지만 네가 생각하는 거 다 안다. 이봐, 맹세컨대 말이야, 나는 가슴이 더 아파. 이 마음이 분노로 터지려고 해. 너희 집에서 오자마자 거기서 가져온 목걸이를 아, 그 미친년 같은 엘리시아에게 기분 내라고 줬지 뭐냐. 그런데 그걸 어디다 둔지 모르겠다는 거야. 그날 밤 그년이나 나나 한숨도 못 잤어. 가슴이 아파서. 목걸이 값어치 때문이 아니고. 뭐 그 값이야 얼마 하겠어. 다만 엘리시아가 그걸 잘못 간수하고 내가 재수가 없다는 거 때문에 그런 거지. 그때 여기에 아는 사람들하고 친척들이 몇 왔었거든. 이렇게 말하고 그걸 가져가지나 않았는지 모르겠어. "날 보면 장난친 거라 하고, 못 보면 입 다무는 거다"[21)라고 말야. 그러니까 얘들아, 지금 내가 너희 둘에게 말하고 싶은 건, 너희 주인이 뭔가 나한테 준 게 있다면 그건 내 꺼라고 인정해야 한다는 거야. 네 비단조끼를 보고 내가 그걸 나눠 달래든, 탐을 내든? 모두가 제 몫이 있고 합당한 만큼 얻는 거야. 내가 뭔가 얻는 것은 내가 그 두 배로 목숨을 걸다시피 했기 때문이야. 얘들아, 나도 다 밑천이 들고 또 지식도 필요한 거야. 그걸 내가 농땡이 치면서 얻은 게 아니란 거지. 빠르메노, 니 에미가 살아있다면 좋은 증인이 돼 줄 텐데 말야. 이건 내가 일한 거야. 너희들한테는 다른 게 있는 거고. 그러나 내가 말한 그 모든 것에도 불구하고, 너희들 섭섭해 하지 마라. 내 목

20) No ha de ser oro cuanto reluce.

21) Si me viste, burléme; si no me viste, calléme.

걸이가 나타나면 너희들한테 빨간 바지 한 벌씩 해 줄 테니. 그게 요즘 총각들한테 제일 잘 나가는 옷이잖니. 안 나타나면, 내 마음만 받아라. 나도 손해 본 것 입 다물 테니까. 이 모든 건 선의에서 나온 거야. 내가 이 일에서 이익을 보는 걸 너희들이 먼저 바랬 듯이 말이야. 그런데도 만족을 못 한다면 너희들 손해야.

셈쁘로니오 : 늙은이들이 얼마나 욕심이 많은지 내가 처음 겪어 아는 게 아니지. 이 할망구가 이 일에서 생기는 이익은 내가 다 가지라고 말할 때는 언제구! 이익이 별로 크지 않을 것 같으니까 그랬다가, 이제 그게 커지니까 하나도 못 주겠다는 거야. 애들이 콩알 한 쪽은 나눠 먹다가 한 가마니가 생기면 한 쪽도 안 준다드니[22) 그 말이 맞아.

빠르메노 : 당신이 약속한 걸 내놓던가 아니면 우리가 전부 차지하자. 이 할망구가 어떤 인간인지 입이 닳도록 내가 얘기했잖아.

셀레스띠나 : 너희들이 너희 주인 때문인지 무기 때문인지 성이 잔뜩 나 있다만, 나한테 그걸 터뜨리지 말아. 난 이게 어디서 비롯됐는지, 네가 뭐가 아쉬운지 알고 말고. 그럼, 아니지, 너희들이 달라는 게 필요해서가 아니라 또 욕심이 사나워서도 아니지. 사실 욕심은 많지만 말야. 그게 아니고, 내가 너희들을 언제까지나 엘리시아와 아레우사한테 잡아매놓고 다른 여자들을 안 대줄까봐 돈을 내놓으라고 협박하고, 갈라먹자고 으름장을 놓는 거야. 그러나 가만히들 있어, 너희들한테 두 년을 붙여준 사람이 당장 열이라도 줄 수 있다구. 너희들 이상으로 물정도 알고 생각도 있으니까 말이야.

---

22) De lo poco, poco; de lo mucho, nada.

셈쁘로니오 : 나한테 설 풀지 말아. 늙은 개한테 쫑쫑하고 구슬르지 말라구.[23] 당신이 누군지 드러나기 전에 깔리스또한테 받은 걸 모두 셈해서 우리 두 몫을 내놓아. 알랑방귀는 다른 사람들한테나 뀌라구, 할망구야.

셀레스띠나 : 내가 누구냐, 셈쁘로니오? 혓바닥 함부로 놀리지 마. 내 흰머리를 얕보지 말아. 나도 하나님이 만든 늙은이야, 남들보다 못하지 않아. 저마다 직업이 있듯이 나도 내 직업 갖고 살아, 아주 깨끗하게. 날 찾지 않는 사람은 나도 안 찾아. 사람들이 내 집에 와서 나를 불러내고, 내 집에서 나한테 부탁을 해. 내가 옳게 살든지 그르게 살든지 하나님이 내 마음의 증인이셔.[24] 너 화난다고 나를 함부로 대할 생각 말아. 정의는 모두를 위해 있어. 모두에게 공평하다구. 내가 여자지만 너희들 똑똑한 만큼 내 말도 존중받을 거야. 내가 내 집에서 내 돈 갖고 있는 거 참견 마라. 그리고 너 빠르메노 말이지, 네가 내 비밀을 알고 나와 네 불쌍한 에미 사이에 있은 일들을 안다고 해서 너한테 꼼짝 못할 거라고 생각하면 오산이다.

빠르메노 : 그 기억을 끄집어내어 내 코를 벌름거리게 하지 마라. 안 그러면 따끈따끈한 소식을 갖고 저 세상에 가게 해줄 꺼야. 거기서 마음껏 군시렁대라구.

셀레스띠나 : 엘리시아! 엘리시아! 자지만 말고 일어나, 여기 나 좀 살려다오, 제발 큰 소리로 포졸을 불러다오. 이게 뭐냐? 내 집에 와서 이게 왠 협박이냐? 순한 양에게 너희들 완력과 용기를 발휘할 거냐? 묶어놓은

23) A perro viejo no cuz cuz.

24) Si bien o mal vivo, Dios es el testigo de mi corazón.

암탉한테? 육순 할미에게? 저기, 저기 너희들 같은 남자들한테, 칼 찬 자들한테 화를 내란 말야, 이 야윈 실꾸러미한테 그러지 말구!

셈쁘로니오 : 오, 이 욕심쟁이 할망구, 돈에 기갈이 들어 환장한 목구멍아! 수입의 삼분의 일로는 만족할 수 없단 말이냐?

셀레스띠나 : 삼분의 일이라니 무슨 잠꼬대냐? 내 집에서 썩 꺼져! 그리고 저 놈도 소리치지 말라고 해, 이웃사람들 올라. 분통 터지게 굴지들 마라! 깔리스또와 너희들 일이 동네방네 다 퍼지는 건 원하지 않겠지!

셈쁘로니오 : 소리를 치든가 지르든가 맘대로 해, 약속을 지키든가 아니면 오늘로 네 인생은 끝장이다!

엘리시아 : 아이구, 칼을 집어넣어! 빠르메노, 좀 붙잡아, 붙잡아, 저 미친놈이 죽이지 못하게 해!

셀레스띠나 : 포졸 나리! 포졸 나리! 이웃 양반들아, 사람 살려! 불한당들이 내 집에서 날 죽이려고 하오!

셈쁘로니오 : 불한당이 뭐 어쩌고 저째! 기다려, 이 마귀할멈, 편지 써 갖고 지옥가게 해 줄 테다.

셀레스띠나 : 아이고, 나 죽네! 아이고, 아이고! 고해도 못하고, 고해도 못하고!

빠르메노 : 잘 한다, 잘 한다! 끝내버려, 이왕 시작한 거! 우리가 누구인지 알게 해 줘! 죽여라, 죽여라! 원수들아, 사라져라!

셀레스띠나 : 고해도 못하고!

엘리시아 : 오, 잔인한 원수들! 급살이나 맞아라! 너희들이 누굴 위해 일하던 놈들인데! 우리 어머니는 죽었고 내 행복도 날아갔구나!

셈쁘로니오 : 도망가자! 빠르메노, 도망가자, 사람들이 몰려오고 있어! 아이

구, 아이구, 포졸이 오고 있네!

빠르메노 : 오, 내가 무슨 죄가 많아서! 우리가 나갈 데가 없잖아, 문은 막혀 있고!

셈쁘로니오 : 이 창문으로 뛰어내리자! 포졸 손에 잡혀 죽지 말고!

빠르메노 : 뛰어, 네 다음에 내가 갈께!

(높은 곳에서 뛰어내리다가 둘은 심하게 다친다. 포졸이 그들을 잡아, 광장에서 살인범으로 머리를 베어버린다. 이 소식을 깔리스또는 자고 나서 듣지만, 그는 지금 맹렬한 사랑의 열정에 사로잡혀 있다. 멜리베아네 정원 담장에서 첫 번째 진짜 만남이 예정된 날인 것이다.)

2. 르네상스의 도래와 스페인적 수용

서양 중세사는 게르만 민족의 이동에서 비롯된다면, 서양 근대사는 르네상스(el Renacimiento)와 함께 시작된다고 할 수 있다. 르네상스란 프랑스어로 '재생', '부활'을 의미하는 것으로서 처음에는 고대 미술 또는 고전 문학의 부흥이란 의미로 사용되었으나, 지금은 14세기로부터 16세기에 걸쳐 이탈리아를 중심으로 일어나 서양 문화 전반에 지대한 영향을 끼친 복고적 혁신운동을 가리킨다. 복고적이라 함은 고대 그리스 · 라틴 문화를 그리워하기 때문이요, 혁신적이라 함은 중세의 신본위주의를 인간본위주의로 바꿔놓기 때문이다. 즉, 기독교 성립 이전 그리스와 로마 제국의 이교 문화 속에서 인류의 문화가 꽃 피었다고 믿고, 그것을 모범 삼아(교회와 종교의 압박에서 벗어난) 자유로운 인간의 세계를 구현하려고 한 것이다. 현세를 존중하고 인간성을 긍정하게 되니 자연히 관심분야가 확대되고 개성의 표현이 풍부하게 되어 과학과 예술이 만발하였으므로 르네상스는 흔히 '문예부흥'이라고 옮겨지는 것이다.

르네상스가 등장하게 된 주 배경은 상공업의 발달로 인해 새로운 사회계급으로서 부르조아가 출현한 데 따른 것이고, 르네상스의 시작은 시인 페트라르카를 비롯한 14세기 이태리의 지식인들로부터이며, 그 절정은 16세기 유럽 각국에서였고, 영향을 미친 분야는 예술 · 문학 · 과학 · 정치 · 관습 등 광범위하지만, 핵심사상은 어디까지나 휴머니즘(el humanismo), 즉 인본주의에 있었다. 그런데 휴머니즘은 또한 인류의 문화를 탐구하는 자세와 불가분의 관계에 있기 때문에 '인문주의'의 뜻을 지니기도 한다. 중세에는 자연뿐만 아니라 인간의 모든 것이 신의 섭리 아래 있다고 믿었으나, 르네상스 시대에는 인간이 창조하지 않은 자연과학의 세계와 인간이 만들고 가꾸는 인문과학의 세계가 존재하게 된 것이다.

이렇게 르네상스는 새로운 정신사조로서 유럽 전역을 휩쓸었고 그 도도한 물결은 스페인에도 예외 없이 밀어닥쳤다. 이미 회교 · 유태교 문화와의 혼합으로 중세 최고수준의 학문과 예술에 도달한 스페인 문화에 있어서 르네상스는 더욱 찬란한 문화의 불길이 일어나게 하였다. 그리하여 16－17세기에 걸친 스페인문학의 황금세기(el Siglo de Oro) 중 제 1기(16세기)는 르네상스기에 해당된다.

그리하여 자연과 초자연을 명확히 구별을 하는 가운데(중세에는 한데 뒤섞여 있던 것이), 자연을 탐구의 대상으로 삼고, 관능적인 감각을 즐기고, 명성을 추구하며, 피조물을 사랑하는 등의 특징이 나타났다.

그런데, 스페인의 르네상스는 몇 가지 독특한 특징을 지닌다. 첫째, 다른 나라에서와는 달리 르네상스가 중세와의 단절이 아니라 공존이라는 특이한 형태를 취한다. 앞서 1499년에 나온『라 셀레스띠나』에 중세의 종교적 규범과 르네상스의 현세적 욕망이 나란히 제시되었다면, 이제는 가르실라소의 현세 몰입적인 태도와 프라이 루이스의 고고한 은둔이 대립되고, 가톨릭을 심하게 조롱한『라사리요 데 또르메스』와 같은 피카레스크 소설 옆에는 신비주의 문학과 같은 하나님 몰입형 문학이 있는 것이다.

둘째, 대중적이고 지역적인 요소가 보편적이고 박식한 유럽적 요소와 공존한다. 그래서 르네상스의 산물인 목가적이고 신화적인 주제만 각광을 받는 것이 아니라, 엘시드를 비롯한 중세 스페인의 영웅호걸들도 여전히 빛을 잃지 않는다. 마찬가지로, 가르실라소의 귀족적인 이태리 시 못지않게 민요풍의 시와 로뻬 데 루에다의 대중연극이 인기를 누렸다.

이러한 양면성은 사실주의와 이상주의의 공존에서도 잘 드러난다. 피카레스크 소설과 기사소설은 세상을 바라보는 관점의 양극단을 보여준다. 이 양면성은 미학적 차원 －특정 주제의 선택과 그에 따른 문체 기법－에 그치는 것이 아니라 도덕적 차원을 포함한다. 이태리의 르네상스 시가 심미적 관점에서만 인생을 노래하는데 반해, 스페인의 르네상스는 윤리성을 강조하므로 예술이 삶에 흡수되는 경향이 강한 것이다.

결론적으로, 스페인에서의 르네상스는 인식의 지평을 확대하는데 기여하였지 다른 나라들에서처럼 단절과 대체를 불러온 것이 아니었다. 그런 까닭에 16세기 스페인문학은 이태리 르네상스의 모방과 수용을 넘어, 당대 및 후대의 세계 문학에 큰 영향을 준 4가지 장르를 발전시키게 되었다. 그것들은 신대륙 발견과 정복에 따른 **기록 문학** · 근대 소설의 이정표가 되는 **피카레스크 소설** · 독특한 장르로 성립한 **신비주의 문학** ·『돈키호테』를 낳는 계기를 마련해 준 **기사 소설**이다. 중남미 문학사에서 주로 다루어지는 첫째 것은 빼고 나머지 것들을 뒤에 다시 언급하기로 하고, 다음 장에서는 르네상스 문학이 스페인에 최초로 뚜렷하게 나타난 16세기 시에 대해 간략하게 살펴보자.

3. 16세기 스페인 시

르네상스 시의 왕자 가르실라소(1501 – 1536)

후안 보스깐(Juan Boscán)은 이태리 풍의 시를 스페인에 보급하는 데 앞장선 인물이다. 1526년 이태리의 인문주의자로부터 권유를 받고 나서 그는 페트라르카 이후 이태리에서 발달한 운율과 주제를 도입하기 시작한다. 그러나 그의 더 큰 공적은 친구인 가르실라소 델라 베가(Garcilaso de la Vega)를 끌어들인 데 있다. 가르실라소의 탁월한 시적 재능이 발휘됨으로써 한 행이 11음절(endecasílabo)인 시가 비로소 스페인에 정착하게 된 것이다.

이들이 도입한 시 형식 중 가장 대표적인 것이 11음절짜리 소네트(soneto)와 11음절과 7음절 행을 조합한 리라(lira)인데 뒤의 것은 신비주의 문학 편에서 보도록 하고 여기서는 가르실라소의 소네트 한 편을 감상하자.

〈그대의 달콤한 봄을 즐기라〉

당신의 얼굴에 장미와 백합이
아름다운 빛깔을 드리우고
당신의 눈길은 뜨겁고 정결해
가슴에 불을 지르고 억누르네.

금맥에서 뽑은 머리 결이
바람에 하늘하늘 나부끼고
흩날리어 하얗게 솟은 목을
아름답게 드러내는구나.

성난 세월이 하얗게 백설로
당신의 고운 머리를 덮기 전에
달콤한 봄의 열매를 딸지니,

자연의 습성은 바뀌지 않으나,
차가운 바람에 장미는 시들고,
살 같은 세월은 모든 걸 바꾸나니.[25)]

---

25) <Gozad de vuestra alegre primavera>
En tanto que de rosa y azucena
se muestra la color en vuestro gesto,
y que vuestro mirar ardiente, honesto,
enciende al corazón y lo refrena;
y en tanto que el cabello, que en la vena
del oro se escogió, con vuelo presto
por el hermoso cuello blanco, enhiesto,
el viento mueve, esparce y desordena;
coged de vuestra alegre primavera
el dulce fruto antes que el tiempo airado
cubra de nieve la hermosa cumbre.
Marchitará la rosa el viento helado,
todo lo mudará la edad ligera
por no hacer mudanza en su costumbre.

세월이 아름다움을 시들게 하기 전에 사랑을 하라고 여인에게 권하는 시이다. 이처럼 '오늘을 즐겨라'(carpe diem)라는 주제는 르네상스 시대 무척 유행한 것이었는데, 가르실라소가 열렬히 사랑한 이사벨이란 여인은 그에게 사랑의 화답을 해주지 않았다.

그렇지만, 이것은 역설적으로 그가 심취한 페트라르카 풍의 시를 짓기에는 적합한 조건이었다. 앞에서도 언급하였지만 '궁정사랑'에 있어서는 쌀쌀맞은 여인을 짝사랑하는 가운데 망설임과 의구심, 희망과 비애, 후회와 수치 등의 다양한 감정을 겪게 되어 있는 것이다. 그러나 시인은 이 사랑을 통하여 정신적으로 연단 · 정화가 된다고 믿는다. 르네상스 시인에게 있어 여인은 예술 · 자연과 더불어 신격화된 이상이었다.

어쨌든 가르실라소의 많은 시가 이사벨에게 바쳐진 것인데, 그 중에서도 유명한 「**목가**」(Égloga) I편은 그녀의 요절을 아파하면서 쓴 시이다. 이 시에서는 철자의 순서를 바꾸어 엘리사(Isabel → Elisa)로 부른다. 상당히 긴 시이므로 일부만을 옮겨 본다.

> 내 생명 엘리사, 이 계곡에서
> 시원한 바람을 쐬며 우리가
> 어여쁜 꽃들을 따던 그 때에,
> 내 사랑에 쓰디쓴 종지부를 찍을
> 슬프고 외로운 날이 오고 오랜

이별이 있을 줄 어찌 알았으리요?
하늘은 매정하게
내게 고통을 주고
영원한 눈물 속에
쓸쓸히 혼자 살라고 하는구려.
괴롭고 성가신 인생에 매여서
나는 혼자 의지 없이
빛 없는 캄캄한
감옥에서 장님이 된 느낌이라오.

나의 신, 엘리사, 이제 당신은
불멸의 두 발로 하늘을 거닐며
별의 운행을 조용히 보겠지만,
날 잊지 말아요, 날 위해 서둘러
세월이 이 육신의 장막을 찢게 해주오.
그러면 나는 자유의 몸이 되어
아름다운 금성에서
당신과 손에 손잡고
새 들판을 찾아
새 산과 새 냇가를 찾아갑시다.
꽃핀 계곡 그늘을 찾아 쉬면서
당신을 잃을 염려 없이
당신을 잃는 놀람 없이
언제까지나 당신을 내 눈앞에 두리다.

가르실라소는 궁정인으로서 또 무인으로서 서른다섯의 짧은 생애를 살았고 시인으로 활동한 기간도 얼마 되지 않았지만 위대한 스페인 시인으로 추앙 받고 있다. 자아의 내면의식을 담은 순수하고 우아한 표현은 단순하고 간결한 형식에도 불구하고 강렬한 서정성과 뚜렷한 음악성을 지니고 있어서 프라이 루이스 데 레온(Fray Luis de León), 십자가의 성 요한(San Juan de la Cruz) 등에게 영향을 주었다.

살라망까 시파와 루이스 데 레온

가르실라소와 더불어 스페인의 르네상스를 대표하는 시인은 프라이 루이스 데 레온(Fray Luis del León, 1528 – 1591. '프라이'는 신부를 가리키는 약칭)이다. 까스띠야 지방의 유서 깊은 대학 도시인 살라망까에서 신학교수로 재직하면서 그는 진보적으로 르네상스 문화를 흡수하였다. 당시의 전형적인 인문주의자가 그러하듯, 라틴 고전 외에도 이태리 시학 · 수학 · 의학 · 미술 · 음악 등을 섭렵하였고, 원전을 중시하여 히브리어 성경을 연구하는 한편, 모국어를 사랑하여 성경의 <아가서>('아름다운 노래'라는 뜻으로 흔히 <솔로몬의 노래>라고도 하며, 프라이 루이스는 <노래 중의 노래> El Cantar de los Cantares 라고 제목을 붙였다. "솔로몬의 가장 아름다운 노래. 내게 입맞춰 주세요, 님의 사랑은 포도주보다 더 달콤합니다."로 시작한다.)를 스페인어로 옮겨서 보급하였는데, 이것은 금서목록을 공포한 트렌토 종교회의(1545－1563)의 결정에 반하는 행동이었다. 그밖에도 왕성한 혈기와 비타협적인 태도로 인해 종교적 · 인간적으로 적을 많이 두었고 급기야는 감옥에 갇히게 되었다. 5년 후 사면을 받아 대학 강단에 다시 선 그는 "어제 우리가 말했듯이. . ."(Decíamos ayer)라고 강의를 시작하여 그의 고결하고 관대한 성품을 빛나게 하였다. 왜냐하면 사람들은 5년 동안 무고하게 옥살이를 한 그가 적대자들을 향해 비난의 말을 할 줄 알았기 때문이었다. '복되도다'(beatus ille)를 표현한 다음 시는 프라이 루이스가 감옥생활을 어떻게 지냈을까를 짐작케 한다.

여기 시샘과 거짓이
날 가두었다네.
이 사악한 세상에서
떠나 있는 현자의
낮은 자리가 복되어라.
집과 식탁은 궁색해도
즐거운 들판에서
하나님만을 벗하여
홀로 삶을 보낸다네,
시샘 받지도 하지도 않으면서.

프라이 루이스는 초기에 페트라르카 풍의 소네트를 짓기도 하였으나, 그의 엄격하고 종교적인 정신은 보다 심오한 주제를, 열정적인 감성은 행의 제약이 없는 리라(lira. 5행을 한 연으로 하고 각 행은 7－11－7－7－11음절로 짬) 형식으로 금욕적이고 종교적인 송가(oda)를 즐겨 부르게 하였다. 그의 대표적인 송가는「은둔의 삶」(Vida retirada), **「고요한 밤」**,「펠리뻬 루이스에게」,「살리나스에게」,「성모 승천일에」,「천상의 집」등인데 여기서는「고요한 밤」의 일부를 옮긴다.

무수한 별빛이 아롱진
하늘을 바라보고
꿈과 망각 속에 파묻혀
밤으로 둘러싸인
이 땅을 보노라면,

사랑과 고통이
가슴에 뜨거운 열망을 일깨우고,
두 눈은 샘이 되어
하염없이 울면서
마침내 입을 열어 괴로움을 토하노라:

위대함의 보금자리,
자비와 아름다움의 사원,
내 영혼은 당신의 숭고함을 닮아

태어났거늘, 어찌하여
이 낮고 컴컴한 감옥에 갇혀 있단 말입니까?

어떤 죽을 잘못이
생각을 진리로부터 떼어놓고,
생각은 당신의 행복으로부터
잊혀지고 잃어버린바 되어
헛된 그림자, 꾸민 행복을 좇는단 말입니까?

사람은 운명을 알지 못한 채
꿈에 빠져 있는데,
하늘은 소리 없이
빙글빙글 돌면서
삶의 시간을 훔쳐가고 있구나.

오, 깨어라, 인생아!
너의 불행을 정신 차려 보아라.
그토록 훌륭한
불멸의 영혼이
그림자에 속아 살 수 있단 말인가?

아, 눈을 들어
저 완전하고 영원한 창공을 보라.
무엇이 그리 두렵고 무엇이 그리 탐나는지

이 거짓된 인생의
변덕을 너는 비웃게 될 것이다.

누가 하늘을 보고
땅의 낮고 천함을 안다면
어찌 한탄을 하지 않으리?
영혼의 감옥을 깰 수는 없을까,
낙원으로 돌아갈 수 없을까. [. . .]

평안에 대한 갈망과 천국에 대한 향수를 주로 노래한 프라이 루이스의 시를 한 마디로 줄이자면 <절제된 열정>이라고 할 수 있다. 또한 그의 시에서는 내용과 형식 사이의 고전적 균형미와, 내성적이고 은둔적인 자세, 호라티우스(Horacio)적인 소박하고 기품 있는 표현이 나타나는바, 이것은 프라이 루이스를 정점으로 하는 살라망까 시파의 특징이다.

세비야 시파와 에레라

반면에 세비야 시파는 풍부한 수사학적 장식과 색채감이 넘치는 표현 속에 플라토닉한 사랑을 담곤 하였다. 대표 시인으로는 페르난도 데 에레라(Fernando de Herrera. 1534－1597)를 꼽는다. 당시에 에레라는 시성(詩聖. Divino)이라고 불릴 정도로 높은 평판을 받았다.

참고로, 살라망까 시파는 중부 이북의 근엄하고 소박한 까스띠야인의 기상을 반영하며, 세비야 시파는 중부 이남의 화려하고 재치 있는 안달루시아인의 성품을 드러낸다. 이 차이는 오늘날에까지 이어지고 있는데, 기후와 지리가 사람의 성품 형성에 미치는 영향을 입증해 주는 예이다. 따뜻한 기후와 풍요로운 산물(産物), 그리고 사람들의 잦은 왕래가 예인 기질을 키우는지 스페인에는 안달루시아 출신 시인이 전통적으로 상당히 많다.

VI. 신비주의 문학과 악자 소설

1. 저 높은 곳을 향한 신비주의 문학

르네상스 시대인 16세기 스페인 문학의 특징 중의 하나는 종교문학이 무척 성행하였다는 점이다. 독일에서 루터가 일으킨 종교개혁(1517)의 불이 유럽으로 번져나가자 스페인은 반(反)종교개혁(Contrarreforma)의 기치를 높이 들고 가톨릭을 수호한다. 그러한 보수적인 종교적 열성이 역설적으로 종교문학을 촉진하는 역할을 하였다. 예수회를 창설한 성 이그나시오(San Ignacio de Loyola)는 『영성 수련』을 지었고, 프라이 루이스 데 그라나다(Fray Luis de Granada)는 『죄인들에 대한 안내서』, 말론 데 챠이데(Malón de Chaide)는 『막달레나의 개종서』 등을 저술하였다. 이러한 작품들을 <금욕주의 문학>(Literatura Ascética; 고행주의 문학이라고 옮길 수도 있음)의 범주에 넣을 수가 있는데, 금욕주의는 도덕적 완성에 이르기 위해 욕망을 제어하고 미덕을 실행하는 등의 제반 활동이라고 정의할 수 있다. 금욕주의 작품들은 가톨릭 사제들이 쓴 글인 만큼 신의 은총을 전제로 하고 있기는 하지만 일반적으로 신의 초자연성이 나타나지는 않는다. 그런데 이 왕성한 금욕주의 문학의 토대 위에 우뚝 솟아오른 것이 있었으니, 그것이 이른바 신비주의 문학이다.

신비주의 문학은 간단히 말하여, 하나님과의 친밀한 합일을 열망하는 것이다. 가톨릭에서는 신과의 합일에 이르기까지 세 단계의 경로를 거친다고 본다.

1. 정화의 길(Vía purgativa)
   영혼은 기도와 고행을 통해 악으로부터 정화된다.
2. 계시의 길(Vía iluminativa)
   영혼은 성령의 은혜를 받기 시작하고 신의 존재를 환희로 받아들인다.
3. 합일의 길(Vía unitiva)
   영혼은 오직 신과의 사랑과 계시에 응하여 신과 하나가 되는 감격적이고도 황홀한 경험을 한다.

산 후안과 더불어 스페인 신비주의의 쌍봉을 이루고 있는 산따 떼레사(Santa Teresa de Ávila, 1515－1582)는 이것을 세분화하여 '7개의 방'으로 나눈다. 먼저 첫째 방들은 독사와 뱀들이 우글거리는 곳인데, 떼레사 성녀의 표현을 옮겨보자.

"이 첫째 방들에는 왕이 계신 궁전으로부터 나오는 빛이 거의 도달하지 않아요. 왜냐하면, 영혼이 죄에 빠져 있을 때처럼 어둡고 캄캄하진 않아도 여하튼 어두워서 이 안에 있으면 빛을 볼 수가 없어요. 그런데 그건 방이 잘못 되어서라기보다는, 뱀과 독사와 해로운 것들이 얼마나 많이 들어와 있는지 빛을 느끼게끔 내버려두질 않기 때문이에요. 마치 누가 햇볕이 쏟아져 들어오는 곳에 들어가면 눈에 흙이 들어간 것처럼 눈을 거의 못 뜨잖아요. 방 자체는 밝은데, 방해물이 그 빛을 누리지 못하게 하는 거예요. 이 사납고 무서운 짐승들이 자기들뿐이 안 보이게 눈을 감게 만드는 거지요. 내 생각에는 영혼이 그러한 지경에 있어요. 병든 상태는 아니지만 얼마나 세상에 빠져 있는지, 얼마나 재산, 명예, 사업에 푹 잠겨 있는지, 설령 아름다움을 보고 즐기고 싶다 할지라도 숱한 장애물들을 빠져나갈 수가 없는 거예요."

그러므로 기도를 해야 한다. 기도가 없이는 첫째 방도 벗어날 수가 없다. 둘째, 셋째 방들은 기도와 고행을 통해 각종 시험을 통과해야 하는 곳들이다. 여기까지는 정화의 단계에 해당된다.

넷째 방부터는 기쁨을 누릴 수 있다. 성령에 자기를 맡기고, 초자연적인 현상들을 목격하게 된다. 해로운 것은 여기에 거의 들어오지 않지만, 혹 들어오면 오히려 득이 된다. 다섯째 방에는 풍요와 희락이 넘치고, 영혼은 누에고치가 징그런 몸을 벗고 아름다운 흰나비가 되는 형국이다. 여섯째 방에서는 하나님이 신랑으로서 부르신다는 것을 아주 뚜렷하게 깨닫는다. 여기까지는 계시의 단계이다.

마지막 일곱째 방은 '내면의 성'(城) 한 가운데 위치하며, 물론 영혼이 하나님과 합일을 이루는 곳이다.

> 말하자면 이 합일은 두 개의 촛불이 아주 가깝게 합쳐지다 못해 불빛이 하나가 되는 것 같은 거에요. 심지와 빛과 초가 하나가 되는 거지요. 그렇지만 나중에 심지를 떼면 다시 두 개의 초가 되잖아요. 또 여기 강이나 샘이 있다고 하면 하늘에서 비가 내려 다 같은 물이 되지요. 그러면 어떤 게 강물이고 어떤 게 하늘에서 떨어진 비인지 구별할 수가 없지요. 혹은 냇물이 바다에 흘러 들어가는 것처럼 나눌 방도가 없어요. 혹은 창문이 둘 달린 어떤 방에 빛이 쏟아져 들어오는 것 같은 거에요. 나뉘어져 들어오지만 모두 하나의 빛이 되는 거지요.
>
> 어쩌면 사도 바울이 말씀하신, "주와 합하는 자는 한 영이니라"가 이 거룩한 혼인을 가리키는 것일 거에요. 만왕의 왕께서 하나가 되시려고 영혼에게 오시는 것이라고 가정하는 거지요. 또 이렇게도 말하잖아요. "내게 사는 것이 그리스도니 죽는 것도 유익함이니라". 그러니까 내 생각에는 여기서 영혼에 대해 말하는 것인데, 왜냐하면 앞서 말했듯이 나비가 그곳에서 죽되 한량없이 기뻐하는 것은 그 생명이 이미 그리스도이기 때문인 거에요.

위의 인용에서 보듯 산따 떼레사는 글을 쓴다기보다는 말을 하는 듯한 느낌을 준다. 비록 어법상의 오류가 많고 다듬어지지도 않았지만, 구체적인 현실에서 비유를 빌려오는 덕분에 소박하고 자연스런 생동감이 넘친다. 주로 다른 사람들의 요청으로 급하게 글을 썼지만 『자서전』(Libro de su vida), 『완성의 길』, 『내면의 성 – 일곱 방들』 등의 산문은 스페인문학의 귀중한 유산목록에 포함된다.

산 후안 델라 끄루스

그에 반해 앞의 산 후안(San Juan de la Cruz, 번역하자면 '십자가의 성 요한'. 1542 – 1591)은 어휘 하나, 이미지 하나에도 세심한 주의를 기울이는 타고난 시인이었다. 역설적 표현, 감탄법의 활용, 암시성이 농후한 상징 등은 그의 시에 독특하고 강렬한 느낌을 줄뿐만 아니라, 그 시대 다른 어떤 서정시인보다 더 뛰어난 정서적 · 미학적 긴장을 불러일으킨다. 그리고 그에 의해서 르네상스의 사랑의 모티브들은 다시 '신적인 것'(a lo divino)으로 바꾸어졌다는 것도 특기할 만하다.

산 후안은 근본적으로 표현이 불가능한 신비주의 체험을 나타내려고 무척 애를 썼다. "뭘 뭐라고 웅얼거리는 건지를 모르겠다"(No sé qué que quedan balbuceando)고 술회를 하기도 한 그는 몇 안 되는 그의 시를 주해하기 위해 네 권의 산문집을 쓸 정도였다. 가령, 『까르멜 산에 오르기』(Subida del Monte Carmelo)와 『영혼의 어두운 밤』(Noche Oscura del Alma)에서는 밤의 능동성과 수동성에 대한 설명을 하고 있다. 여기서 능동성이란 영혼의 자각과 결단으로 육체의 욕구를 제어하고 나아가 지적인 능력까지 지우는 것이며, 수동성은 하나님의 은혜 앞에 무의지의 상태로 놓인 것을 말한다.

「영혼의 어두운 밤」

어느 캄캄한 밤
사랑에 불붙어 조바심 내며,
오, 행복한 모험이여!
난 정적에 잠겨 있는 집을
살그머니 나왔네.

어둠 속을 안전하게
변장을 하고 숨겨둔 사다리로,
오, 행복한 모험이여!
난 정적에 잠겨 있는 집을
살그머니 나왔네.

그 행복한 밤에
아무도 날 보지 않았고,
나도 보지 않았네
내 가슴에 타오르는 불빛 말고
다른 것은 없었네.

그것이 날 인도했네,
한 낮의 빛보다 더 분명하게,
날 잘 아시는 분이
날 기다리는 그곳으로.
거기엔 아무도 안 보였네.

오, 밤이여, 그대가 인도하였네!
오, 새벽보다 더 친절한 밤이여!
오, 밤이여, 그대가
님과 나를 하나 되게 해주었고,
난 님 안에서 다른 사람이 되었다네!

님을 위해 온전히 간직해 온
내 꽃 핀 가슴에
님이 잠드셨네.
난 님을 쓰다듬고
백향목 부채질을 해드렸네.

성벽 사이 바람
내가 님의 머리카락을 헝클자
님의 부드러운 손길이
내 목을 간질였고,
내 모든 감각은 마비되었네.
무아지경 속에서

얼굴을 님 위에 기대었네.
모든 게 멈췄고 나도 멈췄네.
백합화 사이에서
근심을 잊었네.[26)]

---

26) 〈Noche Oscura del Alma〉

En una noche oscura,
con ansias, en amores inflamada,
oh dichosa ventura!,
salí sin ser notada,
estando ya mi casa sosegada.

A oscuras y segura,
por la secreta escala disfrazada,
oh dichosa ventura!,
a oscuras y en celada,
estando ya mi casa sosegada.

En la noche dichosa,
en secreto que nadie me veía
ni yo miraba cosa
sin otra luz y guía,
sino la que en el corazón ardía.

Aquesta me guiaba
más cierto que la luz del mediodía,
adonde me esperaba
quien yo bien me sabía,
en parte donde nadie parecía.

Oh noche que guiaste!
Oh noche amable más que la alborada!
Oh noche que juntaste
Amado con amada,
amada en el Amado transformada!

En mi pecho florido,
que entero para él solo se guardaba,
allí quedó dormido,

플롯 상으로는 여인이 한 밤중에 사랑하는 님을 찾아 은밀한 모험을 하여 님을 만나고 황홀한 행복에 젖는다는 줄거리이다. 어떤 이들은 연애 시와 다를 바가 없는 내용 때문에 독신으로 지내는 가톨릭 수도사의 욕망이 대리표현된 것으로 보기도 한다. 다른 이들은 관능적 욕망과는 거리가 먼 영혼의 상징적 사랑으로 해석하기도 한다.

관능성이 있느냐 없느냐를 떠나, 이 시가 영혼과 하나님 간의 사랑을 그리고 있는 것만큼은 사실이다. 감각이 잠드는 밤, 즉 사물의 경계가 지워지는 밤은 거꾸로 영혼이 활동하기에 적합하다. 영혼은 감각의 집을 빠져 나와 하나님께로 향한다. 그 속에는 불타는 사랑이 있다. 하나님은 신랑으로서 순결한 처녀와 같은 영혼을 맞이한다. 이때 영혼은 하나님에 의해 변화를 받아 하나님과 본질적으로 하나가 된다. 그 희열은 말로 할 수가 없다. 완전히 자기를 맡긴 가운데 모든 불순물은 잊혀지고 엑스터시만이 존재한다.

---

y yo le regalaba,
y el ventalle de cedros aire daba.
　El aire del almena,
cuando yo sus cabellos esparcía,
con su mano serena
en mi cuello hería,
y todos mis sentidos suspendía.
　Quedéme y olvidéme,
el rostro recliné sobre el Amado;
cesó todo y dejéme,
dejando mi cuidado
entre las azucenas olvidado.

하나님과의 합일을 체험한 산 후안과 산따 떼레사는 고독 속에서 무아경을 추구한 신비주의자들인 동시에, 온갖 위협과 박해에 굴하지 않고 까르멜 수도회를 개혁하고 수십 개의 수도원을 건립하는 일에 평생을 바친 뜨거운 피의 실천가들이기도 했다.

2. 이 낮은 곳의 악자 소설

귀여운 악동 라사리요의 인생유전

스페인의 한편에서는 저 높은 곳을 향해 기꺼이 지상의 욕망을 포기하는 신비주의 문학이 나오던 때, 또 다른 한편에서는 정반대로 이 낮은 곳의 욕망에 지극히 충실한 피카레스크(악자) 소설이 등장하고 있었다. 원래 문학작품 속의 주인공은 평범한 사람들이 우러러보는 영웅(hero, 스페인어로는 héroe)이었지만, 이제 주인공은 내세울 만한 것이 아무 것도 없는 평범 이하의 피카로(pícaro)가 된다. '쪼다 · 찌르다'(picar)란 동사에서 파생한 이 단어는 형용사로서 '천박하고 뻔뻔스러운 · 해를 끼치는 · 불량끼 있는'의 의미를 가지며, 그러한 뜻으로 명사로도 쓰였다. 영웅은 그 업적과 일대기를 남이 써주지만, 이 비천한 주인공은 그렇게 해줄 사람이 있을 턱이 없다. 그러니 스스로 자기 얘기를 할 수밖에 없고 그래서 일인칭 서술형태가 피카레스크 소설의 일차적 특징이다.

최초의 피카레스크 소설은 1554년에 나온 작자미상의 『**라사리요 데 또르메스**』(Lazarillo de Tormes)이다. 주인공 라사로(라사리요는 애칭)는 살라망까를 지나는 또르메스 강가에서 태어났다. 그의 아버지는 방앗간에서 도둑질을 하다 들켜 옥살이를 하고 전쟁에 끌려나가 죽는다. 어머니는 생계를 꾸리기 위해 흑인 마부와 살기도 하고 여러 궂은일을 하다가 어느 장님에게 어린 아들을 길잡이로 맡긴다. 그리하여 라사로의 혹독한 인생수업이 시작된다.

장님과 꼬마가 살라망까를 떠날 때 다리 입구에 황소의 석상이 있었는데, 장님은 라사로에게 석상에서 나는 큰소리를 들어보라고 다가서게 하고는 호되게 박치기를 시킨다. 장님은 깔깔대면서 장님의 길잡이가 되려면 악마보다 한 수 높아야 한다고 말한다.

장님은 돌팔이 의사노릇도 하고 수백 개의 기도문을 외우고 다니면서 애 못 낳는 여자, 남편에게 사랑 못 받는 여자, 임신한 여자 등의 돈을 우려내는 사기꾼이었다. 그가 한 달에 버는 돈은 다른 백 명의 장님이 일 년에 버는 돈보다 많았다. 그러나 그는 너무도 인색해서 라사로는 배가 고파 죽을 지경이었다. 그리하여 교활한 장님과 영리한 라사로 간에 여러 재미있는 대결이 벌어진다.[27)]

가령, 장님은 동냥으로 포도 한 송이를 얻어 라사로랑 한 알씩 따먹

27) Es más listo que el hambre. '굶주리면 꾀가 나온다'란 속담이 있다.

기로 한다. 그러나 장님이 한 번에 두 알씩 먹자 라사로는 세 알씩 입에 넣는다. 그리하여 순식간에 포도가 동이 나자 장님은 속임수를 썼다고 화를 낸다. 그걸 어떻게 알았느냐고 물으니, 자신이 두 알씩 먹을 때 라사로가 아무 소리 않는 것을 보고 알았다는 것이다.

이 에피소드에서는 무사히 넘어가지만 다른 경우들에는 라사로가 그 대가를 혹독하게 치른다. 포도주 병 밑에 구멍을 내고 받아먹다가 눈치를 챈 장님이 병을 메어꽂아 얼굴이 엉망이 된 일, 순대를 훔쳐먹은 걸 탐색한다고 장님이 라사로의 목구멍까지 코를 디밀어 결국은 토해내고 무참하게 얻어맞은 일 등.

거기에 덧붙여 일상적인 굶주림과 학대에 시달리던 라사로는 어느 비 오는 날 복수를 결심한다. 장님은 발을 적시지 않고 물을 건너려 하고 라사로는 돌기둥 앞으로 유인하여서 힘껏 뛰라고 한다. 장님은 커다란 호박이 부딪혀 터지는 소리를 내고 쓰러지고 라사로는 도망을 친다. 이 소설의 2장으로 넘어가 라사로에게 어떤 운명이 기다리고 있는지 보자.

〈제 2장〉 Tratado Segundo

– 어떻게 라사로가 한 신부의 집에 머물게 되었는지, 또 그와 있으면서 일어난 일들에 대해.

다음 날, 거기 있는 것이 안전할 성싶지 않아 나는 마께다라는 곳으로 갔죠. 거기서 이 몸이 죄가 많아서 한 신부를 만나게 되었는데, 동냥을 달라고 하니까 미사를 도울 줄 아느냐고 묻는 것이 아니겠습니까. 그래서 그렇다고 했는데, 그건 사실이었으니까요. 그 원수 같은 장님이 나를 학대하긴 했지만 천가지 좋은 일을 가르쳐 주었고 그 중의 하나가 그거였던 겁니다. 마침내 신부가 나를 하인으로 삼았죠.

천둥을 피하다가 벼락을 맞은 격이었습니다. 왜냐하면 장님은 이미 말씀드린 대로 인색하긴 마찬가지였지만 그래도 이 자와 비교하면 알렉산더 대왕이었죠. 더 말할 것도 없이 이 자 속에는 세상의 모든 비참이 다 들어 있었지요. 원래 생겨먹은 게 그랬는지, 아니면 신부복을 입어서 그렇게 되었는지는 모르겠지만서두요.[28]

그는 낡은 궤짝이 하나 있었는데 그걸 열쇠로 잠그고설랑 두건 끈에 묶어 달고 다녔죠. 교회에 헌납한 빵이 들어오면 즉시 그 안에 처넣고는 궤짝을 잠궜어요. 그런데 집안에 먹을 거라곤 하나도 없었습니다. 다른 집에는 보통 굴뚝가에다 베이컨을 걸어놓고 찬장 선반 위에는 치즈덩이가 있고 먹다 남은 빵 조각이 담긴 바구니가 있잖습니까.

---

28) Otro día, no pareciéndome estar allí seguro, fuíme, a un lugar que llaman Maqueda, adonde me toparon mis pecados con un clérigo, que llegando a pedir limosna, me preguntó si sabía ayudar a misa. Yo dije que sí, como era verdad, que, aunque maltratado, mil cosas buenas me mostró el pecador del ciego, y una de ellas fue ésta. Finalmente, el clérigo me recibió por suyo.
Escapé del trueno y di en el relámpago. Porque era el ciego, para con éste, un Alejandro Magno, con ser la misma avaricia, como he contado. Ni digo más, sino que toda la laceria del mundo estaba encerrada en éste; no sé si de su cosecha era, o lo había anejado con el hábito de clerecía.

그걸 내가 어쩌자는 게 아니라 보기만 해도 위안이 됐을 거란 말이죠.

있는 거라곤 양파 한 꾸러미뿐이었는데 그것도 꼭대기 다락방에 자물쇠를 채워 두었죠. 이걸 나흘에 한 알씩 배급을 받았습니다. 그걸 가지러 가려고 열쇠를 달랄 때 손님이 와 있으면 속주머니에 손을 넣어 옴찔옴찔 푼 다음에 이렇게 말하면서 주곤 했죠. “받아라, 곧 갖고 와라. 그리고 너무 맛있는 거만 탐하지 마라.”

그 다락방에는 못에 걸어놓은 그 잘난 양파 꾸러미 밖에는 없는데도 마치 발렌시아의 온갖 식료품이 다 들어 있기라도 한 것처럼 말입니다. 그것들도 그가 다 세어 두었기 때문에 혹시 내 몫 이상을 건드렸다간 대가를 비싸게 치렀을 겁니다. 마침내 나는 굶어죽을 지경이었습니다.

그 자는 그렇게 인정머리가 없었지만 자기 자신에게는 좀 관대했습니다. 닷 푼어치 고기가 그의 일상적인 점심과 저녁이었습니다. 나한테도 국물은 준 것이 사실입니다. 그러나 고기는 눈 씻고 봐도 없었고 빵을 조금 주었는데, 그것도 절반으로 줄일 수 없겠냐고 하나님에게 빌었을 겁니다.

이 지방에서는 토요일이면 양 머리를 먹기 때문에 나도 하나에 석 냥짜리를 사오곤 했지요. 그걸 삶아주면 그는 먼저 눈알과 혀, 목덜미와 골, 그리고 턱뼈에 붙은 살점을 발겨 먹은 다음에, 내게 갉아먹은 뼈다귀를 주었습니다. 그걸 내 접시에 넘겨주면서, “받아라, 먹어라, 뽐내라, 완전히 네 세상이다! 너는 교황보다 더 근사한 인생을 사는구나!” 나는 속으로, “하나님이 너나 그렇게 살게 해라!”라고 말하곤 했지요.

내가 그와 있은 지 삼 주일 만에 어찌나 말라버렸던지 두 발로 딛고 설 수가 없을 지경이었는데 물론 순전히 배가 고파서죠. 하나님과 내 지혜가 스스로 구제하지 않는다면 내가 무덤으로 가는 게 훤히 보였습니다.

재간을 피워 보려고 해도 피울 수가 없는 것이 뭘 훔칠 건덕지가 없었고, 또 설령 있다 해도 장님에게 하듯 그의 눈을 가릴 수가 없었습니다. 장님이 박치기로 죽었다면 하나님이 그를 용서해 주소서. 장님은 교활하지만 그 귀중한 감각이 없기 때문에 못 알아차리는 일이 있었죠. 그러나 이 자처럼 날카로운 시력을 가진 사람은 달리 없을 겁니다.

헌금 시간에는 그가 조개껍질(*헌금통으로 썼음)에 떨어지는 동전 한 닢조차 놓치지 않고 다 살폈습니다. 한 눈은 사람들을 보고 다른 한 눈은 내 두 손을 보았지요. 두 눈알이 수은으로 만든 것처럼 대갈통에서 춤을 추었습니다. 사람들이 바치는 모든 동전을 다 세어두느라고 말이죠. 헌금이 끝나면 조개껍질을 내게서 빼앗아 제단 위에 놓았죠.

난 말이죠, 나리, 그와 같이 산 -아니 차라리 죽은- 기간 내내 동전 한 닢 쥐어본 적이 없습니다. 술집에서 포도주 한 푼 어치 사 갖고 오란 법이 없었으니까요. 대신에 헌납 들어온 그 얼마 안 되는 포도주를 궤짝에 넣었다가 한 주일 내내 야금야금 마셨던 거죠.

그러면서 자기의 지독한 인색함을 감추려고 내게 이렇게 말하는 겁니다. "봐라, 애야. 성직자는 먹고 마시는 걸 절제해야 한단다. 그래서 나는 남들처럼 탈선하지 않는 거란다."

그러나 그 염병할 자가 위선적으로 거짓말을 한 겁니다. 왜냐하면 우리가 기도를 해주는 장례식에서는 남의 돈으로 늑대처럼 먹고 주문

사(呪文士)보다 더 마셔댔기 때문이지요.

장례식을 말한 이유는 말이죠, 하나님께서 날 용서해 주시길 바라지만 그 때처럼 인간 본성에 등을 돌린 적도 없었는데요. 왜 그러냐 하면 이 때는 우리가 잘 먹어서 나도 배를 두들길 수 있었던 거죠. 나는 매일같이 하나님의 양을 죽여 달라고 바라고 기도까지 했습니다. 우리가 환자들에게 성체를 줄 때, 특히 종부성사에서, 신부가 거기 있는 모든 사람들에게 기도하라고 명하는데 나도 그 기도에서만큼은 분명히 꼴찌가 아니었어요. 온 마음과 정성을 다해 주님께 빌기를, 남들이 하듯이 가장 잘 쓰임 받을 곳으로 인도해 달라고 하는 대신에, 아예 이 세상에서 그를 데려가 달라고 했던 겁니다.

그런데 이 중의 누가 피해 가면, －하나님 용서하소서－, 천 번은 더 저주를 했을 겁니다. 그리고 죽는 사람들에겐 또 그만큼 축복을 해주었어요. 왜냐하면 내가 거기 있은 육 개월 동안 단지 스무 명뿐이 안 죽었는데, 내 생각에는 내가 이들을 죽인 것이라고 믿습니다. 아니, 내 간청 덕분에 죽었다는 게 더 옳은 말이겠죠. 왜냐하면 주님이 내가 그토록 격렬히 또 계속적으로 죽어가는 것을 보시고 내 생명을 살리시느라 그 사람들을 기꺼이 죽이신 거라고 생각합니다. 그렇지만 당장에 겪는 굶주림은 해결책이 없어서, 장례를 치르는 날은 내가 살아나고, 죽는 사람이 없는 날에는 허기가 더 졌죠. 포만에 길들여질 만하다가 일상적인 배고픔으로 돌아오는 건 고통이었습니다. 내가 죽는 것 말고는 아무 것에서도 해결책을 찾을 수 없었습니다. 그래서 다른 사람들의 죽음을 기원한 것처럼 나 자신의 죽음을 바란 적도 여러 번 있었습니다. 그렇지만 그게 늘 곁에서 알짱거리면서도 보이진 않았죠.

그 인색한 주인을 떠나려고 여러 번 맘을 먹었습니다. 하지만 두 가지 이유로 관두었는데요, 첫째는 하도 굶어서 피골이 상접한 터라 그 다리로 감히 도망치질 못하겠고, 둘째는 이렇게 생각한 겁니다. “난 지금까지 두 주인을 만났다. 하나는 나를 굶어죽을 지경으로 끌고 다녀서 도망쳤더니 이 자와 맞닥뜨리지 않았는가. 그런데 이 자는 나를 굶겨 이미 무덤 속에 쳐 넣은 거나 마찬가지다. 그러니 이 자를 버리고 더 못한 자를 만나면, 죽는 것 말고 뭐가 있겠는가?”

이런 까닭에 움직이질 못했고, 그리고 악질도 음정처럼 높낮이가 있어서 더 낮은 자들이 있는 법이라고 믿었던 거죠. 조그만 더 내려가면 라사로는 소리가 나지 않을 것이고 세상에서 아예 들리질 않게 될 거란 거죠.

이런 비참한 지경에서 신실한 기독교인으로서 주님께 빌어 보았지만, 무슨 좋은 생각이 나는 것도 아니고 상황은 악화만 되고 있었습니다. 그런데 어느 날 그 빌어먹고 염병할 주인이 외출을 하였을 때 어떤 땜장이가 대문을 두드리는 겁니다. 난 그때 하나님이 땜장이 옷을 입은 천사를 내게 보내주신 거라고 믿는데 말이죠, 그가 뭐 고칠 거 있냐고 묻는 겁니다. 나는, “있고 말고요, 나를 구해 주기만 하면 작은 일이 아니지요”라고 알아듣지 못 하게 작은 소리로 말했죠.

그러나 싱거운 소리로 시간을 허비할 때가 아니라 성령이 밝힌 지혜로 이렇게 말했습니다. “아저씨, 제가요, 이 궤짝 열쇠를 잃어버려서 주인에게 매 맞게 생겼거든요. 갖고 다니시는 열쇠 중에서 맞는 게 있는지 좀 봐 주세요. 값은 치를게요.”

그 천사 같은 땜장이가 갖고 다니는 무수한 열쇠꾸러미에서 이것저

것을 맞추기 시작했고요, 난 빈약한 기도로나마 도왔죠. 그런데 내가 알아채지 못한 새에 빵의 모습들 속에서 사람들 말마따나 궤짝 안에 든 하나님 얼굴이 보이는 것이 아니겠습니까. 상자가 열리자, 난 그에게 말했죠. "제가요, 열쇠 값으로 드릴 돈은 없고요, 여기서 그 값으로 하나를 집으세요"

그가 헌납 빵 중에서 가장 근사하게 보이는 걸 집어들고 내게 열쇠를 건네주더니 아주 만족한 얼굴로 갔는데, 만족하기는 내가 더 했죠.

그러나 당장은 하나도 손을 대지 않았습니다. 왜냐하면 없어진 걸 눈치챌까봐 그랬고 또 어찌나 기분이 좋았던지 배고픔이 감히 나한테 접근을 못 하는 것 같았습니다. 그 인색한 주인이 왔는데 하나님이 원하시니 천사가 가져간 그 빵을 알아차리지 못 하더군요.

다음 날 그가 집을 나가자마자 난 꿀단지 낙원을 열고 두 손과 이빨로 헌납 빵을 붙들었는데 눈 깜짝할 새에 사라지더군요. 어쨌든 난 궤짝 문을 닫고 신바람이 나서 집안을 쓸기 시작했습니다. 그 구제책은 앞으로의 슬픈 인생을 구제할 성싶었죠. 그렇게 그 날을 보내고 그 다음 날도 여전히 그 즐거움을 누렸습니다.

그러나 그 안식이 오래 가지는 못 하였습니다. 왜냐하면 삼 일째 되는 날 무자비하게 삼일열이 찾아왔던 거죠. 그러잖아도 느닷없이 배가 고파 죽겠는 판에 그가 궤짝의 빵을 이리 헤집고 저리 뒤집어 가며 개수를 세고 또 세더란 말이죠. 난 시치미를 떼고 은밀히 기도와 간구와 탄원을 드렸죠. "요한 성자님, 저 자의 눈을 가려 주소서!"

한참을 그가 날짜와 손가락으로 셈을 하고 나더니 말하길, "혹시 내가 이 궤짝을 소홀히 취급했더라면 누가 내 빵을 가져갔다고 하겠는데 말이야. 그러나 오늘부터는 의심이 가는 문을 잠글 뿐만 아니라 잘 세어두어야지. 아홉 개하고 한 조각이렷다." 난 속으로, "아홉 가지 염병이나 걸려라"고 중얼거렸죠.

그런데 그 자의 말은 사냥꾼의 화살처럼 내 심장을 관통한 듯하였고, 이전의 제한된 식사로 돌아갈 것을 생각하자 배고픔이 위장을 후벼 파는 것 같았습니다. 그가 외출을 하였습니다. 나는 위안을 얻으려고 궤짝을 열어 봅니다. 보이는 빵 앞에 열심히 경배를 드렸지만 감히 건드리지는 못 했죠. 고것들을 세어 봅니다. 그 염병할 자가 혹시 실수하지나 않았나 희망을 품고요. 그런데 나의 기대 이상으로 그의 셈은 정확하였습니다. 내가 할 수 있는 유일한 건 고것들에 천 번쯤 입을 맞춰보는 것이었고, 아주 조심스럽게 빵 결을 따라 부스러기를 조금 떼어내설랑 그걸로 그 날을 지냈는데 전 번만큼 즐겁지는 않았죠.

그러나 배가 갈수록 고팠습니다. 이미 말씀드린 바와 같이 그 앞의 이삼 일간 배 속에 빵이 좀 더 들어가다 보니 배가 늘어난 탓이었는지 그야말로 미쳐 죽을 지경이었습니다. 그래서 일은 안 하고 궤짝만 열었다 닫았다 하면서 애들이 말하는 하나님 얼굴을 수없이 바라보았죠. 그런데 고통받는 자를 도우시는 하나님이 나의 딱한 처지를 보시고 한 가지 계책을 생각나게 해주시더군요. 난 이렇게 중얼거렸습니다. "이 궤짝은 크고 낡았다. 그런데 작은 구멍이긴 하지만 몇 군데가 뚫어져 있다. 쥐들이 들어가 빵을 쏠아 놓는다고 생각할 수도 있겠다. 통째로 꺼내는 건 현명한 일이 못 된다. 어쨌건 나를 살게끔 하는 자가 없어진 걸 볼 게 아니냐. 그러면 대가를 톡톡히 치를 게다."

그래서 나는 거기 있던 싸구려 테이블보 위에 빵을 붙잡고 가루를 떼기 시작했죠. 빵을 한 개씩 집었다 놓았다 하면서 서너 개에서 조금씩 떼어 내서 이번엔 알약을 집듯이 입에 넣으니 그래도 좀 위안이 되더군요. 그런데 그 자가 점심 먹으러 와서 궤짝을 열더니 그 가슴 아픈 꼴을 보았죠. 그러더니 이건 틀림없이 쥐란 놈들의 소행이라고 믿었습니다. 왜냐하면 쥐들이 한 짓과 똑같았으니까요. 그는 궤짝을 이쪽 끝에서 저쪽 끝까지 살펴보고는 쥐들이 드나들만한 구멍을 몇 군데 찾아내더군요. 날 부르더니 이러는 겁니다.

"라사로야! 간밤에 우리 빵에 어떤 몹쓸 짓이 행해졌는지 봐라!"

나는 아주 놀란 척 하면서 어떤 일인데 그러냐고 물었죠. "무슨 일이냐고? 쥐새끼들이 뭘 남아나게 하질 않아." 우리는 점심을 먹기 시작했는데 하나님이 더욱 은총을 베푸사 일이 잘 되어갔죠. 쥐꼬리만큼씩만 주던 그가 이 때는 보다 많이 주는 것이었습니다. 왜냐하면 쥐가 갉아먹은 데라고 생각되는 부분은 모조리 칼로 도려내었던 거죠. "네가 먹어라. 쥐는 깨끗한 짐승이거든."

그렇게 해서 내 손, 아니 내 손톱이 수고하여 얻은 분량 이상으로 식사를 마칠 수 있었습니다. 물론 간에 기별도 안 갔지만서두요.

그런데 가슴이 철렁 내려앉게도 말이죠, 그 자는 부지런히 다니면서 벽에서 못을 뽑아내고 나무판을 찾아서 낡은 궤짝의 구멍을 죄다 못질을 해대는 것이었습니다.

나는 속으로 외쳤습니다. "오, 주여! 우리 인생은 얼마나 많은 비참과 폭풍우와 재앙 가운데 놓인 것이옵니까. 또 이 고단한 인생에서 즐거운 일들은 어찌 그리 빨리 끝나는 것이옵니까. 이 몸은 여기서 이 궁색하고 가련한 방법으로 나 자신의 비참을 구제해보려고 생각했고, 그래서 그게 들어맞아 막 즐거워 할 판이었습니다. 그런데 불행한 운명은 이 염병할 주인을 깨워서 원래 부지런한 것 이상으로(가난한 자들은 대체로 부지런하지요) 지금 궤짝의 구멍을 막게 합니다. 내 위안의 문을 닫고 수고의 문을 여는 격이군요."

이렇게 한탄을 하는 동안에 내 부지런한 목수가 무수한 못과 판자 조각으로 작업을 마치고 말했습니다. "몹쓸 쥐새끼들아. 네 놈들이 아무리 재주가 많아도 이제 생각을 바꾸는 게 좋을 거다. 이 집에서 성공하려 하다니 어림없지."

그가 집을 나가자마자 작업해 놓은 걸 살펴보니 그 낡고 불쌍한 궤짝에는 구멍은커녕 모기 한 마리 들어갈 틈조차 남아 있질 않았습니다. 나는 쓸모 없게 된 열쇠로 문을 열고 쓸데없이 빵이나 바라보았습니다. 쥐가 쏠아 먹었나 하여 조금씩 도려낸 두세 개의 빵들을 말이죠. 그러다 결국은 숙달된 검술사처럼 가장자리를 살살 건드려서 거기서 눈곱만큼씩을 떼 내었죠.

필요가 위대한 스승인지라, 그런 처지에서 어떻게 하면 살아 남을 수 있나 밤낮으로 궁리하였죠. 지금 생각해보면 이 컴컴한 구제책을 발견하는데 굶주림이 빛이 되었더란 겁니다. 배고픔은 재주를 살리지만 포만은 그 반대라는 말이 나한테는 들어맞았습니다.

어느 날 밤 이 생각, 즉 어떻게 하면 궤짝을 쓸모 있게 하나로 잠을 못 이루고 있는데 주인이 잠든 것을 알았습니다. 잘 때는 코를 드르렁거리다 거칠게 숨을 내뿜곤 하는 버릇이 있기 때문이죠. 난 살그머니 일어나 낮에 생각해둔 대로 또 준비해둔 낡은 칼을 갖고 그 불쌍한 궤짝으로 가설랑, 제일 약하다고 봐둔 곳을 칼로 공격하였죠. 어떻게냐

하면 송곳처럼 쑤셔댄 거죠. 궤짝은 워낙 오래돼서 낡았던지라 힘도 넋도 없었고, 말랑말랑하게 좀이 먹어 있었기 때문에 금새 옆구리를 드러내고 굴복을 하더군요. 날 구제할 만큼 구멍이 뚫리더란 말입니다. 이렇게 해놓고 아주 조심조심 상처난 궤짝을 열고, 빵을 더듬어 찾아선 아까 써 놓은 방법으로 조금 떼 내는 겁니다. 그걸로 약간 위안을 얻은 다음에 다시 문을 잠그고 내 지푸라기 침대로 돌아와 휴식 겸 잠을 좀 잤습니다.

난 잠을 제대로 못 잤는데 아마도 먹지를 못해서 그랬을 겁니다. 왜냐하면 그 당시에는 프랑스 왕 만한 근심거리가 있다 해도 잘 잤을 나이였으니까 말이죠.

다음 날 내 주인은 빵과 상자가 입은 피해를 알아차렸습니다. 내가 한 짓이었지만 그는 쥐에게 온갖 저주를 퍼부으면서 말했죠. "이게 도대체 어찌된 일이야? 이 집에 지금처럼 쥐가 들끓은 적이 없는데!"

그건 정말 맞는 말이었죠. 왜냐하면 세상에 그 집만큼 쥐들로부터 특혜를 받고 있는 집이 없었기 때문인데, 먹을 게 없는 집에 쥐가 살리가 없는 것이니까요. 어쨌든 그 자는 집안을 돌아다니며 판자조각을 찾고 벽에서 못을 뽑아 구멍을 다시 메우더군요. 그렇지만 밤이 되어 그가 안식을 취하면, 내가 연장을 들고 일어서는 거지요. 그는 낮에 막고 나는 밤에 헐었습니다.

그런 일이 계속되었고 우린 둘 다 얼마나 열심히 자기 일을 했든지, "한 쪽 문이 닫히면 다른 문이 열린다"는 속담은 틀림없이 우리 때문에 생긴 게 아닌가 할 정도였지요. 결국 우리는 페넬로페의 베 짜기를 그대로 따라하는 듯 하였죠. 그가 낮에 짜면 내가 밤에 푸는 식으로 말이죠. 그 불쌍한 찬장을 며칠 낮과 밤 동안 어찌나 못 살게 굴었는지 그걸 다른 사람이 보았더라면 궤짝이라고 부르지 않고 옛날부터 전해 내려오는 낡은 갑옷이라고 했을 겁니다. 그 위에 못과 핀이 잔뜩 박혀 있었으니까요.

자기의 방법이 아무 소용이 없다는 것을 알자 그는 이렇게 말했죠. "저 궤짝은 이 모양인데다가 나무도 너무 낡고 힘이 없어 쥐를 막아낼 재간이 없구나. 이런 식으로 가다간 우리에게 아무 것도 남아나질 않겠어. 더 고약한 건 이게 제 구실을 못해도 없애고 나면 아쉬울 거란 말이지. 새 건 삼사 레알은 줘야 할 테니까. 그런데 여태까지 내가 왜 이 생각을 못했던가, 가장 좋은 방법은 이 우라질 쥐새끼들을 안에서 잡는 거야."

그는 즉시 이웃에 수소문을 하여 쥐덫 하나를 빌리고, 말라비틀어진 치즈 조각도 좀 얻어 궤짝 안에다 영구적인 고양이를 설치해 놓았습니다. 그건 나에게 더할 나위 없는 진수성찬이 되었죠. 왜냐하면 원래 나는 반찬 없이도 빵을 잘 넘길 수 있었지만 쥐덫에 걸린 치즈는 더욱 입맛을 돋구더군요. 그렇다고 해서 빵을 쏠아먹는 재미를 안 누린 것도 아니고요.

빵은 쏠아 먹히고, 치즈는 사라졌는데 쥐는 안 잡히니까 주인은 저주를 퍼붓더니 이웃들한테 묻고 다녔습니다. "궤짝 안에 넣어둔 쥐덫에서 치즈를 빼내 먹은 모양인데 쥐는 안 보이고 덫만 내려져 있으니 이게 도대체 어찌된 조화요?"

이웃사람들은 이구동성으로, 이런 짓을 하는 게 쥐일 리가 없다, 쥐라면 한 번은 걸렸을 거라고 했지요. 한 사람은 이렇게 말했습니다.

"신부님 집에 내가 기억하기로는 전에 뱀이 한 마리 돌아다녔다는데 이 놈이 틀림없을 겁니다. 그럴 수 있는 것이 말이죠, 뱀이 기니까 미끼를 물다가 덫문이 위에서 덮쳐도 꼬리가 밖에 있어서 다시 나갈 수 있는 거라구요."

사람들은 모두 그 말이 맞을 거라고 했고 주인은 몹시 놀랐죠. 그 날부터 그는 깊이 잠들 수가 없었어요. 밤중에 나무 위를 기어가는 벌레소리만 들어도 뱀이 궤짝을 갉아먹는 줄로 생각하였지요. 그러면 벌떡 일어나서 머리맡에 갖다 둔 몽둥이를 들고 뱀을 쫓는다고 생각하면서 그 저주받은 궤짝을 냅다 갈겨대곤 하였습니다.

그 소리가 어찌나 요란스러웠던지 이웃사람들을 다 깨어나게 만들고, 나도 잠을 자게 내버려두질 않았습니다. 그가 내 잠자리로 와서는 짚더미와 나를 마구 헤집어놓곤 했기 때문이죠. 뱀이 지푸라기나 내 겉옷 속에 또아리를 틀고 있을 거라고 생각한 거죠. 이런 짐승들은 밤에는 온기를 찾아 어린애들 잠자리를 찾아와서는 어떤 때는 물어서 죽게 까지 할 수 있다는 얘기를 어디서 들었다는 겁니다.

나는 대개는 그냥 잠자는 체 했기 때문에 그가 아침이면 이렇게 물어오곤 했죠. "얘야, 간밤에 말이다, 아무 소리도 못 들었니? 난 뱀을 찾아 다녔는데, 내 생각엔 아마 고 놈이 틀림없이 널 찾아 네 침대로 갈 거야. 고 놈들은 차가운 짐승이라 따뜻한 델 좋아한다니까." 그러면 나는 이랬죠. "오, 하나님, 제발 물리지 않게 해 주세요! 정말 무서워 죽겠어요!"

그가 이 모양으로 잠도 안 자고 설쳐대는 통에, 맹세컨대 뱀 아니라 뱀 할아버지라도 밤중에는 갉아대기는커녕 궤짝 근처에 얼씬도 못할

지경이었습니다. 그러나 낮에는 그가 성당에 나가거나 그 근처에 머물기 때문에 내가 돌격 앞으로 하는 겁니다. 그는 이런 피해를 보면서 속수무책이었지만 밤이 되면 말씀드린 대로 도깨비가 되어 돌아 다녔죠.

나는 겁이 났습니다. 그렇게 부지런히 뒤지다가 내가 지푸라기 밑에 감추어둔 열쇠를 찾아낼지도 모르니까요. 그래서 밤중에는 내 입에다 넣는 것이 제일 안전하겠다 싶더군요. 왜냐하면 내가 장님하고 살 때부터 입을 가방만 하게 만들어 두었기 때문에 그 안에 반 푼짜리 백동전을 열둘 내지 열다섯 개를 넣고도 밥을 먹는데 지장이 없었더란 거죠. 그 염병할 장님이 수시로 옷의 꿰맨 데란 데는 전부 다 뒤져대는 통에 그렇게라도 하지 않았으면 동전 한 닢 건지지 못 했을 겁니다.

그래서 난 매일 밤 열쇠를 입에 넣고는 주인이 아무리 마법사라도 이걸 어찌 찾겠느냐 싶어 안심하고 잤습니다. 그러나 재수가 옴 붙으려니까 그 방책도 허사였습니다. 나의 악운, 아니 더 정확히 말하자면, 죗값은 어느 날 밤 자는 동안에 닥쳐왔습니다. 열쇠를 입에 넣으니까 입이 벌어질 수밖에 없고, 숨은 쉬어야 살겠고 그 상태에서 숨이 들락거리는데, 그게 열쇠 주둥이 관을 타고 나와 피리소리가 된 거죠. 망쪼가 들다보니 그 소리가 엄청 컸고 주인이 그 소리를 듣고는 기겁을 해서 이건 틀림없이 뱀이 내는 슛슛 소리로구나 한 것도 무리가 아니지요.

그는 살그머니 일어나서 손에 몽둥이를 움켜잡고 뱀이 소리를 내는 곳을 더듬어 왔죠. 어찌나 살금살금 왔던지 진짜 뱀이라도 눈치 채지 못했을 겁니다. 드디어 가까이 와서는 바로 그 밑, 내가 누운 짚더미에 온기를 찾아 뱀이 와 있는 것이라고 생각하고는 몽둥이를 높이 치켜

들었습니다. 그리곤 단번에 때려죽일 요량으로 온 힘을 다해 내 머리통을 내리쳤습니다. 난 머리통이 심하게 깨지고 그대로 기절하고 말았죠.

그 무서운 일격을 맞고 내가 틀림없이 비명을 질렀을 거고, 그는 맞은 게 나란 것을 알았던 모양입니다. 그는 내게 다가와서 큰 소리를 지르고 내 이름을 불러서 의식이 돌아오게 하려 하였다고 하대요. 그러다 손으로 만져보니 피가 철철 나오는 걸 알고는 내게 입힌 상처가 어느 정도인지를 안 거죠. 그래서 급하게 등불을 가져와 들여다보니까 난 아직까지 그 열쇠를 입에다 넣고 신음을 하고 있더랍니다. 반은 밖으로 나와 있다가 때마침 피리 소리를 낸 그 소중한 열쇠 말이죠.

뱀을 잡은 살인자는 그 열쇠가 뭔지 몰라 어리둥절하다가 내 입에서 꺼내서 살펴보고서야 알았지요. 왜냐하면 주둥이가 자기 것과 똑같았으니까요. 그걸 시험해 보고는 그에게 닥친 저주의 이유를 알았습니다. 그 잔인한 사냥꾼은 이렇게 말했을 겁니다. "나와 전쟁을 벌이고 내 재산을 먹어치우던 쥐새끼와 뱀을 드디어 찾았구나."

그 다음 사흘 동안 무슨 일이 있었는지에 대해서는 전혀 증언을 할 수가 없는데, 난 고래 뱃속에 들어간 요나였으니까요. 그렇지만 내가 정신이 들고 나서 주인이 거기 온 모든 사람들에게 장황하게 늘어놓는 얘기를 들어서 알게 되었죠.

사흘이 지나 의식이 돌아와 보니 나는 내 짚더미 위에 누워 있는데, 머리는 붕대가 칭칭 감겨져 있는 데다 기름과 연고가 범벅이 되어 있어 나는 놀라서 외쳤죠. "이게 뭐에요?" 그 잔인한 사제는 대답했습니다. "나를 파멸시키던 쥐새끼들과 뱀을 마침내 잡았다는 거지 뭐냐."

난 다시 나를 바라보니 얼마나 꼬락서니가 험한지 내가 당한 불행이 짐작이 되더군요. 이때 안수기도로 병 고치는 노파와 이웃들이 들어와서는 머리에 붕대를 벗기고 몽둥이질로 다친 데를 치료하기 시작했죠. 그 사람들은 내가 정신이 돌아온 걸 보고 무척 기뻐하면서 이렇게 말했습니다. “이 애가 정신이 돌아왔군요. 하나님께 영광을 돌려야겠어요.”

그리곤 다시 내가 한 짓을 얘기하면서 깔깔대기 시작했고 죄 많은 나는 울기 시작했죠. 그래도 어쨌건 내게 먹을 걸 좀 갖다 주었는데 그걸로는 허기진 배에 기별도 안 갔습니다. 그렇게 조금씩 좋아져서 보름 만에 나는 죽을 고비를 넘기고 일어섰죠. 배가 안 고픈 건 아니었지만, 그래도 절반은 멀쩡했습니다.

그 다음 날 일어나니까 주인 나리가 내 손을 잡아 문 밖으로 끌어내더군요. 길거리에 세워두고 이렇게 말했습니다. “라사로야, 오늘부터는 너는 내 께 아니라 네 꺼다. 다른 주인을 찾아라. 하나님의 가호가 있길 빈다. 난 너같이 부지런한 하인은 곁에 두고 싶지 않단다. 너는 장님의 종 밖에는 다른 건 안 되겠다.”

그리곤 내가 마치 귀신 들린 자인 것처럼 성호를 긋고 문을 닫았습니다.

나머지 줄거리

이상이 2장의 전문(全文)이다. 다음 장에서 라사로는 똘레도에 이르러 어떤 하급 귀족을 만나는데 빈털터리 주제에 체면만을 중시하는 허풍쟁이다. 라사로는 그를 측은히 여기어 동냥해온 것을 나누어 먹지만 얼마 지나지 않아 그는 빚쟁이를 피해 달아난다. 이후 라사로는 메르세데스 교단의 세속적인 신부, 면죄부 판매자, 그림쟁이를 섬기다가 어느 사제에 고용되어 물장사를 4년 간 해서 경제적 기반을 닦는다. 치안관의 보조를 잠시 한 다음, 똘레도의 광고원으로 정착한다. 경매할 물건을 목청껏 알리거나 수배자의 죄상을 포고하는 이 일을 하면서 라사로는 수석사제의 중매로 그의 하녀이자 정부와 결혼을 하고 사는데, 남들이 아내에 대해 무슨 험담을 해도 자기는 아내를 믿는다고 한다.

이렇게 라사로가 어른이 될 때까지의 인생역정을 그린 이 작품은 풍자성이 짙은 유럽 최초의 근대적인 풍속소설이다. 가톨릭 성직자들에 대한 부정적인 묘사로 인해 한때 종교재판에 의해 금서로 지정되기도 했지만 라사로의 악의 없는 재치는 언제나 독자의 사랑을 받아왔다. 배고픔 속에서 생존본능에 충실할 뿐인 라사로는 오히려 가진 것이 있는 자들보다 악한 면모가 적다고 해야 할 것이다. 이런 의미에서 이 작품을 악자소설의 효시로 볼 수 없다는 주장도 일리가 없지는 않다.

다른 피카레스크 소설들

악의가 있고 냉소적인 악자는 1599년에 출간된『악자 구스만 데 알파라체 전』(Vida del Pícaro Guzmán de Alfarache)로부터 비롯된다. 작자인 마떼오 알레만(Mateo Alemán)은 사회를 보다 더 신랄하고 처절한 투쟁의 장으로 파악하였다. 1626년에 나온 께베도의『사기꾼』(El Buscón)은 완벽한 구성과 인물들의 성격묘사, 상황 설정 등에서 다른 악자소설을 능가한다. 그밖에도 많은 피카레스크소설들이 17세기에 스페인에서 출판되어 직 · 간접적으로 소설의 발전에 상당한 영향을 미쳤다. 즉, 피카레스크 소설은 근대적 리얼리즘 소설, 사회 소설의 모태가 되고 있는 것이다.

VII. 세르반테스의 『돈키호테』

이상과 현실의 투쟁, 그리고 유머

1. 『돈키호테』는 웃기는 책

『돈키호테』는 많은 사람들에게 저돌적인 행동파 기사의 여러 가지 유머러스한 모험담으로 인식되고 있다. 몇 가지 사건 위주로 간략하게 추린 어린이 문고나 만화를 통해 돈키호테를 만나기 때문이다. 그 결과, 돈키호테와 햄릿을 대비하여, 전자를 생각 없이 행동만 하는 타입으로, 후자를 행동 없이 생각만 하는 타입으로 보는 관점이 굳어져 있는 듯하다. 과히 틀린 인식이나 관점이라고 할 수는 없으나, 이 작품과 주인공은 훨씬 더 복잡하고 역동적인 의미를 지닌다. 도스토예프스키는 『어느 소설가의 일기』에서 이렇게 말했다.

> 『돈키호테』보다 더 심오하고 강력한 작품은 찾을 수 없다. 현재까지는 인간 정신의 가장 위대하고 궁극적인 표현이다. 인간이 표현할 수 있는 한 가장 씁쓸한 아이러니이기도 하다. [. . .] 기독교 문학권에서

창조된 온갖 가상한 인물 가운데 돈키호테가 가장 완전하다는 것만을 지적해두고자 한다. 그러나 그는 동시에 우스꽝스럽기 때문에 뛰어날 뿐이다.

『돈키호테』가 걸작 중의 걸작인 이유는 여럿이 있으나, 우선 재미있는 책이라는 점에서 그렇다. 세상에 나온 지 400년이 넘었으니 케케묵은 고전일 것이라 지레 짐작하지만, 읽어보면 정말 많이 웃기는 책이다. 돈키호테가 벌이는 모험은 실소를 자아내는 편이지만, 돈키호테와 시종 산초 빤사가 주고받는 대화를 읽다보면 웃음이 터져 나온다. 작가는 서문에서, “멍청이도 알아듣게 하고, 진지한 사람도 경멸하지 않게 꾸미며, 우울한 사람은 웃도록 만들고, 쾌활한 사람은 더욱 큰소리로 웃게 만들겠다”고 밝히고 있다. 산초 빤사의 익살과 돈키호테의 응수 자체가 이 소설의 백미이자 골간을 이루는 가운데, 작품 전체가 ‘풀어놓은 글’이 되어 천방지축으로 뛰는 식이다. 그래서 아우얼바하는 그의 『미메시스』에서, “일상적 현실을 그림에 있어서, 그렇듯이 보편적이고 다층적이며, 그렇듯이 무비판적이고 문제성이 없는 유쾌함이 시도된 일은 유럽문학에서 다시는 없었다. 언제 또 어디에서 시도될 수도 있었을까 하는 것은 상상할 수도 없다”고 하였다. 또, 아놀드 하우저는 『문학과 예술의 사회사』에서, “지금까지의 문학에서는 악한 자와 선한 자, 구제자와 배신자, 성자와 신성모독자가 구분되어 나타났으나, 이제 한 사람의 주인공이 동시에 성자이자 바보로 되어 있는 것이다. 유머에 대한 감각이 한 사물의 정반대되는 양면을 동시에 보는 능력을 의미한다면, 한 성격의 이중성에 대한 이러한 발견이야말로 문학에서의 유머의 발견을 의미한다"고 하였다.

『돈키호테』에 담긴 유머는 익살스런 말장난에서부터 패러디, 아이러니, 사타이어, 벌레스크, 그로테스크 등에 이르기까지 다양한 스펙트럼을 나타내지만, 세르반테스가 어떤 의도로 이 소설을 해학적으로 만들었을까?

2. 기사소설을 공격한 기사소설

『돈키호테』 이전의 기사소설 : 현실의 이상화

모든 픽션에는 두 가지 기본적인 충동, 즉 일상생활을 모방하려는 충동과 그것을 초월하려는 충동이 섞여 있다. 물론 경험적 사실에서 많이 벗어날수록 황당무계하지만 그럴수록 재미는 증가한다. 그래서 할리우드식 액션 영화류는 끊임없이 쏟아져 나오고, 무협지에 이어 판타지 소설은 청소년의 밤잠을 빼앗는다. 그리고 이것은 일상에 매여 사는 소시민들도 일상을 초월하려는 충동을 지니고 있음을 말해 준다. 잠시 영화나 소설 속 모험을 통하여 관객들은 현실의 제약을 건너 뛰어 무한한 능력과 지혜를 가진 주인공과 하나가 되고 싶은 것이다.

이러한 심리가 스페인에서는 <기사소설>(libros de caballerías)로 나타났다. 『엘 시드』류의 무훈 서사시에서는 역사적 사실성이 이야기의 토대였지만, 이제 기사소설의 산실은 공상과 꿈의 세계였다. 주인공은 역사적 영웅을 훨씬 능가하는 초능력을 갖고 개인적인 행동의 이상을 위하여 싸운다. 그들이 추구한 것은 주로 명예와 사랑이었다. 그가 사는 현실은 진짜 현실처럼 잡다하고 속악한 것이 아니라 오로지 기사의 모험을 위해 창조되고 준비된 세계이다. 그가 말을 달려가면 그를 맞이할 준비가 되어 있는 성 이외의 다른 어떤 것도 보지 못한다. 이렇게 현실의 모사로부터는 멀리 떨어진 이상화된 현실 속에서 기사는 불가능이 없는 불사조로 종횡무진 활약한다.

14세기 초부터 등장하기 시작한 기사소설은 15세기에 널리 보급되고, 16세기 초에 인기의 절정에 올랐다. 때마침 진행된 아메리카의 발견과 정복은 스페인 사람들의 공상에 불을 질렀고, 돈키호테가 기사소설을 사보느라 재산을 탕진할 정도로 무수한 기사담이 나왔으며, 사람들은 에로틱한 묘사도 간간이 섞인 이 장르에 계층의 구분 없이 빠져들었다.

가장 유명하고 잘된 작품은 『아마디스 데 가울라』이다. 작자는 모르지만 스페인에서 써진 것으로 추정된다. 현재 남아 있는 고사본은

1508년, 즉 16세기의 것이지만, 그 전 세기에도 보았다는 증언들이 있다. 복잡하고 교묘한 문체로 인기를 끈 펠리씨아노 실바는 9~11권째 아마디스를 지었다(1535년).

냉엄한 현실 속의 『돈키호테』

세르반테스는 혹세무민하는 기사소설을 무찌르기 위해 1605년『돈키호테』[29)]를 내놓는다. 나오자마자 선풍적인 인기를 끌어 같은 해에만 7판이 나왔다. 그러다보니 아베야네다란 가명으로 누군가가 속편까지 쓰는 일이 생겼고(1614), 세르반테스는 이를 참지 못하여 진짜 속편을 쓰게 되었다. 그리하여 1615년에 제 2부를 출판하였으나[30)], 작가는 67세의 고령에 걸작을 만드느라 너무 심혈을 기울였던 탓인지 이듬해 죽고 말았다. 어쨌든 제 2부로 말미암아『돈키호테』의 문학적 완성도는 더욱 높아져 근대소설의 효시가 되었으며, 세계에서 성경

29) 스페인어 원제목은『El Ingenioso Hidalgo Don Quijote de la Mancha』, 우리말 번역서의 제목은『기발한 시골 양반 라 만차의 돈끼호떼』I,(민용태 옮김, 창비, 2005/ 스페인어판 완역), 혹은 그냥 단순히『동끼호떼』I,(오화섭 · 이상섭 역, 삼성판 세계문학전집, 1975/ 영어판 중역) 등이 있다.

30) 제 2부의 원제목은『El Ingenioso Caballero Don Quijote de la Mancha』, 번역서는『기발한 기사 라 만차의 돈끼호떼』II(민용태),『동끼호떼』II(오화섭 · 이상섭). 참고로, hidalgo는 가장 낮은 양반이라 don이라는 존칭을 못 붙이는 것이 당시 관례였으므로 제1부의 제목은 풍자적이다. 한 단계 위 양반인 caballero부터 don이라는 존칭을 붙일 수 있었다. 한편, 제2부가 나온 이후 책 제목은 제 1부의 제목이 대표성을 띠게 하든가, 그냥『Don Quijote』로 표기하는 경우가 많다.

다음으로 많이 읽힌 책으로서 2002년 노벨연구소에 의해 실시된 설문조사에서 문학 역사상 가장 위대한 소설로 선정되기도 하였다. 우선, 이 작품의 줄거리를 요약해 보자.

"그리 오래되기 전, 이름은 기억하고 싶지 않은 라만차의 어느 마을에 한 양반이 살고 있었으니(En un lugar de la Mancha, de cuyo nombre no quiero acordarme, no ha mucho tiempo que vivía un hidalgo . . .)"로 시작하는 이 소설의 주인공은 오십이 될까 말까한 초로의 홀쭉한 사나이다.[31] 그는 기사소설에 얼마나 빠졌던지, 밤이면 어둡기 전부터 훤히 날이 밝을 때까지, 낮에는 동트기 전부터 어둑어둑해질 때까지 책을 읽었고, 그렇게 잠은 거의 안 자고 책은 많이 읽다보니 뇌가 말라서 정신이상이 되었다.

그는 스스로 '라 만차의 돈키호테'라 칭하면서 약자를 보호하고 불의를 시정하기 위한 편력기사가 되기로 작정한다. 수백 년간 방치되어 녹이 슬대로 슨 갑옷을 꺼내어 손질을 한 다음, 그의 짐말은 궁리 끝에 로시난테(Rocinante)라고 부르기로 하였는데 그 이름은 그가 보기엔 고상하고 듣기 좋으며 의미심장하여서 지금 이전에 짐말이었다는 뜻도 내포하고 있었다. 또, 그가 한때 마음을 두었던 이웃 마을 처녀 알돈사 로렌소를 이제 목숨 바쳐 사모할 귀부인 아씨 둘시네아 델

31) 성씨는 끼하다인지, 께사다인지, 혹은 께하나인지 확실치 않다고 하다가 제2부의 끝에 가서 알론소 끼하노가 된다.

또보소(Dulcinea del Toboso)로 개칭을 한다.

그는 첫 번째 원정길에 나서 여관 주인에게 기사 서품을 받는다. 그리곤 장사치들에게 흠뻑 얻어맞고 집으로 돌아온다. 마을 신부와 이발사는 그의 서재에서 기사소설류를 꺼내 불태우지만, 돈키호테는 산초 빤사를 시종으로 임명하고 같이 이차 원정에 나선다. 이번에는 풍차를 거인으로 오인한 모험, 양떼를 군대로 착각하여 벌인 전투, 이발사의 대야를 맘브리노 투구로 본 사건, 호송되어 가던 죄수들을 풀어주는 사건 등을 일으킨다. 그는 모레나 산맥에서 아마디스를 흉내 내어 둘시네아로 인한 고행을 하기로 하고, 산초에게 편지 심부름을 시킨다. 산초는 도중에 신부와 이발사를 만나 산중으로 되돌아오고, 이들은 속임수를 써서 돈키호테를 소달구지에 실어 마을로 데려오는 것으로 제1부가 끝난다.

제 2부는 세 번째 원정으로 시작한다. 돈키호테는 거울의 기사로 변장한 산손 까라스꼬 학사를 무찌르고, 사자와 맞서며, 몬떼시노스 동굴의 모험을 한 다음, 공작 부부의 성에 초대받는다. 공작 부부는 돈키호테와 산초를 곯리려고 바라따리아 섬의 총독을 시켜주고, 끌라빌레뇨의 모험을 겪게 한다. 기사와 시종은 바르셀로나로 떠나, 그곳에서 백월(白月)의 기사로 변장한 산손 까라스꼬에게 패배해 그가 명령하는 대로 마을로 돌아온다. 이번엔 양치는 목자나 되어볼까 하는 판에 병이 들고, 돈키호테는 정신이 돌아와 기사소설을 저주하고 죽는다.

작품의 결말이 기사소설을 저주하는 데서 알 수 있듯이『돈키호테』는 반(反)기사소설이다. 세르반테스는 서문에서도, 이 책이 "기사소설들이 이 세상과 대중 사이에서 떨치고 있는 세력과 권위를 부셔버리기" 위해 씌어졌고, 기사소설에 대한 독설이라고 밝힌다. 그래서『돈키호테』는 기사소설을 우습게 만들려고 기사소설을 패러디한다. 돈키호테가 처음으로 출정하여 말을 달려가면 성이 나타나는 것이 아니라 여관이 나타난다. 풍차를 거인으로 오인하는 것은 자유이지만 풍차는 그를 내동댕이친다. 이것이 현실이다. 그가 마주치는 것은 기사의 시험을 위하여 특별하게 준비된 세계가 아니라 일상적이고 현실적인 보통 세계이다. 그곳에서 그의 이상은 조롱을 당하고 그의 육신은 패배의 아픔을 겪는다. 불리하기 짝이 없는 상황에서 악의 무리를 소탕하고 어떠한 상황에서도 죽지 않는 초능력을 가진 기사를 모방하고자 하였지만, 현실세계는 냉엄하다. 상식에서 벗어난 짓, 즉 미친 짓은 대가를 치르게 마련이다. 그래서 결국 돈키호테는 정신이 돌아오자 한때 자기를 미치게 하였던 기사소설을 저주하고 죽는다. 아무리 의기충천한 기사라도 느닷없이 총알이 날아와 자기가 어떻게, 왜 죽는지도 모르게 되어버린 시대(I.38)[32]에 칼싸움하는 기사소설을 탐독하다 못해 실제로 미친 사람들이 있었다고 한다. 따라서 이런 사람들이 돈키호테의 일차적인 모델이었을 것으로 보인다.

32) 로마숫자 I은『돈키호테』제 1부를, 아라비아숫자 38은 장(章)을 가리킨다.

그러나 어느 면으로는 돈키호테가 세르반테스 자신의 자조적인 자화상이라는 견해도 있다. 그는 돈키호테와 같이 하급귀족인 이달고 집안 출신이었지만 가난 때문에 이 직업 저 직업을 전전해야만 했다. 젊은 시절엔 이태리 원정부대에 들어가 레판토 해전에 참전하였다. 그 전투에서 총상을 입어 왼팔을 못 쓰게 되었지만 부상당한 것을 자랑으로 여겼고, 스페인으로 돌아오던 길에 알제리 해적에게 붙잡혀 5년 동안 감금 생활을 하던 중 여러 번 동료들을 이끌고 탈출을 시도하였다. 겨우 집으로 돌아와서는 하찮은 세금징수원이라는 말단직에 종사하면서 대단치 않은 일로 감옥에 가기도 했다. 신대륙으로 떠나고자 하였지만 허가를 얻지 못했고, 문필가로 입신하기 원했으나 인정을 받지 못했다.『돈키호테』를 쓸 때까지 그는 좌절과 투옥, 궁핍과 노쇠 등 현실의 환멸을 톡톡히 맛보아야만 했다. 돈키호테의 비극은 그의 비극이기도 했다.

또한, 많은 평자들은 돈키호테가 작가 세르반테스의 조국을 상징하는 것으로 본다. 당시 스페인은 이베리아 반도 내에서 7세기에 걸친 이슬람 세력과의 전쟁을 마무리 짓고, 유럽의 많은 지역을 석권한 상태에서 아프리카와 아시아의 일부를 차지하고 나아가 아메리카 대륙을 정복하여 "스페인 제국의 영토 안에서는 해가 지지 않는다"고 호언하고 있었다. 그러나 재정 상태는 악화일로였고 민생은 도탄에 빠졌다. 왕실과 귀족의 부패와 무능 속에서, 해적에게 약탈 당하지 않고 들어온 황금과 은 등은 들판의 불처럼 번지는 유럽의 종교개혁에 맞서 전쟁을 하느라 쏟아 부어야 했고, 장정들은 징집을 피해 수도원으로 몰려들거나 신대륙으로 이민을 떠났으며, 유태인과 무어인의 추방은 나라의 경제 중추를 꺾어놓은 꼴을 만들었다. 이런 가운데 스페인이 세계의 기사로 자처하였으니 돈키호테와 다를 바가 없었다. 개인적인 기사의 비극이 보다 큰 규모로 기사도적인 나라의 운명 속에서 그대로 반복된 셈이었고, 기사도 정신이 가장 광채를 발하던 스페인에서 기사도적 이상의 지배가 한갓 허구라는 사실이 백일하에 드러나자 기사도적 정신에 대한 환멸 또한 클 수밖에 없었다.

이리하여, 기사소설에 대한 독설은 패러디와 풍자, 자조와 환멸이란 복합적인 뉘앙스를 지니게 되었던 것이다.

3. 돈키호테의 이상주의

우리가 살고 있는 세계는 속악하기 그지없지만 우리는 대강 체념하고 산다. 그러나 돈키호테는 체념하지 않는다. 저 옛날에는 사람들이 목가적인 풍경 속에서 원시 공동사회를 이루고 행복하게 살았으니 그 황금시대를 부활시켜야 한다고 주장한다.

> 선인들이 황금시대라는 명칭을 부여했던 시대와 세상은 행복했을시고! 우리의 이 철의 시대가 대단히 소중히 여기는 황금이, 그 행복하던 시대엔 일하지 않고도 얻을 수 있었다는 뜻으로 그런 명칭을 부여했던 것이 아니라, 그 시대의 사람들은 '네 것', '내 것'이란 두 낱말을 알지 못했다는 뜻에서 그 명칭이 부여되었던 것이외다. 그 축복된 시대에는 무엇이나 공동소유였소. 일용할 양식을 구하려면 달콤하고 향긋한 열매를 맛보라고 기꺼이 초대를 하고 있는 튼튼한 떡갈나무에 손을 내밀어 따기만 하면 되었고, 맑은 샘과 흐르는 강물은 향기롭고 깨끗한 물을 사뭇 풍성히 제공했으며, 바위틈과 빈 나무 속에는 부지런하고 지혜로운 벌떼가 왕국을 건설하고, 아무에게나 아낌없이 그들의 향기로운 노동의 결실을 내주었던 것이요. [. . .] 그때는 모두가 평화요, 우정이요, 화합이었소.(I. 11)

옛 라틴 문학의 삼대 토픽 중의 하나인 'beatus ille(복되도다)'로 시작하여 목가적인 풍경 속의 원시 공동사회를 그리워하는 장면이다. 세르반테스가 이런 복고적인 상상의 세계를 동경하였다는 것은 그가 쓴 첫 작품이『라 갈라떼아』(1583)라는 목가소설이었고,『돈키호테』에 두 편(마르셀라와 그리소스또모의 이야기와 레안드라 이야기)의 목가소설이 들어 있는 것을 보아도 알 수 있다.[33] 그러나 당시 유행하던

33)『돈키호테』속에는 이외에도 감상주의 소설, 심리소설, 모험소설과 여러 단편적인 이야기들이 들어 있다.

문학 장르 중의 하나가 목가소설이었고, 'beatus ille'를 동기로 삼은 시도 많았던 것을 보면, 여기서 세르반테스의 독창성을 발견할 수는 없다. 다만, 돈키호테의 연설은 일정한 의도가 담긴 것으로서, 이상적인 황금시대와 욕망으로 일그러진 현실을 대비시키려는 것이다.

문제적인 현실(1)

돈키호테가 바라보는 현실은 한 마디로 역겨운 시대의 모습이다. 물욕에 사로잡혀 있으며, 과도한 치장을 하고, 꾸며낸 말투로 사랑을 하며, 진실과 성실에 거짓과 속임수와 악의가 섞이고, 정의는 온갖 편견과 이해관계 때문에 교란되어 있으며, 여성은 안전하게 살 수가 없다. 태만이 근면을 이기고, 게으름이 노력을 이기며, 악이 선을 이기고, 잰 체하는 것이 용기를 이기며, 이론이 무술의 실천을 이긴다. 왕은 아첨꾼들에게 둘러싸이고, 귀족들은 안일과 사치와 휴식을 일삼고, 성직자는 편협하거나 위선적이다. 한 마디로 총체적으로 부패한 사회인 것이다.

이러한 비판은 다양한 등장인물들을 통하여 이루어지지만, 비판이 날카롭고 메마르기만 하기보다는 풍자의 형태를 띠고 신명을 내는 경우가 많다. 이리하여 이 소설이 더욱 유머러스하고 가면무도회처럼 카니발적 분위기를 띠게 된다. 돈키호테가 악역을 맡아 당시 정실 인사를 하고 매관매직하는 세태를 비꼬는 것을 보자. 그가 무훈을 세워 공주와 결혼을 하고 결국은 왕이 된다고 산초와 더불어 공상의 나래를 펴는 장면이다:

> [. . .] 내가 왕이니까 자네가 지위를 사든가 공훈을 세우지 않아도 쉽게 귀족으로 만들어 줄 수 있어. 그리고 일단 내가 자네를 백작으로 만들기만 하면 어떤 놈이 뭐라고 쑤군거려도 자네는 어엿한 양반이야. (I. 21)

산초의 입은 보다 노골적이고 걸쩍지근하다. 그의 다음 말들에서 당시 흑인노예 장사와 매관매직, 귀족의 불로소득과 무책임함, 탐관오리에 대한 고발 등을 볼 수 있다.

> 하인 놈들이 새까마면 뭐 어떤가? 배에다 실어가지고 스페인으로 날라다가 돈을 받고 팔아버리면 그만이지. 그 돈으로 평생 동안 편안히 살 수 있는 양반 권리나 높은 자리를 살 수 있거든.(I. 29)

> 대감은 떡하니 발 뻗고 누워서, 세상 걱정은 아랑곳 않고 소작료만 받아먹는대요. 저도 그러렵니다. [. . .] 한꺼번에 속 시원히 다 맡겨버리고 공작님처럼 수입이나 받아먹죠. 그 다음엔 세상이 어찌되든 알게 뭡니까.(I. 50)

> 우리 근처에서도 총독이란 것들을 봤지만, 내 발바닥에도 오지 못할

> 것들이더군요. 그런데도 나으리란 말을 듣고 은그릇으로 밥을 먹던데요.(II. 3)

> 며칠 안으로 나는 총독 자리로 가려하오. 돈을 벌고 싶은 마음이 간절해서 그리로 가는 것인데, 새 총독은 누구나 다 그런 마음으로 간다오.(II. 36)

> 여기 오는 총독들은 대개 다 들어오기 전에 이곳 사람들한테서 많은 돈을 선물로 받거나 꾸어 쓴다는데, 그게 새로 총독이 된 사람들 사이에서는 보통 있는 버릇이랍니다.(II. 51)

탐관오리만 지탄을 받는 게 아니다. 귀족, 성직자, 부자, 의사, 변호사도 욕을 먹는다. 일반 백성들은 눈물과 거짓말로 진실을 왜곡한다. 또, 비록 공작 부부의 장난에 놀아나는 것이지만 산초가 총독이 되자 돈키호테가 하는 충고 중에는 상인들이 저울눈을 속이지 못하게 감독하라는 얘기가 들어 있다. 산초는 돈키호테의 충고대로 장터를 순시하여 싱싱한 개암 열매 한 말에 썩은 열매 한 말을 섞어 파는 것을 적발하고 보름간 영업정지 처분을 내리고, 덧붙여 술에 물을 타든가 상표를 고치는 사람을 엄벌하겠다고 으름장을 놓는다.

그런데, 남들만 문제가 있는 것이 아니고 우리의 주인공들 역시 문제적이다. 산초는 일자무식 농군인 주제에 섬나라 총독을 시켜준다는 돈키호테의 꼬임에 넘어가 가정과 농사일을 내팽개치고 돈키호테를 따라 나선다. 신분상승의 욕구에 사로잡힌 것이다. 그는 무식하고 가난하니 밑져야 본전이라는 식이지만 벼락출세를 할 기회가 있으면 왜 그걸 마다하겠냐고 하는데, 때로는 그 욕심에 사로잡혀 "오래지 않아 섬나라의 총독이 될 희망이 없다면 당장 이 자리에 고꾸라져 죽겠다"고 까지 한다. 그러면서 남들의 비판에 대해서는, "내가 섬나라에 눈독을 들이고 있다면 남들은 더 못된 것에 눈독을 들이지 않소."라고 항변한다. 돈키호테는 또 어떤가. 그의 조카딸은, 그가 얼마나 눈이 멀고 어리석은지 깨닫지 못하고 다 늙은 처지에 씩씩하다고 하며, 몸이 약한데도 튼튼하다 하고, 나이 때문에 허리가 굽었는데도 잘못된 일을 바로잡는다고 하며, 무엇보다도 돈이 없으니 기사가 될 수 없는데 기사라고 하냐고 윽박지른다. 정의의 편력기사가 되겠다고 나서지만 마음 깊은 곳에서는 신분상승의 욕구를 지니고 있음을 알 수 있다. 스스로 기사라고 칭하면서 키호테란 이름 앞에 '돈'을 붙여 최하급 양반을 면하고자 하는 것이다.[34] 이런 것은 돈키호테가 여러 차례, 확장되는 가문과 줄어드는 가문을 들먹이며 족보의 가변성을 거론하는 데서도 나타난다. 그렇지만 사람의 내적동기까지 문제 삼을 수는 없다.[35]

---

34) 아마도 세르반테스가 가난한 이달고 집 자식으로 태어나 평생 기를 펴고 살지 못한 것이 한이 되었던 것이 돈키호테를 통해 간접 표출되는 것일 게다.

35) 돈키호테 자신이 인정하는 것은 명성을 얻고자 하는 욕망이다. 이것은 인간의 모든 영웅적인 행동 이면에 있는 내적 동기이다. 돈키호테의 말을 직접 들어보자:

문제적인 현실(2)

그런데, 겉으로 드러난 것만이 현실의 문제가 아니다. 현실이 문제적인 것은, 사람의 본성이 악한지 아닌지는 일단 차치하고서라도, 오염된 세상에 살다보면 알게 모르게 세상을 바라보는 시각 자체가 오염이 되기 때문이다. 다음의 예를 보자.

"산초, 내가 무슨 생각을 하고 있는지 아나? 이 유명한 마술 걸린 투구가 그만 우연하게도 그 진가를 알지 못하는 사람의 손에 굴러 떨어졌던 게 분명하네. 그래서 멋도 모르고, 그게 순금덩어리라는 것만 보고 돈이 탐나 절반은 녹여버리고, 나머지 절반으로는 자네 말마따나 이발사의 대야 같은 걸 만들었던 모양이야. 하지만 어쨌든 간에, 모양이 바뀐 건, 그게 뭔지 잘 알고 있는 나에게는 아무 상관이 없어. 대장장이가 있는 마을에 들리기만 하면 다시 바로 고쳐서, 대장간의 신이 전쟁의 신에게 만들어준 그 투구보다도 훌륭한 걸 만들겠네. 하지만

편력기사들은 얼른 지나가버리는 차생에서 성취할 수 있는 공허한 명성보다도 천상의 나라에서 향유할 장래의 영원한 영광을 기대할 수 있지. 세상의 명성이란 아무리 오래 간다 하여도 기한이 정해진 세상과 더불어 끝날 수밖에 없다네. 그러한 까닭에 우리의 사업은 우리가 믿는 기독교의 가르침에 정해 준 한계를 범하는 일이 없도록 해야 하네. 우리는 거인을 죽이는 것처럼 교만을 죽여야 하며, 아량 있고 고귀함으로써 시기를 죽여야 하며, 침착한 마음과 고요한 심정으로 분노를 죽여야 하며, 적게 먹고 밤늦게 깨어 있음으로써 식욕과 수면을 줄여야 하며, 우리가 마음의 아가씨로 삼은 이들에 대한 충실을 유지함으로써 무절제와 육욕을 줄여야 하며, 훌륭한 기독교인이 될 뿐 아니라 유명한 기사가 될 수 있는 기회를 찾아 세상을 두루 편력함으로써 태만을 죽여야 하네. 산초, 이러한 수단에 의하여 우리는 명성이 주는 높은 칭찬을 얻어야 하는 걸세.(II. 8)

그때까지는 없는 것보다는 나으니까 재주껏 써보도록 하지. 돌멩이가 날아와도 잘 막을 수도 있어."[36](I. 21)

돈키호테는 머리에 금처럼 번쩍이는 걸 머리에 쓰고 오는 사람을 발견하고, 그는 대뜸 맘브리노의 투구를 쓴 자가 말을 타고 오니 무찔러 투구를 뺏겠다고 한다. 사실은 이웃마을로 출장 가는 이발사가 비가 오니까 놋대야를 뒤집어쓰고 나귀에 앉은 것인데 말이다. 산초의 만류에도 아랑곳없이 돈키호테는 무섭게 돌진하고, 이발사는 나귀와 대야를 팽개치고 달아나 버린다. 기사가 시종에게 '투구를 받들어 올리라'고 하니 시종은 '대야를 집어' 건네며 몇 푼어치 나가겠다고 한다. 돈키호테는 그 투구의 가치를 모르는 자가 그 금 덩어리가 탐나 반은 녹여 쓰고 반은 '대야 같은' 걸 만든 모양이나 자기가 다시 제대로 된 투구로 고치겠노라 하는 장면이다.

누가 봐도 대야를 대야로 보는 산초가 옳고, 대야를 투구라 하는 돈키호테는 명백히 사물을 잘못 본 것이다. 그러나 과연 그럴까?

먼저 산초의 경우를 보자. 그는 대야를 보고 대야라고 한다. 이것은

36) ¿Sabes qué imagino, Sancho? Que esta famosa pieza deste encantado yelmo por algún extraño accidente debió de venir a manos de quien no supo conocer ni estimar su valor, y, sin saber lo que hacía, viéndola de oro purísimo, debió de fundir la otra mitad para aprovecharse del precio, y de la otra mitad hizo esta que parece bacín de barbero, como tú dices. Pero sea lo que fuere; que para mí que la conozco no hace al caso su trasmutación; que yo la aderezaré en el primer lugar donde haya herrero. . .

분명한 현실이고 상식이다. 그러나 그 현실의 가치는 산초에게 있어 여덟 푼이라는 돈으로 환산될 수 있는 것이다. 그러다가 자기보다 우세한 자, 즉 돈키호테가 그것을 투구라고 우기니까 대야와 꼭 닮은 투구라고 일시적으로 물러선다.

돈키호테는 대야를 보고 투구라고 한다. 눈이 삐어서 그런 것만은 아닌 것 같다. 산초가 대야와 꼭 닮았다니까 '모양'이 대야라는 것을 인정한다. 그러나 그는 '본질'을 안다고 한다. 그 가치를 알지 못하는 자에 의해 변형이 되었으나, 기회가 되면 그 본래의 모습을 되찾게 하겠다는 것이다. 그리고 그 전까지는 투구 대용으로 쓰겠다고 한다.

여기서 보듯이 사람에게 있어 객관적인 현실이란 없다. 현실은 주관에 의해 영향을 받는다. 산초에게 중요한 것은 명목가치(이발사의 대야) 및 교환가치(얼마짜리)이다. '얼마짜리'라는 게 사물의 가치를 결정한다. 여덟 푼짜리 대야를 그는 아무렇게나 집는다. 산초의 의식 속에는 대야는 여덟 푼짜리 현실이다. 그것을 주인이 자꾸 투구라고 하니까 마침내 짜증을 낸다(1권 24장). 그러나 그 전에는 주인이 무서워 말로나마 투구라고 그 현실을 변형시킨다. 반면에 돈키호테에게 중요한 것은 본래의 가치이다. 본래의 가치를 그가 옳게 파악하는지 어쩌는지는 몰라도 어쨌든 범속한 사물들은 그에 의해 고상해진다. 대야만 투구의 가치를 지닌 것이 아니다. 말라빠진 말은 로시난테라는 근사한 이름을 가진 명마가 되고, 잘난 것 하나 없는 알돈사라는 시골처녀는 그가 목숨까지 거는 귀부인 둘시네아가 된다. 여관은 성이 되고, 천한 여자도 지체 높은 여자의 대접을 받는다. 본래의 가치가 훼손이 되었다 할지라도 돈키호테는 하다못해 고상한 사용가치라도 만들어 낸다. 그리하여 대야는 투구의 대용이 되고 그것은 받들어 올릴 만한 것, 즉 거룩한 것이다.

그러므로 두 사람의 관점의 차이를 다음과 같이 변증법적으로 도식화할 수 있을 것이다.

돈키호테 : 투구(이상) − 대야(외관적 현실) − 투구(이상화)
산초 : 대야(현실) − 투구(타협, 굴복) − 대야(범속화)

이렇듯 두 가지 상이한 사물관이 대립하고 있는데, 이것은 이어 나오는 나귀/말의 경우에도 적용이 된다. 산초의 눈에 보이는 것은 자기 나귀보다 좋아 보여 탐이 나는 나귀일 따름이지만, 돈키호테에게는 자기가 이상으로 삼는 기사도의 원칙이 더 중요하다. 패배한 적이라도 상대가 기사인 이상 터덜터덜 걸어가게 해서는 안 된다는 것이다. 그러므로 그것이 말이냐, 나귀냐는 더 이상 중요하지 않아진다. 산초의 물욕과 돈키호테의 고매한 정신이 부딪치고 있다.

이 에피소드의 의의는 비슷한 장면들이 작품에 무수히 반복이 되면서 독자에게 하나의 뚜렷한 주제를 제시한다는 점에 있다. 돈키호테의 이상주의가 가장 극적으로 나타난 것이 이른바 풍차의 모험이다. 풍차를 거인이라고 하는 것은 보통 난센스가 아니지만, 서양에서 전통적으로 거인이 악을 상징해왔다는 것을 생각해보자. 돈키호테는 그 악이 아무리 거인처럼 크더라도 용감하게 덤벼든다. 그러나 보통 사람들은 계란으로 바위를 치는 싸움은 하지 않는다. 영악한 사람들은 그런 상식에서 벗어난 짓을 하지 않는다. 대신에 그 악의 이름을 체제 이데올로기, 도덕, 전통, 조직의 목적, 위계질서, 직위 등등으로 바꾸고 양심을 편하게 먹는다. 그것들을 구체적으로 말하자면, 자본주의체제, 공산주의체제, 남존여비 사상, 가부장제, 군사부일체론, 의리, 국수주의 등등이다. 그러면 그것은 마술에 걸린 듯 더 이상 악으로 보이지 않는다. 오히려 우리가 수호해야 할 가치이고 덕목으로 둔갑할 수 있다는 것이다. 돈키호테는 산초가 보지 못하지만 풍차의 본질을 안다. 그것은 거인이다. 기사는 죽을힘을 다하여 덤벼든다. 거인은 풍차로 둔갑하여 거대한 날개로 기사를 들어 올려 내동댕이친다. 그리곤 아무 일도 없었다는 듯이 점잖게 풍차의 겉모습을 하고 서있다. 돈키호테는 마술사 프레스똔이란 놈이 기사의 공적을 시기하여 장난을 치는 것이라고 믿는다. 그는 쉽게 포기하고 체념하지 않는다. 단 한 번의 실패로 의견을 바꾼다면 웃음거리에 지나지 않겠지만, 돈키호테의 집념은 감동적이다. 그렇지 않더라도, 최소한 생각하게는 한다. '거인'을 무찌르는 정의의 기사를 책으로, 영화로 즐겨 보면서 현실에서는 '풍차'만을 바라보며 '돈키호테'를 비웃는 나는 누구인가.

그리하여 독자들은 세르반테스의 소설을 읽어가면서 계속하여 어떤 현실을 붙잡을 것인가를 질문 받는다. 범속화하여 타협해야 하는 현실인가, 아니면 이상화하여 투쟁해야 하는 현실인가? 존재법칙(Sein)을 따를 것인가, 당위법칙(Sollen)을 따를 것인가?

4. 돈키호테의 휴머니즘

그러나 세르반테스는 그의 이상주의를 극단적으로 밀고 나가기보다는 그렇게 화두처럼 던져 놓고, 우회로를 보여준다. 가장 편한 길은 상식의 세계이다. 그래서 『돈키호테』에는 상식의 왕 격인 속담이 많이 들어 있다. 처음에는 산초만 열심히 주워섬기더니 나중에는 돈키호테도 산초 못잖다. 그러나 상식에만 의존하면 발전이 없다. 존재법칙을 따르면서 위험한 모험에 모든 것을 걸지 않고도 현실을 개선할 대안은 없을까. 작가가 찾아낸 것은 휴머니즘이었다. 세르반테스는 『돈키호테』에 참된 인간성의 실현과 그 실현을 도울 사회제도를 모색하는 르네상스 휴머니즘을 펼쳐보이고자 했다. 그것은 소박한 인간미를 느끼게 하는 것에서부터 시작하여, 자유와 평등을 누리며 더불어 살기와, 나아가 덕성을 계발하여 인간성을 고양하자는 것에 이른다.

소박한 인간미

흔히 돈키호테를 별난 기사인 줄 알지만 사실은 범인(凡人)들과 비슷한 점이 많다. 우선, 돈키호테는 항상 미쳐 있는 것이 아니라 사려분별이 무척 깊다. 처음에는 여관을 성이라고 하고, 매춘부를 귀부인이라 하며 수시로 광기가 발동하였지만, 평소에는 논리가 정연한 스피치의 달인이었다. 그러다가 나중에는 여관을 그냥 여관으로 보고, 못생긴 여자를 보면 보기 싫어하는 등 지나치게 정신이 멀쩡해진다. 또, 용감하기만 한 게 아니고, 때때로 산초도 버리고 비겁하게 도망을 치는가 하면, 산초가 속여도 넘어갈 정도로 순진하지만 때때로 교활한 모습을 보이기도 한다. 둘시네아 아가씨에게 정절을 맹세한 입장에서 처녀들만 보면 마음이 동하고, 그런 자신의 모습을 한탄하기도 한다. 이런 돈키호테의 양면성 혹은 다중적 성격은 기사로서는 결점이 되는 것임에도 불구하고 독자는 이 허구의 주인공에게서 인간미를 발견하고 마치 피와 살을 갖춘 실존인물처럼 느끼게 된다.

산초의 경우 역시, 땅딸보에 욕심 많은 바보로 그려지는 통념적인 이미지와는 달리, 충직한 시종인가 하면 주인을 곯려먹는 악당이 되기도 하고, 물욕과 함께 인정도 많으며, 의심도 잘하고 주인 못잖은 광기도 지녔는데, 무엇보다도 산초의 익살은 어느 장면에서건 빠져선 안 될 양념이다.

자유와 평등, 더불어 살기

산초는 돈키호테가 미쳤다는 것을 안다. 그러나 산초는 돈키호테를 사랑하고 존경한다. 왜냐하면, 그가 유식하면서도 바탕이 선하고 고결한 마음씨를 가졌음을 잘 알기 때문이다. 미치광이 짓을 덩달아 하길 그만 두고 고향에 돌아갈까 생각을 안 해본 것은 아니나 그럴 수가 없다.

> 우리 주인은 어린애라도 대낮에 밤이라 하면 믿으실 지경이요. 그 순진한 마음씨를 보아서라도 내 염통줄처럼 주인을 사랑하는 거요. 그래서 터무니없는 짓을 많이 하지만 떠날 생각은 도저히 못해요.(II. 13)

> 저도 똑똑한 놈이라면 여러 날 전에 주인과 헤어졌어야 했어요. 하지만 그게 제 운명이요, 옴 붙은 재수였죠. 달리 어쩔 수가 없어요. 그냥 따라갈 뿐이죠. 우린 같은 마을 사람이고, 그 분의 밥을 먹고 살았고, 진심으로 아끼니까 고마워하시고, 저한테 노새 새끼들을 주셨고, 더군다나 저는 충실한 사람이라, 흙구덩이 파는 날까진 아무 것도 우리를 떼어놓지 못합니다.(II. 33)

요컨대, 산초가 돈키호테의 광증에 홀려서, 정말 섬나라 총독이 하고 싶은 욕심에서 같이 다니는 게 아니라 깊은 연민에서 우러나오는 뜨거운 우정으로 그를 보살피고 시중들어 주며 때로는 용기를 북돋

워 주고 위로를 해주는 것이다. 어떻게 산초가 이렇게 주인을 사랑하게 되었던가. 돈키호테가 주인으로 군림하기 보다는 친구처럼, 아들처럼 산초를 대해주고 가난한 산초의 형편을 헤아려주고자 애쓰는 훈훈한 인간이기 때문이다. 양반과 상민이 상종을 하지 않던 시대에 시종을 '친구, 형제'로 부르고, 표현의 자유를 속박하지 않고 격의 없이 대화하며, 동고동락하면서 좋은 것은 양보하니 그 정신과 도량에 반할 수밖에 없는 것이다. 그리하여 산초는 점점 돈키호테를 닮아가고 돈키호테는 산초를 닮게 되는 것은 다름 아닌 사랑의 감화작용인 것이다.

그런데, 돈키호테의 휴머니즘의 진정한 가치는 사람 사이의 상호성을 넘어서 보편성을 띤다는 데 있다. 일례로, 그는 노예선의 노잡이로 끌려가는 죄수들을 해방시킨다. 누구라도 자유를 향유할 천부의 인권이 있기에 임금님이 백성에게 강제로 일을 시킬 수 없다며 호송간수들과 싸움을 감행하는 것이다. 또한, 돈키호테가 그리워하는 황금시대가 착취 없는 평등사회란 점에서나, 자녀를 교육할 때 부모의 뜻을 강요해서는 안 된다고 충고하거나, 산초를 평등한 인격으로 대우하는 것 등이 그의 신념의 보편성에서 우러나온 것이다.

덕성

돈키호테는 공작부인이 둘시네아의 혈통에 대해 의문을 제기하자, 고귀한 가문과 좋은 혈통에서 나오는 아름다움은 천한 데서 나온 아름다움이 따라갈 수 없다고 한다. 그러나 이어서, 둘시네아는 자신의 노력의 소산이요, 덕성은 혈통을 높일 수 있으며, 유덕하되 지위가 낮은 사람이 높은 지위까지 오른 사악한 사람보다 더 높게 평가받아야 한다고 역설한다. 총독이 된 산초에게 충고를 할 때도, 비천한 혈통을 기뻐하고 수치로 여기지 말아야 하는데 유덕하고도 가난한 것이 지체 높고도 죄를 짓는 것보다 훌륭하며, 혈통은 상속하는 것이나 덕은 습득하는 것이며, 덕은 혈통이 갖지 못하는 본질적인 가치를 갖고 있다고 덕성을 강조한다. 이것을 통해서도 인간은 기본적으로 평등하며, 인간의 가치는 자신의 노력에 의해 결정된다는 진보적인 사상이 피력되고 있음을 보게 된다.

그러나 덕은 너그럽고 착하기만 해서 얻어지는 것이라기보다 정의와 자비, 진실과 공평, 청렴과 너그러움, 사람다움과 자긍심 등 여러 자질을 균형 있게 적용하는 능력을 필요로 하는 것이다.[37]

37) 2부 42장에 돈키호테가 산초에게 해주는 충고 형태로 잘 나타나 있다.

에필로그

『돈키호테』의 탄생은 감사하게도 세르반테스가 근본적으로 낙관주의자였기 때문에 가능하였다. 그는 실패의 쓴맛을 알지만 고상한 정신적 가치를 믿었고, 주인공의 불행 앞에 염세적 비관주의에 빠지기보다는 쓸쓸하게라도 미소를 짓는 쪽을 택했다. 그래서 상황은 때때로 희극적이지만 돈키호테는 여전히 고상하게 보이고, 세르반테스의 유머는 비판을 수용하는 이해심 깊은 미소에 해당하는 것이다.

그렇기 때문에, 『돈키호테』는 기사담이라는 하나의 이상을 죽이기 위해 온 것이 아니라 그것을 변형시켜 더욱 높였다거나, 이상의 세계에 대한 동경과 현실에 대한 날카로운 인식이 대립하는 스페인문화를 기막히게 요약한 작품으로 간주되곤 한다. 오늘날에도 스페인은 자국의 문화와 언어를 대표하는 최고의 가치와 자랑거리로 세르반테스와 돈키호테를 내세우고 있다.

그러나 『돈키호테』를 문학적으로 분석하는 것은 용이한 일이 아니다. 기본적인 구조가 주인공의 광기를 빌은 풍자와 해학이기 때문에 그 의미가 대단히 복합적이고 가변적이다. 즉, 한 의미로 확정을 짓기 보다는 다양한 의미로 음미해야 하는 열린 소설인 것이다. 바흐친은 창조적이고 생성적인 힘이 가장 큰 특징인 '카니발의 웃음'을 논하면서 그것을 처음으로 문학 속에 끌어들인 작가 중의 하나로 세르반테스를 꼽는다. 또, 퍼트리샤 워는 그의 『메타픽션』에서 포스트모더니즘의 형식상의 기법들은 『돈키호테』로부터 유래된 것 같이 보인다고 지적한다. 이렇듯 워낙 첨단 기법으로 써진 소설이라서 『돈키호테』는 지난 400여 년 동안 엄청나게 많은 연구가 이루어졌음에도 불구하고 여전히 주목과 사랑을 받으며 새로운 해석이 계속적으로 이루어지는 거의 유일한 고전문학작품이라고 할 수 있다.

〈작품 감상〉 제 1편 제 1장.

제 1장 라 만차의 유명한 양반 돈키호테의 성격과 생활방식

얼마 전 라만차 지방의 어느 마을에, －마을 이름은 기억하고 싶지 않고－, 한 양반이 살았는데, 그의 집에는 창대에 꽂힌 창과 낡은 방패, 여윈 짐말과 사냥개가 있었다. 식사는 양고기보다는 쇠고기가 많이 들어간 찜을 먹고, 저녁엔 소금에 절인 고기완자를 들었으며, 토요일엔 베이컨이 든 오믈렛, 금요일엔 렌즈콩 요리, 일요일엔 새끼 비둘기를 곁들였다. 그는 이처럼 먹는 일에 수입의 4분의 3을 소비했다. 나머지는 옷차림에 썼는데, 파티용으로 광택 나는 망토와 벨벳 바지에, 똑같은 천으로 만든 덧신을 신었고, 보통 때는 최고급 양모직 옷으로 뽐내었다. 그의 집안에는 마흔이 좀 넘은 가정부와 스무 살이 안 된 조카딸, 그리고 밭일과 장보는 일을 하는 머슴이 하나 있어, 짐말에 안장

을 얹기도 하고 가지치기도 하였다. 우리의 주인공은 오십이 될까 말까 하였다. 얼굴과 몸은 홀쭉했으나 다부진 체격이었으며, 새벽 일찍 일어나고 사냥을 대단히 좋아했다. 사람들 말에 의하면, 그의 성씨는 끼하다라고 하기도 하며 께사다라고도 한다. 즉, 이 점에 대해서는 저자들 사이에 약간의 의견 대립이 있다. 또, 아주 그럴듯한 추측에 의하면 그의 성이 께하나였을 수도 있다. 그러나 그런 건 별로 중요하지 않다. 우리 이야기가 한 치라도 진실에서 벗어나지만 않으면 된다.

이제 알아야 할 사실은, 이 양반이 한가한 시간에는(한 해의 대부분이 그랬지만), 기사소설을 탐독하였는데, 그런 책을 어찌나 애독하고 즐기었는지 사냥하는 것도 잊고, 심지어 재산을 관리하는 일까지 잊을 지경이었다. 그렇게 기사소설에 홀리고 미치다보니 그는 그런 책을 사기 위하여 많은 논밭을 팔아치워 가며 그런 책을 있는 대로 다 끌어 모았다. 그는 그 중에서도 그 유명한 펠리시아노 데 실바의 작품들을 가장 높이 쳤다. 그의 명쾌한 문장과 복잡 미묘한 구절들은 정말 주옥처럼 보였던 것이다. 특히, 사랑의 밀어나 도전장을 읽을 때는 더욱 그러하였는데, 다음과 같은 구절들이 도처에 씌어져 있었다. «비이성의 이성이 나의 이성을 만드니 나의 이성이 허약해져, 나는 그대의 아름다움에 이성적으로 한탄하노라.», «저 높은 하늘은 그대의 거룩함을 거룩하게 별들로써 굳세게 하고, 그대의 위대성에 합당한 합당함을 합당하게 해주는도다.»

이러한 문구들은 이 가련한 기사 양반의 정신을 오락가락하게 했다. 그래서 그는 그걸 이해하고 풀어보느라고 긴긴 밤을 지새웠다. 그러나 그걸 풀기 위해서 아리스토텔레스가 부활한다고 해도, 그 역시 풀지 못했을 것이다. 그는 또한 기사 벨리아니스가 주고받은 상처도 미심쩍었다. 왜냐하면, 그를 치료한 의사들이 아무리 재주가 있다고 하여도 그의 얼굴과 몸뚱이는 온통 상처와 흉터투성이였을 거니까 말이다. 그러나 여하튼, 그 끝없는 모험의 속편을 기약하며 책을 끝막음한 저자를 가상히 여기었다. 그러나 때때로 자기 자신이 직접 펜을 들어 글자 그대로 «모험, 끝» 이라고 써서 약속을 지킬까 하는 마음도 들었다. 의심할 바 없이 그는 그 일을 해냈을 것이고 아마 성공을 거두었을지도 모른다. 단지, 좀더 중요하고 좀더 골똘한 생각이 그를 막지만 않았더라면 말이다.

그는 시구엔사 대학을 나온 유식한 마을 신부와 더불어 영국의 팔메린[38]과 고올의 아마디스, 그 두 사람 중에서 누가 더 훌륭한 기사인가에 대하여 수없이 논쟁을 했다. 그러나 마을 이발사인 니콜라스 씨는 세상에 태양의 기사[39]와 견줄 자는 없다면서, 만약 있다면 고올의 아마디스의 동생인 갈라오르 기사뿐이라는 것이었다. 왜 그런고 하면, 갈라오르는 모든 조건이 다 월등한데, 괜히 빼기는 기사도 아니고 형처럼 울보도 아니며, 용맹에 있어서도 그의 형에 못지않다는 것이었다.

요컨대, 그는 책 속에다 몸을 푹 파묻고, 밤에는 어두워지기 전부터 날이 훤할 때까지, 낮에는 밝기도 전부터 어두워질 때까지 책을 읽어댔다. 그래서 잠은 부족하고 독서는 과다하여 뇌가 말라버렸고, 그리하여 마침내 정신이 이상해지고 말았다. 그는 책에서 읽은 온갖 마술, 언쟁, 전투, 도전, 부상, 구애, 연애, 고민, 기타 황당한 것들로 그의 정

38) 15세기 기사담의 주인공인 용사 – 역주.

39) 같은 기사담의 용사 – 역주.

신을 가득 채웠다. 그리하여 그는 자기가 읽은 황당무계한 얘기가 모두 진실이라는 신념을 가지게 되었고, 실제 세상의 역사도 그런 이야기보다 더 진실된 건 아니라고 믿게 되었다. 그는 시드 루이 디아스[40]가 대단히 훌륭한 기사임에 틀림없지만, 사납고 무서운 거인 두 놈을 한 칼에 두 동강을 낸 <불타는 칼의 기사>에게는 비길 수 없다고 했다. 그리고 그는 헤라클레스가 거인 안타에우스를 팔로 목을 졸라 죽일 때 사용한 기술을 가지고서, 론세바예스에서 마술에 걸린 롤랑[41]을 죽인 베르나르도 델 카르피오는 좀더 훌륭하다고 생각했다.

그는 거인 모르간테를 아주 칭찬했다. 모르간테는 하나같이 오만불손한 거인 족속에 속하였지만, 그 혼자만은 정중하고 예절이 발랐다는 것이었다. 그러나 그는 누구보다도 몬탈반의 레이날도스를 제일 칭찬하였는데, 특히 그가 성을 뛰쳐나가 닥치는 대로 재물을 약탈하고, 바다 건너 이교도의 나라에서, 순금으로 만들어졌다고 전해지는 마호메트의 상을 훔쳐오는 것을 읽었을 때, 최고의 찬사를 퍼부었다. 그러나 배반자 갈랄론을 한 번 발길로 냅다 차줄 수만 있다면 그의 가정부뿐만 아니라 조카딸까지 내줘도 좋을 성싶었다.

이렇게 정신이 완전히 돌아버려서, 그는 온 세상에 어떤 미치광이도 가져보지 못한 기이한 공상에 빠졌다. 그는 자기의 명성을 떨치고 나라에 봉사하기 위해서 편력기사가 되어, 모험을 찾아서 말 타고 갑옷 입고 온 세상을 두루 다니며, 그가 읽은 기사들의 행동을 그대로 따르고, 모든 잘못된 것을 고치며, 온갖 위험을 당하고 그것을 극복함으로

40) 11세기에 살았던 스페인 용사 – 역주.

41) 중세 기사담 중의 가장 유명한 기사 – 역주.

써 불후의 명성과 영광을 얻는 것이 옳고 합당하다고 생각했다. 그는 용감한 무술 솜씨 덕분에 자기는 적어도 트라피손다[42]의 황제쯤은 떼어논 당상이라 상상하고, 그런 달콤한 공상에서 오는 그 기묘한 쾌감에 도취되어 욕망을 행동으로 옮기고자 서둘렀다.

그가 맨 먼저 한 일은, 수백 년 동안 까맣게 잊혀져 구석에 처박혀 녹이 슬고 곰팡이가 난 조상들이 쓰던 갑옷을 닦는 일이었다. 그러나 그가 최선을 다해서 그것을 닦고 수선을 하고 보니, 커다란 결함이 한 가지 나타났다. 즉, 투구는 얼굴가리개가 없는 단순한 철모에 지나지 않았던 것이다. 그래서 그는 두꺼운 종이를 일종의 반 가리개같이 오려가지고 이 결함을 교묘히 시정했다. 그렇게 만든 가리개를 투구에 갖다 맞추니까 완전한 투구 모양으로 잡히는 것이었다. 그러나 그게 칼날의 위험을 견디어 낼 수 있을 만큼 튼튼한가 보려고 칼을 뽑아 들고 두 번을 내려쳤더니, 웬걸, 일주일이나 걸려서 만든 그것이 첫 번 공격에마저 단박 결딴이 나고 마는 것이었다. 그는 자기가 그것을 그처럼 쉽게 부숴버릴 수 있었다는 데 대해서는 별로 기쁨을 못 느꼈다. 그래서 그는 이 위험을 방지하기 위하여 안에다 쇳조각을 좀 붙여가지고 얼굴가리개를 다시 만들었다. 그러고는 두 번 다시 시험을 해보고 싶지 않아서 그 물건을 아주 잘 만든 투구로 인정하고 사용키로 결정하였다.

그 다음으로, 그는 자기의 말을 살피러 갔는데 그 말은 바싹 말라서, 발굽은 온통 갈라지고 가죽과 뼈밖에 없었다던 고넬라[43]의 말보다도 결점이 더 많았지만, 그의 눈엔 알렉산더 대왕의 부세팔로나 시드의

42) 흑해 남안의 영지 – 역주.

43) 스페인의 귀족들이 데리고 있던 일종의 어릿광대 – 역주.

바비에까보다도 우수한 준마로 보였다. 그는 자기 말에게 무슨 이름을 붙일까 생각하는 데 꼬박 나흘을 소비했다. 그는 자기처럼 유명한 편력기사의 말인 동시에, 또 본래 이를 데 없는 그 준마에게 유명한 이름이 없다는 건 안 된다고 생각했던 것이다. 그러므로 그는 그 말이, 주인이 편력기사가 되기 전에는 어떤 말이었고, 또 지금은 무슨 일을 하는지를 나타낼 수 있는 이름을 찾아내려고 애썼다. 주인이 본직을 바꿨으니 말도 그가 시작하려는 새로운 생활과 사명에 알맞은 장엄하고도 당당한 이름으로 개명해야 한다는 것은 너무나도 당연한 일이었다. 그리하여 그는 공상 속에서 여러 번이나 지었다가는 지워버리고 고치고 취소하고 다시 지은 끝에 드디어 그를 로시난테라 부르기로 결정하였다. 그 이름은 참말 훌륭하고 쩡쩡 울리는 것 같았고, 또 지금의 위치에 이르기 전의 짐말이었을 때와도 어울려서 세상의 모든 짐말들 중에서 가장 앞서고 으뜸간다는 뜻이 되었다.[44)]

그의 말에게 이처럼 흡족한 이름을 지어주고 나서, 그는 자기 이름을 짓기로 결심하고, 여드레 동안이나 그걸 생각했다. 드디어 그는 자기를 돈키호테라 부르기로 했다. 그 때문에, 위에서 이미 말한 바이지만, 이 정확한 실기(實記)의 주인공의 본명은 분명 끼하다였음이 틀림없고, 다른 사람들이 주장하는 것처럼 께사다는 아니라 믿는 것이다. 그러나 용감한 아마디스가 그냥 자기 이름만으로는 만족하지 않고, 이름을 더 유명하게 하느라고 자기가 출생한 지방의 이름을 덧붙여서 고올의 아마디스라 자칭했던 사실을 기억하고, 그도 제 이름에다가 지

44) 로시난테는 '로신'(rocín: 짐말) + '안테'(ante: 앞에, 전에)가 결합한 것이다.

방 이름을 덧붙여서 라만차의 돈키호테라 자칭하기로 결정하였다. 이렇게 함으로써 자기의 가문과 지방을 정확하게 알릴 뿐 아니라 지방 이름에서 자기 성을 따왔으니 향토를 명예롭게 한다고 생각하였다.

이제 갑옷도 말끔하게 되었고, 투구도 완전하게 되었고, 말의 이름도 지어졌고, 자기 명칭도 결정됐으니 남은 것은 단 한 가지 – 열렬히 사랑을 바칠 귀부인을 구하는 일뿐이었다. 귀부인이 없는 편력기사는 잎사귀도, 열매도 없는 나무와 같고, 영혼이 없는 육체와도 같은 것이다. 그는 혼자서 뇌까리기를, «만일 내 죗값으로 혹은 행운으로 이 근처에서 어떠한 거인을 만난다 치자. 그러면 편력기사들이 보통 하는 것처럼, 한칼에 그 놈을 쓰러트린다든지, 몸뚱어리를 두 쪽으로 갈라 놓는다든지, 여하튼 그 놈을 이겨서 항복을 받는다면, 그 놈을 내 아름다운 귀부인에게 선물로 보내서 그 앞에 무릎을 꿇고 공손한 말씨로, "마님, 저는 말린드라니아 섬의 왕인 거인 까라꿀리암브로[45]이온데, 사람의 말로써는 이루 다 찬양할 수 없는 라만차의 돈키호테 기사님에게 단 한번 싸움에 지고 마님 면전에 가서 뵈오라는 분부를 받았사옵니다. 귀하신 마님께서 이 몸을 마음에 드시는 대로 처분하소서."하고 말을 하게 한다면 좋지 않겠는가» 오, 이 말을 생각해 냈을 때, 우리 기사님은 얼마나 기뻐하였던고! 게다가 그의 귀부인이라 부를 수 있는 여자를 발견했을 때의 그의 무쌍한 기쁨! 그것은 다음과 같이 된 일이라고 한다. 즉 그의 이웃 마을에는 그가 한때 사랑을 품었던 매우 잘 생긴 농갓집 여자가 있었다. 그러나 그 여자는 그가 사랑한다는 걸 알

45) 말린드라니아는 '악당 나라'를 연상시키고, 까라꿀리암브로는 Cara(얼굴) + culi(궁둥이) + ambro(넓은)를 연결시킨 장난기가 담긴 이름이다.

지 못했고 생각조차 하지 않았다고 한다. 그 여자의 이름은 알돈사 로렌소였는데, 그는 이 여자를 꿈에도 잊지 못할 귀부인으로 삼는 것이 적합하다고 생각하였다. 그리하여 그 여자의 본명과는 과히 거리가 멀지 않으면서도 공주와 귀부인의 신분을 암시할 수 있는 이름을 모색한 끝에 그 여자가 엘 또보소 사람이므로, 둘시네아 델 또보소[46)]라 부르기로 하였다. 그녀의 이름은 이미 결정한 자기 이름과 기타 자기 소유물에 붙인 이름들과 마찬가지로 음악적이요, 이국적이요, 의미심장하게 여겨졌다.

46) Aldonza란 흔해빠진 이름을 글자 바꾸기를 통해 Dulcinea란 근사한 이름으로 바꾸었다.

VIII. 바로크 시대 황금세기 문학

1. 바로크의 발흥

바로크 문학의 생성과 의의

문예사조로 볼 때 16세기가 르네상스 시대라고 한다면, 17세기는 바로크 시대이다. 원래 '바로크'란 모양이 고르지 못한 진주를 가리키는 포르투갈어 'barroco'에서 따온 말이다. 17세기말의 구불구불하게 허식이 많은 건축양식을 경멸적으로 가리킨 데서 유래하였고, 그래서 처음에 바로크 예술은 고전적인 르네상스 미학이 계승 · 발전된 것이 아니라 타락한 형태로 보였었다. 그러나 19세기 중엽 바로크에 대한 재평가가 이루어진 이래, '변칙적인 · 이상한 · 기묘한' 등의 부정적인 평가는 사라지고, 대신에 동적이고 표현적인 예술양식으로 인식되었다. 즉, 바로크는 르네상스 고전주의의 퇴폐현상이 아니라 별개의 양식으로서 근대 미학의 두 정점을 형성한다고 보게 된 것이다.

르네상스가 인간과 자연을 재발견한다는 희망찬 이념 아래 조화와 균형에서 최고의 아름다움을 찾았다면, 이제 바로크는 탐닉과 환멸이라는 모순된 정신으로 경탄과 현혹을 추구한다. 이 두 사조의 차이는 미술, 건축, 문학, 음악 등 다방면에 걸쳐 나타나는데, 둘 사이의 기본적인 차이를 흔히, <선적 – 회화적, 평면성 – 심오성, 폐쇄된 형식 – 개방적 형식, 통일성 – 다양성, 명료성 – 불명료>라는 5가지 대립쌍으로 나타내곤 한다.

이러한 차이는 거시적인 관점에서 보자면 전 문예사조를 관통하는 것으로서, 18세기의 신고전주의와 19세기의 낭만주의의 대립, 20세기 전반기의 모더니즘과 후반기의 포스트모더니즘 등에서도 거듭하여 나타나고 있음을 알 수 있다. 스페인 내에서도 물론 이러한 두 축이 교차해서 나타나는 것이 사실이지만, 문학상의 바로크는 다른 어떤 나라에서보다도 스페인에서 최고도로 발휘되는 특징을 지닌다. 스페인 문학의 황금세기로 16~17세기를 치긴 하지만, 가르실라소 델라 베가 · 산 후안 델라 끄루스가 활약한 16세기 르네상스 시대보다는, 17세기 바로크 시대야말로 물고기가 물을 만난 듯 기라성 같은 스페인 문인들이 세계문학에서 마음껏 활개를 친 때인 것이다. 그들이 누구인가. 우리는 주저하지 않고, 시에서는 **공고라**와 **께베도**, 연극에서는 **로뻬 데 베가** · **띠르소 데 몰리나** · **깔데론 델라 바르까**, 소설과 산문에서는 **세르반테스**와 **그라시안** 등을 꼽을 수 있다. 그리고 스페인의 르네상스가 수입품의 틀을 벗어나지 못한 반면에 바로크는 좀 더 자생적인 성격을 지닌다. 그래서, 그후 세계문학상에 수많은 사조의 변천이 일어났지만, 오늘날까지도 스페인 문학의 바로크 정신은 소멸되거나 희미해진 것이 아니며, 오히려 중남미라는 토양에 이식되어 네오 바로크(Neobarroco)라는 새로운 꽃을 활짝 피우고 있는 것이다.

바로크 문학의 일반적 특징

다음의 몇 가지 특징은 17세기 모든 작가에게서 나타나는 것은 아니지만 바로크 문학의 공통분모와 같은 것이므로 알아두면 유용할 것이다.

1. 대상 : 낡은 것이 아닌 새롭고 독특한 것으로서, 감성과 지성을 자극하여 감탄을 불러일으킬 수 있는 것을 찾았다.
2. 개인적인 가치 판단의 중시 : 고전적인 규범에서 벗어나 개인적인 판단과 취향이 큰 비중을 차지하게 되었다.
3. 역동주의(dinamismo) : 적극적이고 활동적인 시각으로 인생과 예술을 바라보았다. 그 결과 표현의 영역이 넓어지고, 경쾌하면서 비꼬는 문체가 발달하였다.
4. 과장 : 터무니없고 과장된 것을 즐겼다. 모든 한계를 부수려는 노력이기도 하였다.

5. 대조법 : 서로 상극인 요소를 과감하게 대치시켜 주제를 표현하고 미적인 효과를 노렸다.
6. 인위성 : 지나치게 장식이 많은데다가 복잡하게 얽히게 씀으로써 예술을 이해하기 힘들게 만들었다.
7. 현실의 희화(戱畵)적 변형 : 현실을 바라보는 시각이 한편으로 치우쳐 있어, 현실을 희화적으로 변형하거나 궤도에서 벗어난 이상주의 경향을 보인다.

스페인에서 나타난 두 가지 독특한 형태

바로크 시대 스페인 문학을 더욱 특징적으로 드러내는 두 말이 있다. 그것은 <**과식주의**>(Culteranismo)와 <**기지주의**>(Conceptismo)이다. 전자, 즉 과식주의는 절대적인 미의 세계를 창조하는 것을 목표로 감각적인 가치를 중시한다. 이를 위해 대담한 은유와 세련된 시어를 사용한다. 16세기의 시에서도 은유 · 신조어 · 도치법의 사용, 그리고 신화의 인용이 빈번하지만, 과식주의 시에서는 그 도가 훨씬 지나치다. 공고라(Luis de Góngora y Argote, 1561~1627)의 «뽈리페모»(Fábula de Polifemo y Galatea)를 잠시 보자.

Un monte era de miembros eminente
este que – de Neptuno hijo fiero –,

de un ojo ilustra el orbe de su frente,
émulo casi de el mayor lucero;
cíclope a quien el pino más valiente,
bastón, le obedecía tan ligero,
y al grave peso junco tan delgado,
que un día era bastón y otro cayado.

그리스 신화에 나오는 외눈박이 거인 뽈리페모를 묘사한 부분인데, 여기서는 은유 · 도치 · 생략 · 과장 · 의인법 등이 많이 쓰여 난해하게 되었다. 도치된 문장만을 바로 잡는다면 다음과 같이 될 것이다.

Este que –hijo fiero de Neptuno–
era un eminente monte de miembros,
ilustra el orbe de su frente de un ojo,
casi émulo del mayor lucero;
cíclope a quien el pino más valiente,
le obedecía tan ligero bastón,
y al grave peso tan delgado junco,
que un día era bastón y otro cayado.

이렇게 어순을 바로잡아놓고 대강 뜻이 통하게 옮긴다면 이렇게 될 것이다: "포세이돈의 사나운 아들인 이 자는 / 사지 달린 거대한 산이었네 / 천구와 같은 이마가 외눈으로 빛나고, 그 눈은 가장 큰 항성

(곧, 태양)과 거의 맞먹는다. / 가장 우람한 소나무도 외눈박이에게는 / 아주 가벼운 지팡이처럼 복종하였고 / 육중한 몸을 기대면 가냘픈 갈대에 지나지 않으니 / 어떤 날은 곧은 지팡이, 다른 날은 구불구불한 지팡이였네."

과식주의가 일상 속의 범속한 현실을 고상하게 만들기 위해 은유에 큰 가치를 부여한다면, 기지주의는 어떤 생각이나 단어들의 기발한 결합 관계에 기초한다. 그래서 전자가 이미지의 아름다움과 세련된 표현에 주력할 때에, 후자는 사유의 섬세함과 언어의 예리함(agudeza)을 추구하는 특징이 있다. 그러나 과식주의도 섬세한 사유와 예리한 언어감각이 없다면 성립될 수가 없는 것이기에, 과식주의는 기지주의에 상당 부분 기대어 있다고 봐야 한다. 어쨌건, 과식주의는 시에서 주로 나타나고, 후자는 산문에서 보다 많이 나타난다. 기지주의의 대가로 께베도(Francisco de Quevedo y Villegas, 1580~1645)를 꼽고, 또 그의 악자소설『사기꾼』(El Buscón)이 유명하지만, 여기서는 기지주의 이론가인 그라시안(Baltasar Gracián, 1601~58)의 몇몇 '기지가 넘치는 개념'들을 원문으로 보자.

Mira lejos de aquí la *fama* y muy cerca la *fame*.(*명성 / 굶주림*)

No hallarás un sí sin *no* ni cosa sin un *sino*.(*긍정과 부정의 양면성*)

Nunca se *acaban* las guerras, porque siempre hay *cabos*.

(끝나다 / 대장 · 걸려 있는 문제들)

짐작하겠지만 동음이의어를 통해 개념을 대단히 날카롭게 대립시키고 이중적인 의미를 효과적으로 살리고 있다. 물론 이것들을 다른 언어로 옮기면 기지주의라 이름 붙일 수 있는 예리함은 사라져 버린다. 가령, 첫 문장의 원문에서는 'fama'와 'fame'란 두 단어의 대비를 통해 형태는 유사하지만 뜻은 양극과 음극의 차이가 선명하게 나타나는데 반해, 번역문에서는 '명예'와 '굶주림'으로 옮기어져 다소 느슨한 대비가 이루어지는 것이다("여기 얼마나 명예는 멀고 굶주림은 가까운지 보라"). 많은 경우 이런 차이가 비범과 평범을 갈라놓는다.

그렇다할지라도 그라시안의 섬세한 사유는 음미할 만한 가치가 충분하다. 철학자 쇼펜하우어는 그라시안의 『세상을 보는 지혜』[47]를 직접 독일어로 옮기는 수고를 마다하지 않았다. 원문에서 몇 구절을 옮겨 본다.

119

미움을 사지 말라. 미움은 부르지 않아도 오는데 공연히 싫어하게 만들 필요가 없다. 많은 사람은 이유 없이 괜히 미워한다. 악의가 감사

47) 원제 : Oráculo manual y arte de prudencia.

보다 앞선다. 성마른 사람은 물욕이 강한 사람보다 더 빠르고 확실하게 자신을 해친다. 어떤 사람들은 남을 화나게 하려고, 혹은 자기 성질을 못 이겨, 스스로 만인의 증오 대상이 된다. 일단 증오에 사로잡히면, 잘못된 생각만큼이나 떼어내기가 어렵다. 사람들은 분별력 있는 사람을 두려워하고, 고약한 혀를 가진 사람을 혐오하며, 시건방진 사람을 아니꼽게 생각하고, 참견꾼을 경멸하지만, 정말 뛰어난 사람은 내버려둔다. 그러니 당신이 존중 받고 싶으면 남을 존중하라. 성공하고 싶거든, 남들에게 관심을 기울이라.

120

실용적으로 살라. 지식조차도 유행에 따라야 한다. 알려진 것이 아니라면 차라리 모르는 척하라. 사고방식은 변하고, 취향도 변한다. 옛날 사람처럼 생각하지 말라. 현대식 취향을 가지라. 모든 분야에서 대다수의 취향이 발언권이 세다. 그러므로 대세를 따르되, 더 뛰어나도록 하라. 현명한 자는 마음과 몸을 치장함에 있어서 과거의 것이 더 좋아보일지라도 현재에 순응한다. 미덕은 언제나 실천해야 하는 만큼, 선량함에 대해서는 이 규칙을 따를 필요가 없다. 그러나 이것을 신경쓰지 않는 시대이다. 요즘에 누가 진실을 말하고, 약속을 지키는가. 착한 사람들도 옛날 좋은 시절에나 있었던 것으로 보이지만, 그래도 그들은 오늘날도 사랑을 받는다. 아직도 좋은 사람이 있다면, 그들은 유행을 타는 것이 아니며 모방할 수 있는 대상이 아니다. 미덕을 이상한 것으로 여기고 악의를 보편적인 것으로 여기는 우리 시대는 얼마나 불행한가! 현명한 자라면 원하는 대로는 아니라도 할 수 있는 대로 살

라. 그리고 운명이 그에게 부여한 것을 거부한 것보다 더 소중히 여겨라.

299

배고픔을 다 채우지 말라. 감로주의 술잔일지라도 입술에서 떼어야 한다. 욕구야 말로 소중한 가치의 척도이기 때문이다. 갈증이 나더라도 이를 가라앉히되 완전히 풀어서는 안 된다. 좋은 것은 양이 적을수록 그 값어치는 배가 된다. 익숙해지면 가치가 급락하니, 누구의 마음에 너무 들어버리는 것은 위험하다. 훌륭한 것도 싸구려가 된다. 마음에 들기 위한 단 하나의 규칙은 이것이다: 구미에 갈증을 돋우어라. 감질나게 하여 안달이 나게 하는 것이 포만감에 싫증나게 하는 것보다 낫다. 그러면 공들인 보람을 두 배로 즐길 수 있을 것이다.

2. 로뻬 데 베가

세르반테스가 소설로 황금세기를 대표한다면, 연극에서는 로뻬 데 베가(Lope Félix de Vega Carpio)라는 천재가 있다. 1562년 마드리드에서 태어났고, 아버지가 자수를 놓는 일을 하여서 수공예업자와 상인들이 많이 사는 마요르 가(街)에서 살았다. 그는 어려서부터 뛰어난 문재(文才)를 보여주었다. 보통 아이들은 국어도 더듬거릴 나이인 5살에

라틴어를 읽었고, 나이 많은 친구들에게 먹을 걸 주고 대신에 그의 시를 받아 적게 하였다. 10살에는 끌라우디아노의 라틴어 시를 스페인어로 번역하였으며, 13세 때는 3막으로 된 연극을 써서 무대에 올렸다. 23세에는 이미 시인으로서 명성을 떨치고 있어서, 그보다 15살 연상의 세르반테스도 그의 첫 작품『라 갈라떼아』에서 로뻬를 높이 평가하였다. 26세 때는 스페인에서 가장 인기 있는 극작가가 되었고, 이후 지칠 줄 모르는 창의력으로 쉴 새 없이 작품을 써대, 세계문학사상 다작(多作)으로 그에 미칠 작가가 없고 웬만한 나라 전체의 작품량을 능가할 정도에 이르렀다. 산문이 아니라 운문으로 쓴 그의 희곡이 무려 1800편이며, 종교극이 400여 편, 5편의 장편 서사시, 2권의 소설, 그리고 수없이 많은 서정시를 지었던 것이다. 그리하여 <스페인 재사(才士) 중의 불사조>니, <자연이 낳은 귀재> 등의 별명이 붙었다.

이러한 작품량은 일생을 문학에만 매진하여도 도달하기 힘든 것이지만, 로뻬는 문명(文名)만큼이나 여성 편력으로도 유명하였다. 1583년 스무 한 살에 그는 극장집 딸 엘레나 오소리오를 사랑하였다. 그녀는 기혼녀였지만 여러 남자들과 교제를 하고 있었다. 로뻬는 자신이 쓴 희곡을 건네주며 사랑을 독차지하려 하였다. 시를 통해 연적(戀敵)들을 조롱하곤 하였는데, 나중에 엘레나와 그녀의 집에서 배척을 받게 되자 로뻬는 도가 지나친 풍자시를 써서 고소를 당한다. 그리하여 마드리드에서 8년, 까스띠야에서 2년간 쫓겨나는 추방령을 받게 된다. 하지만 로뻬는 이 무렵(1588년), 마드리드의 시의원이며 왕의 칙사였던 고관의 딸 이사벨 데 우르비나를 강제로 소유하였다. 그녀의 집에서는 추문을 막고자 할 수 없이 성대한 결혼식을 치러 주었지만 마드리드에서 추방당해야 하는 신세에는 변함이 없었다. 이 당시 로뻬의 심경이 편치 않았던지 신혼 이 주일 만에 무적함대에 자원입대하여 원정을 나간다. 그 원정은 곧 참담한 패배로 끝났고, 로뻬는 돌아와 연극 활동이 왕성하던 발렌시아에 아내와 함께 정착한다.

1590년 까스띠야로부터의 추방기간이 끝나자 알바 공작의 비서가 되어 똘레도와 살라망까에서 지냈다. 1594년 아내가 출산 중에 죽고 딸도 몇 달 후에 죽어버리자 그의 생활은 다시 불안정해진다. 그러나 시인이자 극작가로서의 뛰어난 명성과 그의 작품을 상연하고 싶어 하는 고소자(엘레나 오소리오의 아버지)의 사면 요청으로 1595년에 그는 마드리드로 돌아올 수 있게 되었다. 곧 그는 아름다운 미망인 안또니아 뜨리요와 정염을 불태우고, 이어 미모의 희극배우 미까엘라 데 루한과 사랑에 빠진다. 그녀는 기혼녀였지만 남편이 신대륙에서 연극 감독을 하고 있는 사이에 로뻬에게 자식을 다섯이나 낳아주었다. 미까엘라와의 관계는 1608년까지 이어지지만, 1598년에 로뻬는 부유한 정육점 주인의 딸 후아나 데 구아르도와 결혼을 하여 처가 덕을 보려 하였다. 그러나 장인이 인색하여 기대했던 거액의 지참금은 만져보지 못한 채, 공고라를 비롯한 많은 문인들로부터 조롱과 비판의 대상이 되었을 뿐이다. 후아나는 똘레도에 떨어져 살면서 인내하는 가운데 세 자녀를 낳고, 로뻬는 1605년부터 경박한 세사 공작의 비서가 되어 그의 청춘사업을 돕곤 하였지만, 다른 한편 창작에도 열심을 내어 그의 명성은 스페인 전역과 유럽에 울려 퍼졌다. 수많은 사람이 단지 그를 한 번 보려고 각지에서 상경하고, 그가 지나가면 왕이 행차를 멈추고 구경을 하였다. 최고 인기를 누리는 다작의 극작가로서 돈도 많이 벌게 되었다.

그러다 1612～13년 사이에 후아나와 그녀에게서 낳은 7살 난 아들 까를로스 펠릭스가 죽자 그는 심한 정신적 갈등에 빠진 나머지 52세의 나이로 사제직에 투신한다. 1614년 사제 서품을 받고 미사를 집전하고, 종교재판의 사무관으로도 임명이 되었다. 그의 재주를 높이 산 교황 우르반 7세는 그에게 '말타의 기사' 작위와 신학박사 학위를 내려 주었다. 그러나 세사 공작의 집요한 회유에 그의 마음은 흔들렸고, 26세의 기혼 미녀 마르따 데 네바레스가 그의 앞에 나타나자 다시 한 번 정염의 노예가 되고 말았다. 그녀의 남편이 마드리드에 파다하게 퍼진 소문 때문에 이혼소송을 벌이다가 예기치 않은 죽음을 맞이하고(1618), 그녀는 로뻬의 딸 안또니아 끌라라를 데리고 로뻬의 집으로 들어온다. 그는 자신의 스캔들에 대해 이러쿵저러쿵하는 비난에 아랑곳하지 않고 그녀를 항상 곁에 두고 창작에 몰두하곤 하였다.

그녀와의 사이에도 자식을 여럿 두고 행복을 구가하는가 싶은 때에 마르따가 눈병을 앓더니 이내 실명을 하고 급기야는 정신이상까지 되었다(1623). 로뻬는 속죄하는 자세로 그녀를 간호하지만 그녀는 1632년에 숨을 거둔다. 생활이 곤궁해진 가운데 그로부터 2년 후에는 미까엘라에게서 얻은 아들 로뻬 펠릭스가 베네수엘라 해안에서 진주를 찾다가 익사하고, 글재주가 있어 로뻬의 귀여움을 받으며 비서역할을 해주던 딸 안또니아 끌라라는 건달과 눈이 맞아 집안의 돈과 보석을 모두 갖고 달아난다. 이렇게 불운이 겹치는 가운데 로뻬는 자책속에서 몸부림을 치다가 1635년 파란만장한 생애를 마친다. 개인적으로는 방종의 대가를 혹독하게 치르며 괴로워했지만, 그의 대중적인 인기는 얼마나 높았던지 그의 초상화를 걸어놓지 않은 집이 드물었고, '나는 하늘과 땅의 시인인 로뻬 데 베가를 믿으며. . .'로 시작하는 불경스런 기도문이 구전될 정도인 이 대작가의 장례는 수많은 인파가 몰려드는 가운데 9일 동안이나 계속되었고, 마드리드의 상점들은 그 기간만큼 철시를 하였다.

로뻬가 대중적인 인기를 누리게 된 것은 무엇보다 그가 관객이 무엇을 원하는 가를 잘 파악하고 그에 맞추었기 때문이었다. 당시 스페인 관객은 '사랑'과 '명예'란 주제가 다루어지는 것을 선호하였고, 장면의 빠른 전환을 좋아하였다. 로뻬는 과감히 아리스토텔레스의 고전적 규칙을 깼다. 시간 · 장소 · 행위의 <3 단일성>을 무시하였고, 5막을 3막으로 줄이고, 비극에 희극적 요소를 섞었다. 귀족뿐만 아니라 평민들도 빈번히 주요 등장인물들이 되고, 결투와 살해 등 온갖 과격한 장면을 거리낌 없이 보여주었으며, 화자의 기분 상태에 따라 다양한 시 형식을 동원하였다. 그가 주창한 새로운 연극은 확고하게 스페인 국민연극으로 자리 잡게 되었고, 동시대와 그 후의 극작가들은 로뻬의 극을 본으로 삼았다.

그렇지만 아쉽게도 로뻬의 그 많은 작품들 중에서 불후의 명작을 찾을 수는 없다. 놀라운 창의력과 시적 영감, 재치로 풍부한 소재를 다루었지만 지나치게 대중의 기호에 맞추려 하고, 귀족의 비위를 거스르지 않으려 하다 보니, 다양한 해석이 가능한 심오한 상황 설정이나 철학적 깊이가 빠져있었던 것이었다. 대신에 그는 비관적인 환멸의 시대인 17세기 스페인에서 젊고 싱싱한 낙관주의로 밝고 즐거운 분위기를 연출한 공로는 있다. 또, 그는 단 하루 만에도 3막 짜리 작품을 완성하는 집중력과 재주가 있어 100편 이상의 작품이 그렇게 탄생하였지만 그러한 즉흥성은 걸작이 갖추어야할 사상과 미(美)를 빠트릴 수밖에 없었다. 그리고 그의 영감의 원천이 스페인적인 것 – 이를테면, 역사와 전설, 명예심과 종교심에 호소하기 – 에 머물러 있었기 때문에 위대한 문학이 갖추어야 할 보편성이 부족한 편이다. 이래서 세상은 공평하다고 하는 것일까? 재주 없는 글쟁이로 쓸쓸하게 산 세르반테스는 세계문학사에서 찬연히 빛나는 별이 되고, 천재성을 뽐내며 화려하게 산 로뻬는 당대로 그 문학적 생명도 다한 것이다.

오늘날까지 전해지는 로뻬의 극작품은 350여 편이며, 그 중에 『세비야의 별』, 『뻬리바녜스와 오까냐의 기사단장』, 『푸엔떼 오베후나』, 『복수 없는 벌』 등이 대표적인 작품들이다. 오히려 그의 서정시들은 심오한 실존적 정서와 전통시의 가락이 어우러져 오늘날에도 그 가치를 충분히 인정받고 있다. 여기 두 편의 시를 옮겨보는데, 하나는 재기가 넘치는 것이고, 다른 하나는 진지하고 경건한 것이다.

〈사랑에 빠진 자의 모순〉

쩔쩔매다가, 호기부리고, 불같이 화내기,
사납다, 온순해지고, 너그럽다, 삐치기,
당당하다가, 사색이 되고, 숨넘어갔다가, 살아나고,
일편단심이다가, 배신하고, 소심하다가, 흥이 나고,

중심도 없고, 안식도 없이 행복만을 바라며,
기뻤다, 슬펐다, 풀이 죽었다가, 으스대고,
성냈다, 용감해졌다, 꽁무니 빼며,
즐거워하다가, 상처를 받고, 의심하도다.

정나미 떨어질 일도 못 본체하고,

독을 달콤한 술처럼 마시며,
이익을 잊고 손해를 감수한다.

지옥 속에 천국이 있다 믿고,
실망할 일에 목숨과 영혼을 거나니,
이것이 사랑이라. 맛본 사람은 안다.[48)]

〈예수님의 사랑의 기다림〉

내가 무엇 있다고 나와 벗하려 하시나이까?
무슨 유익이 있다고, 나의 예수님,
어두운 겨울 밤 내내 찬이슬을 뒤집어쓰고
내 집 문간에 와서 보내시나요?

---

48) <Contrarios en el amante>
Desmayarse, atreverse, estar furioso,
áspero, tierno, liberal, esquivo,
alentado, mortal, difunto, vivo,
leal, traidor, cobarde, animoso,
no hallar, fuera del bien, centro y reposo,
mostrarse alegre, triste, humilde, altivo,
enojado, valiente, fugitivo,
satisfecho, ofendido, receloso.
Huir el rostro al claro desengaño,
beber veneno por licor suave,
olvidar el provecho, amar el daño ;
creer que un cielo en un infierno cabe,
dar la vida y el alma a un desengaño ;
esto es amor. Quien lo probó, lo sabe.

오, 난 얼마나 속이 모질기에
당신에게 문을 안 열었을까요! 얼음처럼 차가운
나의 배은망덕이 고귀한 당신의 발바닥 상처를
아물게 했다니 얼마나 큰 망발입니까!

얼마나 많이 천사가 말했던가요!
"영혼아, 지금 창문으로 내다보아라,
얼마나 큰사랑으로 널 부르고 계신지 보아라!"

비할 데 없이 아름다우신 분이여, 그런데도
대답은 항상 "내일 열게요"였고
내일도 똑같은 답을 되풀이할 뿐이었지요![49]

---

49) <De la divina espera amorosa>
¿Qué tengo yo, que mi amistad procuras?
¿Qué interés se te sigue, Jesús mío,
que a mi puerta, cubierto de rocío
pasas las noches del invierno oscuras?
Oh, cuanto fueron mis entrañas duras,
pues no te abrí ! Qué extraño desvarío
si de mi ingratitud el hielo frío
secó las llagas de tus plantas puras!
Cuántas veces el ángel me decía:
"Alma, asómate agora a la ventana,
verás con cuánto amor llamar porfía!"
Y cuántas, hermosura soberana:
"Mañana le abriremos " – respondía,
para lo mismo responder mañana!

3. 돈 후안의 탄생

『세비야의 농락자..』

돈 후안 떼노리오와 이사벨라 공작 아씨가 나온다.

이사벨라 : 옥따비오 공작님, 이쪽으로 나가시면
　　더 안전하게 나가실 수 있겠어요.
돈 후안 : 공작 아씨, 내가 다시 맹세하건대
　　약속한 걸 그대로 지키리다.
이사벨라 : 제가 받을 영광이 사실이겠지요?
　　약속과 헌신이며,
　　은총과 수행이며,
　　호의와 우정이겠지요?
돈 후안 : 그럼요, 내 사랑.
이사벨라 : 불을 켜서 보고 싶어요.
돈 후안 : 음? 뭐 하게?
이사벨라 : 이제 제가 누리게 된 행복을
　　확실히 보려고요.
돈 후안 : 불을 켜면 내가 끌 거요.
이사벨라 : 에그머니! 이 사내가 누구야?
돈 후안 : 누구냐고? 이름 없는 한 사내지.

이사벨라 : 당신이 옥따비오 공작이 아니란 말에요?

돈 후안 : 그렇소.

이사벨라 : 아이, 보초!

돈 후안 : 진정해요.

공작 아씨, 손을 이리 주구려.

이사벨라 : 붙잡지 마라, 천한 것.

아이, 근위병, 보초! 누구 없느냐!

나폴리 왕이 촛대에 초를 밝혀 들고 나온다.

왕 : 무슨 일인고?

이사벨라 :(혼자말로) 임금님이야! 아이고, 큰 일 났네!

왕 : 이게 누구냐?

돈 후안 : 누구긴 누구겠습니까?

한 남자와 한 여자지요.

왕 : (혼자말로) 이 일은 신중을 기해야 할 일이로고. –

여봐라, 보초 있느냐! 이 자를 잡아라.

이렇게 색마의 대명사인 '돈 후안'(Don Juan)은 최초로 세계문학사에 등장한다. 스페인의 **띠르소 데 몰리나**(Tirso de Molina)[50)]가 1630

50) 본명은 가브리엘 떼예스(Gabriel Téllez)이고 1584년경에 태어나 1648년에 죽었다. 400편에 이르는 희곡을 써서 로뻬 데 베가 다음으로 많은 작품을 창작하였다. 신부로서 여러 직책을 맡았고, 작품이 불경하다는 이유로 10년간 집필이 금지되었다는

년에 발표한 희곡『**세비야의 농락자 석상에 초대받다**』(El Burlador de Sevilla y Convidado de Piedra)를 통해서였다. 그가 벌이는 엽색행각을 좇아가 보자.

야음을 타 약혼자 옥따비오 공작 행세를 하고 나폴리 왕궁의 공작 아씨를 범한 돈 후안은 왕의 고함 소리에 뛰어 나온 스페인 대사에게 넘겨진다. 공교롭게도 대사는 돈 후안의 삼촌이었다. 스페인에서 귀족의 규수를 농락하고 나폴리로 귀양살이 온 조카가 또 말썽을 일으켰지만 어쩌겠는가. 농락자는 발코니에서 뛰어내려 도망치고, 대사는 그 놈이 옥따비오 공작 같았다고 둘러댄다. 이사벨라는 이상하게 입을 다문다. 그리하여 옥따비오만 억울하게 유배를 당하고, 돈 후안은 시종과 함께 배를 타고 스페인으로 돌아오다가 풍랑을 만나 기절한 채로 스페인 남쪽 해안에서 어부 처녀 띠스베아에게 구조된다. 돈 후안은 눈을 뜨자마자 그녀의 팔에 안긴 채로 그녀를 유혹한다 :

> 바다에서 죽는가 했더니,
> 아가씨 덕분에 살았군요.
> 지옥 같은 바다에서
> 그대의 맑은 하늘로 나오니
> 내 모든 근심이 사라집니다.

것을 감안하면 대단한 작품량이라고 할 수 있다.

무서운 폭풍우가
내 배를 결딴내더니
그대의 발치에 나를 던져놓았고,
그대는 구원의 항구가 되어주는구려.

이제 그대 에덴의 동산에서
다시 태어나니, 무엇이 두렵겠소,
그런즉, 사랑(amar)과 바다(mar)는
글자 한 자 차이뿐이구려.

이처럼 기막히게 엮어대는 돈 후안의 화술에 홀려 띠스베아가 화답을 한다:

호흡이 멎어 오시는가 했더니
오히려 호기가 넘쳐나시는군요.
[. . .] 바닷물을 마신 게 아니라
틀림없이 말씀을 마신 모양이에요.
바닷물이 짠 것처럼
말씀도 무척 간간하니까요.[51)]
[. . .] 내 발치에서 물이 빠지니

51) 여기서 '말씀이 간간하다'는 것은 재치가 많다는 뜻이다. '소금'을 가리키는 스페인어 'sal'은 '재치'라는 뜻으로도 쓰인다.

나리는 트로이의 목마[52] 같아요,
물의 모양으로 오시더니
어느새 불이 나셨군요.

젖었어도 타오르니
말랐으면 어떠실까요?
활활 타는 불을 약속하시니,
제발 거짓말이 아니길 바란답니다.

띠스베아는 돈 후안의 사랑에 녹아버리지만, 그는 배신하고 세비야로 달아난다. 그녀는 트로이처럼 절망의 불길에 휩싸여 울부짖는다. 바람둥이는 세비야에서 새로운 먹잇감을 찾아놓고 회심의 미소를 짓는다:

세비야는 나를 농락자라고 부른다.
이 세상에 가장 큰 즐거움은
여자를 농락하고
정조를 뺏은 후 차버리는 것이지.

그는 바람둥이 친구 모따 후작이 자신의 애인 아나를 자랑하자 그

52) 옛날, 그리스가 트로이를 함락하기 위하여 고안해낸 계교로서, 거대한 목마를 버리고 그리스군이 멀리 바다로 사라져가자 트로이군은 그 목마를 성안으로 끌어들인다. 그 뱃속에는 오딧세이를 비롯한 그리스의 정예용사가 숨어 있었다. 그날 밤, 그리스 군은 내외가 호응하여 견고하게 닫혔던 성문을 활짝 열고 온 시가지에 불을 지르며 살육과 약탈로 트로이를 함락시킨다.

녀를 유혹하고픈 충동을 느낀다. 기회를 잡으려고 밀회를 하러 가는 후작에게 따라붙으니, 마침 후작이 돈 후안에게 그 집에 먼저 들어가 무서운 개를 따돌려 달라는 부탁을 한다. 기회를 놓칠 리 없는 그가 아나에게 접근하지만 정체가 탄로 난다. 그녀의 고함소리에 기사단장인 아버지가 달려 나오고 칼싸움이 벌어진다. 돈 후안은 그를 죽이고 달아나고, 모따 후작은 살인혐의를 뒤집어쓴다.

이번에는 시골 마을을 지나다가 우연히 결혼식을 목도하고 신랑 · 신부 사이에 끼어든다. 그는 신랑에게 신부 아민따가 원래 자기와 연인 사이였는데 이제라도 그녀와 결혼하겠다고 덤빈다. 귀족의 위세로 신랑을 제압하고 그는 신방에 들어가 신부를 유혹한다. 자신의 아버지가 국왕의 총애를 받는 고관임을 과시하여 호감을 산 뒤에, 하나님께 맹세코 아민따와 결혼할 것이라고 속여 그녀를 농락하고 만다.

돈 후안에게 당한 이사벨라, 어부 처녀 띠스베아 등 모든 여인들이 결혼 약속을 강제하기 위해 왕에게 탄원하러 궁중으로 몰려든다. 왕은 이사벨라와의 결혼을 명한다. 이제 내일이면 결혼식을 올려야 하는 때에 돈 후안은 성당 앞을 지나다가 아나 아버지의 석상이 세워진 무덤을 발견한다. 묘비명에는, "여기 하나님의 가장 충실한 기사가 한 농락자의 복수를 기다리며 누워 있노라" 라고 쓰여 있다. 돈 후안은 비웃으며 석상을 만찬에 초대한다. 그런데 저녁 식사를 하려는데 정말 석상이 나타나는 것이 아닌가. 하인들은 겁에 질리지만 돈 후안은 침착하다. 이번엔 석상이 다음 날 저녁 식사 초대를 하고, 그는 결혼식을 올리러 가기 전에 먼저 용감하게 교회당으로 향한다. 전갈과 독사 요리에 쓸개주가 나오는 괴이한 만찬이 끝나자 석상은 돈 후안의 손을 잡고 불길을 내어 그를 태운다. 바람둥이는 죽어가며, 고해성사를 하고 사면을 받게 해달라고 부탁하지만, 석상은 이미 늦었다고 하며 하늘의 심판을 가차 없이 집행한다. 자기가 한 대로 갚고, 심은 대로 거두는 법이다.

돈 후안의 복제품들

바람둥이들은 어느 시대, 어느 사회에나 있기 마련이다. 그 중에는 거의 전설적인 수준에 이른 색정광들도 드물지 않다. 이들의 엽색행각은 예나 지금이나 훌륭한 가십거리이다. 그러나 그것을 글로 만든 최초의 작가는 앞서 말한 대로 띠르소 데 몰리나이다. 그리하여 돈 후안은 비로소 문학상의 인물이 되었다. 왜 이 인물은 죽어라고 여자들을 농락하는 걸까? 그는 어떤 종류의 편집증 혹은 강박관념에 사로잡혀 있는 것일까? 띠르소의 작품에서 현대적인 의미의 정신분석을 보게 되는 것은 아니지만, 하나의 정신이상자를 집요하게 물고 늘어진 『세비야의 농락자..』는 서양 문학에서 돈 후안에 대한 엄청난 관심을 끌어내는 기폭제가 되었다.

1665년에 산문 희극 『동 쥐앙』을 발표한 프랑스의 몰리에르를 시작으로, 모차르트는 오페라 『돈 죠바니』, 바이런은 장편 서사시 『돈 주앙』으로 이 인물을 더욱 유명하게 하였다. 러시아에서도 비상한 관심을 불러일으켜, 푸시킨은 희곡 『석상의 손님』, 톨스토이는 시극 『돈 주앙』을 발표하였고, 다시 스페인으로 돌아와, 호세 소리야는 『돈 후안 떼노리오』, 에스쁘론세다는 『살라망까의 학생』으로 부활시켰다. 그 외에도 많은 문학인과 음악가, 화가들이 이 인물을 묘사하여 왔고, 현대에 들어와서도 까뮈와 크리스테바가 돈 후안에 대한 철학적 단편들을 씀으로서 관심의 불이 꺼지지 않고 있음을 보여준다. 그 결과, 돈 후안은 돈키호테, 햄릿, 파우스트와 더불어 인간의 한 전형을 나타내되, 다른 인물들에는 없는 특이점을 지닌다. 돈키호테나 햄릿이란 이름은 단 하나의 문학작품을 통해 존재하는데 반해, 돈 후안은 무수한 작품에서 차용되면서 유사하나 같지 않은 복제품을 만들어 왔다는 것이다.

이러한 것은 무엇을 의미하는가? 돈 후안이 특정작가의 작품으로 태어나기는 했어도 어느새 창조자의 텍스트에서 떨어져 나와 문학사에서 독립적으로 문화적 투사(投射)를 해왔다는 것이다. 그리하여, 천벌을 받을 수밖에 없는 오만불손한 호색한이라는 한 마디로 족한 인물이 아니라, 다양하게 해석되고 재창조될 만한 가치가 있는 인물형이라는 것이다. 띠르소 데 몰리나의 돈 후안은 회개의 기회가 주어지지 않은 채 영원한 지옥 불에 떨어지지만, 호세 소리야의 낭만적 주인공은 여인의 지극한 사랑에 의해 구원을 받는다. 띠르소 데 몰리나의 돈 후안은 가공할 정복자, 사냥꾼이지만, 바이런의 주인공은 이상적 여인상을 찾아 헤매다가 여인들에게 사냥감이 될 뿐이다. 그는 격정적이고 매혹적인 연인으로, 영광의 권좌에 앉은 반항아로 해석되기도 하고, 실존의 무의미를 극복하는 행동주의의 표상이 되기도 하며, 그 속에서 우리 모두가 마음속에 은밀히 갖고 있는 욕망 – 예컨대, 정복과 쾌락, 그리고 결혼을 통한 신분상승의 기대 등등 – 이 나타나기도 하고, 도덕심이 결여된 제국주의의 모습이 발견되기도 한다. 그래서, 『세비야의 농락자..』는 잊혀져도, 돈 후안은 무수한 작가와 작품 속에서 차용되고 변형됨으로써 어느 누구에게도 속하지 않으면서 또한 모든 이에게 속한 열려진 이야기인 것이다.

4. 인생은 일장춘몽

띠르소 데 몰리나가 돈 후안이라는 인물을 세계문학에 남겼다고 한다면, 황금세기의 마지막 거장 **깔데론(Calderón de la Barca, 1600–1681)**은 세히스문도라는 인물을 추가한다. 그러나 엄격하게 말하자면, 인물 자체보다도 인물이 처한 상황을 통해 나타내려한 깔데론의 심오한 관념이 세계 연극사에서 더욱 높게 평가를 받는다고 할 수 있는데, 그 중에 가장 잘 알려진 것이 '인생은 신의 섭리에 의해 이루어진 일장춘몽'이라는 사상이다.

『**인생은 꿈이어라**』(**La vida es sueño**, 1635)의 주인공 세히스문도는 옛 폴란드 왕국에 태어난 불행한 왕자였다. 그가 태어나자 점성가는, 이 아이가 자라 장차 아버지를 살해하고 백성을 괴롭힐 것이라는 예언을 한다. 왕 바실리오는 자신의 유일한 계승자를 충복 끌로딸도에게 맡겨 외딴 성곽에 가두어 키우도록 한다. 세월은 흘러 왕은 늙어가고 세히스문도는 어른이 되었다. 그는 쇠사슬을 두르고 어두운 첨탑 속에 갇혀 울부짖는다:

> 아, 가련한 내 신세! 불행하기 그지없구나!
> 하늘이여, 이토록 가혹하게 나를 대하시니
> 한 번 알아나 봅시다.
> 내가 세상에 태어나면서
> 무슨 죄를 지었더란 말입니까.
> 난 태어난 것뿐이니
> 무슨 죄를 지었는지 알 듯 하외다:
> 이토록 혹독하게 벌하심은
> 이유가 충분하다고요,
> 인간의 가장 커다란 죄는
> 태어났다는 것이니까요.

한 가지만 알아봅시다,
이렇게 고생하는 원인이 무엇입니까
(하늘이여, 태어났다는
사실은 제쳐두고라도 말이요),
내가 남보다 무슨 죄를 더 저질렀기에
더 중한 벌을 받는단 말입니까?
다른 사람들은 나질 않았나요?
어찌하여 다른 사람들은 태어나서
누리고 있는 특권들을
난 한 번도 누리지 못 하는 겁니까요?

그러나 그에게도 기회는 주어진다. 바실리오 왕은 왕위를 물려줄 사람을 고르다가 문득 세히스문도를 생각해내고 예언이 맞는가 시험을 해보고 싶어진다. 왕은 끌로딸도와 계교를 짜고 왕자를 마취시켜 궁궐로 데려온다. 잠이 깬 세히스문도는 깜짝 놀란다. 수많은 시종들이 자기를 왕자라고 부르고, 이제껏 자신을 죄인 취급하던 끌로딸도 역시 머리를 조아리고 있는 것이 아닌가. 자신이 진짜 왕자라는 사실을 알게 된 세히스문도는 그를 학대해온 끌로딸도를 당장 역적으로 처벌하라고 소리친다. 시종들이 만류하는 사이에 끌로딸도는 몸을 피하지만, 원한이 북받쳐 오른 세히스문도는 말대꾸하는 시종 하나를 창밖으로 내던져버린다. 이 광경을 엿보던 왕은 실망하고 만다. 예언대로 왕자가 횡포한 자임을 믿는다. 그는 다시 마취가 되고 성탑 속에 유배된다. 잠을 깨자 끌로딸도는 지난 밤 왕자의 일은 모두가 꿈이었다고 말한다. 세히스문도는 절망 속에서 깨달음을 얻는다:

그렇다! 인간은 이 무서운 욕망을
억누르고 살아야 한다!
혹시 언제 꿈을 꾸게 되더라도
이 분노와 야심을 이겨내야 해.
암, 그래야 하고 말고,
세상은 이상야릇한 곳이어서
산다는 게 사실은 꿈에 지나지 않아.
내가 이제 경험하여 아나니
사람은 깨어나기 전 까진
사는 것이 실제라고 꿈을 꾸는 거야.

왕은 자신이 영원히 왕이라고 꿈꾸며
그 잘못된 생각 속에서 명령하고 다스리지.
우레와 같은 갈채를 받으며 뽐내지만
바람에 쓴 글씨에 지나지 않아.
그러다 거역할 수 없이 무서운
죽음이 그를 재로 만들어 놓나니,
죽음의 꿈에서
깨어나야 한다는 걸 알면서
누가 왕이 되어 다스리려 할까?
[. . .]

나는 지금 사슬에 묶여
여기 있다고 꿈을 꾸지만,
한때는 보다 호사스런 상태에 있는
꿈을 꾸었지.
인생이 무엇인가? 하나의 열망.
인생이 무엇인가? 하나의 환상,
하나의 그림자, 하나의 거짓말.
가장 큰 행복도 사소한 것
인생 자체가 꿈이고
꿈은 꿈일 뿐.[53)]

이렇게 해서 그는 안정을 찾는다. 그리고 왕위는 왕좌가 탐나 애인 로사우라를 버리고 러시아에서 온 아스똘포 백작이 계승할 참에 폴란드 백성은 진짜 왕자가 살아 있음을 알고 반란을 일으킨다. 로사우라는 백작이 에스뜨레야 옹주에게 접근하는 것에 분개하여 적극적으로 세히스문도의 추종자 편에 선다. 왕자는 선뜻 마음이 내키지 않는다:

53) ¿Qué es la vida? Un frenesí.
¿Qué es la vida? Una ilusión,
una sombra, una ficción,
y el mayor bien es pequeño;
que toda la vida es sueño,
y los sueños, sueños son.

아니 또 다시(이게 뭐람!)
세월이 가면 사라질
지위와 권세를 꿈꾸란 말이냐?
또 다시 그림자와 빛무늬 사이에서
바람이 불면 비눗방울처럼 사라지는
권세와 영광을 보란 것이냐?

그러나 마침내 왕위를 수락한다:

운명이여, 그럼 통치를 하러 가자꾸나.
내 지금 자고 있는 거라면 깨우지 말 것이며
깨어 있다면 잠들게 하지 말지니라.
하지만 이게 사실이든 꿈속이든
선행을 베푸는 것이 중요한 일
만약 지금이 사실이라면, 응당 그래야 하니까.
또 만약 아니라면, 눈을 뜰 때에
친구들이라도 있어야 하니까.

세히스문도는 왕이 되어 끌로딸도와 아버지를 용서하고 아스똘포와 로사우라를 결혼하도록 한다. 그리고 자신은 에스뜨레야에게 청혼을 하며, 지혜롭게 나라를 다스린다. 연극은 다음과 같은 세히스문도의 말로 끝을 맺는다:

결국 인간의 모든 행복은
꿈과 같이 지나가나니
이제 나는 내게 주어진 시간을
선용하고자 하노라
잘못이 있으면 용서를 청하고
또 용서를 할 줄 아는 것이
바로 고귀한 마음이어라.[54)]

작품의 또 하나의 의미

『인생은 꿈이어라』는 우리 모두가 안고 살아가는 자유와 숙명이라는 두 양극적 의식(意識)을 첨예하게 대립시키고, 그 사이에 담긴 인생의 수수께끼를 다루고 있는 작품이다. 메넨데스 뻴라요는, "세히스문도는 한 실명의 개인이라기 보다 신에 의해 창조되어 낙원에 놓여졌다가 자유의지 때문에 선악을 판단함으로써 타락을 하게 되지만 마침내는 신의 자비에 의해, 또 그리스도의 보혈에 의해 구원을 얻는 인간 일

54) toda la dicha humana
en fin, pasa como un sueño,
y quiero hoy aprovecharla
el tiempo de que me durare:
pidiendo de nuestras faltas
perdón, pues de pechos nobles
es tan propio el perdonarlas.

반을 가리킨다"라고 보았다. 독일의 실레겔 역시 세히스문도를 하나의 인간이라기보다는 상징으로 보았다. 앞서 보았듯이 그는 처음에 부조리한 운명을 이해하지 못한다. 그렇지만 햄릿처럼 고뇌하진 않는다. 그는 행동을 택한다. 자유를 달라고 절규한다. 그에게 자유가 주어졌을 때 그의 자유의지(el libre albedrío)는 파괴의 본능으로 나타난다. 그리하여 다시 자유가 박탈되어서야 그는 인생이 하나의 꿈이요, 허구라는 깨달음을 얻는다. 그런데 그것에 머무르지 않고 더 나아가 영적인 삶에 눈을 뜨게 된다. 죽음을 동경한 햄릿과는 달리 그가, "나는 이제 내가 누군지 안다"라고 말할 때 심오한 종교적 확신으로 가득 차 있다:

> 영원을 사모할지니
> 그것은 생명의 면류관이요
> 거기에는 행복이 낮잠을 자지도
> 지위와 권세가 판치지도 않느니.

전에 이러한 영적 현실은 세히스문도와 유리되어 있었고 아무 의미도 없었지만, 이제 그는 정념(情念)을 제어하는 것이 하나님에게로 향한 참된 길이며, 자신을 다스리는 것이 영예로운 삶의 기초가 된다는 것을 안 것이다. 앞에서도 인용한 구절을 다시 음미하여 보자:

그렇다! 인간은 이 무서운 욕망을
억누르고 살아야 한다!
혹시 언제 꿈을 꾸게 되더라도
이 분노와 야심을 이겨내야 해.

이렇게 그는 역설적인 상황에서 그의 전체성 혹은 전인격성에 이르게 되고, 마치 환상의 세계에서 사는 것처럼 영혼이 자유롭게 풀려나 자신에게 말한다:

꿈을 꾸자, 영혼아, 꿈을 꾸자꾸나.

마침내 그는 본능의 예속으로부터 구원을 얻었다. 인생이 덧없고 경망하며 기만적이라면, 덕성은 영원하고 참되다. 그러므로 이제 영원한 저 세상을 향한 염원을 품고 "사실이든 꿈속이든 선행을 베푸는 것이 중요한 일"이라고 하는 것이다.

IX. 신고전주의, 낭만주의, 사실주의

1. 신고전주의와 모라띤

깔데론 델라 바르까의 죽음(1681년) 이후 스페인 문학은 걸출한 문인을 배출하지 못한 채 침체기에 접어든다. 특히 18세기에는 정치적으로나 문화적으로나 프랑스의 입김을 많이 쏘이게 되면서 스페인 고유의 특징과 색채를 많이 상실하게 되었다. 즉, 1701년 프랑스 부르봉 왕조 출신의 Felipe 5세가 스페인 왕이 됨으로써 스페인의 운명은 새롭게 바뀌어져 갔다. 국가 생활의 모든 형태는 프랑스 사회를 모범으로 하여 탈바꿈하고 있었다. 그 당시 프랑스의 모든 것은 전 유럽에서 유행되고 있었으며 스페인 문학 역시 이 범주를 벗어나지 못하였다. 이 새로운 현상은 스페인의 바로크 문학의 종말을 가속화시켰다. 비록 일반 대중은 전통의 맛을 풍기는 바로크 문학에 계속 흥미를 가지고 있었지만 지식층의 소수는 이미 완전히 고갈되어버린 그 사조 앞에서 진정 싫증을 느끼고 있었다. 그러므로 그들이 바로크보다 한층 더 진지하고 정중한 프랑스의 신고전주의 문학을 모범으로 받아들인 것은 당연한 일이었다. 아리스토텔레스와 호라티우스의 사상을 근본으로 한 신고전주의 문학은 다음의 것들을 요구한다.

❶ 환상적이며 특수한 표현에서 벗어나 범 우주적이고 진실된 분위기를 부여한다. 불규칙한 현실보다는 일반적이며 원형적인 것을 표현한다.

❷ 장르의 구별과 문체의 단일성을 유지하기 위해 한 작품 속에 비극과 희극, 시와 산문 등을 혼합해서는 안 된다.

❸ 문학 작품은 반드시 도덕이나 교육을 그 목적으로 하여야 한다.

이와 같은 규범들은 매우 잘 정돈되고 정확한 예술을 창조했지만 일반적으로는 정열과 자발성이 결핍되어 있었다.

신고전주의는 스페인에서 바로크 문학의 종말을 가져온 것은 사실이지만 바로크의 환상적 요소를 제거함과 동시에 상상적 영감의 발달을 억눌렀다. 신고전주의 예술의 지적이며 이성적인 규범들은 개인 감정의 자유롭고 순수한 표현을 방해하였으며 그 결과로 정확하고 결점이 없으나 동시에 따분하고 생명이 없는 문학을 낳았다. 또한 스페인 대중과는 결코 호흡을 같이 할 수 없는 귀족 예술인 신고전주의는 잠시나마 스페인 문학 속에서 빛을 발하였으나 오래지 않아 자취를 감추고 말았다.

여기 두 사람의 대표적인 18세기 작가를 소개한다.

호베야노스(Gaspar Melchor de Jovellanos, 1744 – 1811)

스페인의 북부 항구도시인 히혼 태생으로, 박식한 정치가이자 당대 최고의 산문작가였다. 법학을 공부하여 세비야에서 형사법관 생활을 하던 중에 페루 출신 계몽사상가인 빠블로 데 올라비데의 문학동아리에 가입하면서 계몽사상에 빠져들었다. 프랑스의 지식인들과 서신왕래를 하는 한편, 이태리어와 영어를 공부하고, 경제 · 교육 · 사법계의 개혁을 주창하였다. 그는 라틴어 교육 대신에 중등 및 고등교육이 스페인에 보급되어야 한다고 믿었고, 고문(拷問)과 교회재산의 양도 불능 제도는 폐지되어야 한다고 역설하였다. 친구인 경제학자 까바루스가 정계에서 실각되자 그도 한직으로 좌천되어 몇 년 간을 고향 아스뚜리아스에서 보내야 했다. 1797년에 호베야노스는 법무부 장관으로 임명받아 마드리드로 돌아오지만, 이듬해에는 그의 개혁정책에 반감을 품은 교회, 학계, 왕비와 재상 고도이에 의해 자리를 잃었고, 1801년에는 정치범으로 체포되어 마요르카 섬에서 7년간 갇혀 지냈다. 나폴레옹 군대의 침입(1807)과 함께 자유의 몸이 되었으나 프랑스 편에 가담하지 않고 외세와 구체제를 동시에 타도하려 한 '중앙 평의회'의 지도부를 구성하였다. 여러 사건들로 인해 고향으로 피신했다가 운명하게 된다. 3권으로 묶여 출간된 그의 『일기』는 스페인 최고의 자서전으로 평가된다. 두 편의 희곡 – 비극 『뻴라요』와 형법 개혁을 주제로 한 감상희극 『정직한 죄인』– 을 비롯하여, 정치 · 경제 · 교육에 관한 수많은 보고서를 작성함으로써 그는 18세기 스페인의 가장 뛰어난 다방면 작가가 되었다. 그의 작품들은 여러 경향 – 신고전주의, 계몽주의, 전기 낭만주의 – 이 혼재된 양상을 보여준다.

모라띤(Leandro Fernández de Moratín, 1760 – 1828)

극작가인 니꼴라스 페르난데스 데 모라띤의 아들로 마드리드에서 태어났다. 고도이의 도움으로 프랑스, 영국, 이탈리아를 방문한 후 모국으로 돌아와 연극과 관련된 직책을 맡는다. 소심한 성격의 소유자로 프랑스 문화를 동경했으며, 프랑스 군의 침입 시에 나폴레옹의 형으로서 스페인 왕 노릇을 한 호세 보나파르테 왕 편에 가담하여 도서관장으로 임명되기도 한다. 프랑스군의 퇴각과 함께 프랑스로 피신하여 쓸쓸히 생활하다 일생을 마친다.

18세기 말에서 19세기 초에 쓴 그의 작품들은 신고전주의 색채를 다분히 띠고 있다. 연극에 있어서 삼 일치의 법칙을 엄수했으며 작품들은 모두 도덕을 기본 목적으로 삼았다. 그의 희극들은 크게 뛰어나지 않았어도 소박함과 맵시 그리고 심리적 통찰 등으로 해서 18세기 연극의 대들보가 되고 '스페인의 몰리에르'라는 칭호도 얻었다. 대표작은 『처녀들의 승낙』(El sí de las niñas)으로서, 남편을 선택할 때의 여자의 자유를 옹호하였다.

2. 낭만주의와 벡께르

낭만주의는 19세기 전반기의 문화 현상으로 일련의 역사적 배경과 연관지어 설명할 수 있다. 나폴레옹에 대한 전 유럽의 반작용은 그가 몰락하면서 자유주의 사상이 유럽 전체에 퍼지도록 하였다. 1830년 프랑스에서의 '7월 혁명'에서 시민 측이 승리하자 유럽의 다른 나라들에서도 자유주의자들의 승리가 줄을 이었고, 그것은 당시까지 지배적인 도덕적, 정치적, 미적 가치가 무너지는 계기가 되었다.

낭만주의는 단지 문학에만 국한된 사조가 아니라 당시의 문화 전반에 걸쳐 나타난 현상이었다. 낭만주의 사조의 특징을 이루는 요소들은 다음과 같다.

❶ 자아의 추구

낭만주의의 가장 주요한 특징 중의 하나는 개인 정신의 앙양에 있다. 낭만주의는 무엇보다도 한 개인의 자아를 내세우며 존중한다.

❷ 자유의 갈망

낭만주의는 자유를 구속하는 모든 규범들을 거부하며, 이성보다는 자유로운 감정과 본능에 따라 행동할 것을 주장한다.

❸ 이상주의

낭만주의는 눈에 보이는 현실을 뛰어 넘는 보다 높은 세계를 동경하며 따라서 현실 세계로부터 부단히 떠나고자 한다.

❹ 형이상학적 고뇌

이성에 대한 신뢰를 상실한 결과 인생 자체를 영원히 풀 수 없는 문제로 파악한다.

낭만주의 문학의 주제 및 기법에 대해 보자면, 낭만주의의 작가들은 인간의 개인주의에 입각하여 고전주의의 획일적인 규범에서 벗어나 자유로이 글을 썼다. 시에서는 전통적 시작법과 더불어 새로운 시풍이 나타났고 연극에서는 시간, 장소, 행위의 3 일치법이 무시되었으며, 모든 예술 장르에서 개인 중심과 불규칙 등 이성으로는 수용할 수 없는 개성을 나타내고자 했다. 이러한 문학 작품들의 주제는 작가와 밀접한 관계를 지니고 있어 작가의 감정, 바람, 의구심, 갈망 등을 표현하는 주관이 강하게 삽입된 것들이다. 그밖에 자연의 재발견과 이국 취향 등도 낭만주의에서 흔히 발견되는 것들이다.

리바스 공작(Duque de Rivas, 1791 – 1865)

앙헬 사아베드라 이 라미레스 데 바께다노가 본명이며 꼬르도바에서 출생하여 마드리드의 귀족 학교에서 교육을 받은 후, 프랑스군에 대항한 독립전쟁에 참가하여 부상을 당하기도 하였다. 입헌제정 3년 동안 꼬르도바의 시의회 의원을 지냈으며 극단적 태도로 인해 영국으로 도피하였다가 그곳에서 낭만주의 문학을 접하게 되고 후에 프랑스에서 미술에 심취하였다. 페르난도 7세가 1833년 사망하자 스페인으로 돌아온다. 1834년 형의 죽음으로 '리바스 공작'의 칭호를 얻게 되며, 보수주의자로서 1836년 나폴리 대사직을 맡는다. 혁명이 승리하자 그는 잠시 프랑스 대사관으로 피신하였으며, 수년 후에 파리 대사를 지낸다.

리바스는 신고전주의자로서 문학 활동을 시작했으며 귀국 시에 낭만주의 사상을 도입하였고, 어느 면에서는 희곡『돈 알바로 혹은 운명의 힘』(1835)를 통해 낭만주의의 문을 열었다. 이 연극의 초연 시 그 격정적인 내용과 끔찍한 결말로 인해 마드리드가 발칵 뒤집혔다고 한다. 줄거리를 간단히 소개하자면, 신대륙에서 돈을 벌어온 젊은 돈 알바로는 세비야에서 레오노르를 사랑하게 된다. 그러나 그녀의 아버지인 깔라뜨라바 후작은 알바로의 가문이 확실치 않다는 이유로 결혼을 못하게 하고, 두 연인은 도망을 가기로 작정한다. 이 때 후작이 들이닥치자 알바로는 꺼내들었던 권총을 땅에 던지는데 그만 총알이 발사되어 후작이 죽는다. 알바로는 외진 곳으로 떠나가 고행을 하다가 레오노르가 죽은 줄만 알고, 이탈리아로 가서 장교가 된다. 거기서 위기에 빠진 다른 장교를 구해주어 친구가 되지만 그는 후작의 장남으로서 복수를 하기 위해 알바로를 찾아 다니고 있는 중이었다. 결투를 피하고자 애를 써보지만 소용이 없고 결과적으로 장남의 목숨을 앗는다. 알바로는 다시 수도원으로 들어가 여러 해 동안 참회를 하지만 이번에는 후작의 차남이 그를 찾아와 결투를 강요한다. 이번에도 치명상을 입은 쪽은 차남이었다. 알바로는 그가 숨을 거두기 전에 고해신부를 찾아 주려고 근처 암자로 갔다가 뜻밖에도 고행 중인 레오노르를 만난다. 차남은 두 남녀가 이곳에서 내통하면서 지낸 것으로 오해하고 증오로 일그러져 여동생의 가슴에 단도를 꽂는다. 폭풍과 천둥이 치는 가운데 알바로는 자신의 운명을 저주하며 낭떠러지 아래로 몸을 던진다.

그의 장편 시『버려진 모로인』(1834)은 스페인의 옛 서사시「라라家의 왕자들」을 재생시킨 훌륭한 작품이며, 그는 또한 민요(로만세)를 부흥시키기도 하였다.

에스쁘론세다(José de Espronceda, 1808 – 1842)

에스쁘론세다는 육군 대령인 부친과 나이가 부친의 반밖에 안되는 어머니 사이에서 출생하였다. 초등 학교에서 그를 가르친 비평가 알베르또 리스따는 그가 곧 뛰어난 시인이 될 것을 예견하였다. 당시, 스페인에는 젊은이들 사이에 프랑스에서 전파된 격동의 물결이 일고 있었다. 자유와 모험을 찾는 것이었다. 젊은 학생들은 동요되었고 비밀단체는 끊임없이 생겨났고 데모의 연속이었다. 에스쁘론세다도 이들 단체 중 하나인 자유 애국적 성격의 '라 누만띠나'에 가담하였다. 체포와 감금, 그리고 석방을 겪으면서 시인은 이런 생활에 싫증을 느끼고 여행을 계획하여 리스본에서 떼레사라는 여인을 만나 사랑하게 된다. 그녀로부터 받은 영향은 『악마같은 세상』이란 시집에 잘 나타나 있으며 「떼레사 찬가」를 짓게 된다. 그러나 그녀가 영국으로 감에 따라 에스쁘론세다는 새로운 문학 세계를 접한다. 셰익스피어, 바이런의 시를 읽으면서 조국에 대한 향수를 「조국 송가」로 나타냈다. 정치에 흥미를 느낀 그는 1830년 프랑스 혁명에 참여하여 페르난도 9세의 절대 왕정에 반대하는 음모에 가담하나 실패하여 파리로 돌아와 이미 결혼한 떼레사를 유혹하는 등 애정행각을 벌이다 요절한다.

그의 작품들은 그의 인생을 나타내기라도 하듯 야망으로 가득 차 있다. 서술시 『살라망까의 학생』과 『악마같은 세상』은 훌륭한 작품이다. 여기선, 격동과 야망으로 가득 차 전기 낭만주의의 특징을 잘 보여주는 「해적의 노래」를 조금 맛보자.

한 쪽에 대포 열 문씩,
돛마다 바람을 받아
쌍돛대 범선 한 척이

바다를 가르고 날아간다.
용감해서 공포대왕이라
부르는 이 해적선,
수평선 끝
온 바다에 알려졌네.

달은 바다에 빛나고
바람은 돛을 울리고
은백색 푸른 파도가
부드럽게 넘실대누나.
해적 선장은 갑판에서
콧노래를 부르며 바라본다.
한 쪽엔 아시아, 다른 쪽엔 유럽,
그리고 저기 앞엔 이스탄불이다.

"나아가라, 내 배야,
두려워 말라,
그 어떤 적선이나,
폭풍우나 순풍이
네 방향을 틀겠으며
네 기백을 꺾겠느냐.

영국이
원통하게

우리는 이십 척을
낚아챘고
백 나라가
내 발아래
깃발을
바쳤노라.

내 배가 내 보물이요,
자유가 나의 신이다.
내 법은 힘과 바람이며,
유일한 조국은 바다로다.

저기 눈먼 왕들이
땅 한 뼘을 더 갖겠다고
사납게 싸우지만,
여기 내 것으로 삼은 건
아무도 넘보지 못한
거친 바다 전부라네.

벡께르(Gustavo Adolfo Bécquer, 1836 – 1870)

스페인의 후기 낭만주의를 대표하는 매우 중요한 시인이다. 세비야에서 출생한 그는 어려서 부모를 잃고 대모의 집에 살면서 책을 탐독하여 문학적 기반을 닦았다. 미술과 음악도 공부하게 되었지만 마침내 문학을 택하여 마드리드에서 일간지의 문학란을 담당한다. 1856년 친구와 함께 극작품을 써서 무대에 올리기도 한다. 1857년에는 다른 친구와 함께 『스페인 사원(寺院)의 역사』 1권을 발간했으나 미완성으로 끝났다. 결핵으로 인한 요양 생활 속에서도 많은 시와 산문, 칼럼을 잡지 등에 기고하였으며 이 중에는 유명한 산문 「밀실에서 보낸 나의 편지들」도 있다. 1864년 소설 검열관으로 임명되어 오랜 가난 후에 어느 정도 경제적 안정을 누리나 이 생활은 1868년의 혁명으로 오래 가지 못하였다. 결혼하여 두 아이도 두었지만 곧 별거를 하는 등 짧고 불우한 삶을 살다 34세로 마드리드에서 죽었다.

벡께르의 문학적 개성은 매우 확실하고 뚜렷하다. 스페인 낭만주의에서 누녜스 데 아르세의 수사학적이고 형식주의적인 면과 깜뽀아모르의 차갑고 산문적인 시에 비해, 벡께르의 유고 시집 『서정시들』(Rimas)은 본질적이고 문제시되는 작품의 예가 되었다. 가장 중요한 주제는, 희망 속에서 꿈꾸며 살아 있는 사랑, 순결하면서도 남성다운 감정 속에 달고도 쓴 열매처럼 둘 사이의 비밀스런 느낌의 사랑이다. 시는 부드러운 음악과 형언할 수 없는 향기, 그리고 미세한 안개와 같다. 벡께르는 살아서는 극히 평범한 작가였으나, 수십 년이 지나 후안 라몬 히메네스가 낭만적인 분위기 속의 『서정시들』 속에서 순수시주의자 벡께르를 발견함으로써 오늘날 스페인 낭만주의의 가장 순수하고 뛰어난 대표자로 여겨지고 있다.

그의 시 몇 편을 감상해보자.

xi

– 나는 뜨겁답니다. 나는 까무잡잡해요,
나는 정열의 화신이랍니다.
난 쾌락을 바라는 마음으로 가득 차 있어요.
날 찾으시나요?
　　　　　–아니, 당신이 아니요.

– 내 이마는 창백하고요, 금발머리는 길게 땋았어요.
난 당신에게 무한한 행복을 선사할 수 있답니다.
난 부드러움의 보물을 간직하고 있어요.
날 부르시나요?
　　　　　–아니, 당신이 아니요.

나는 하나의 꿈, 하나의 불가능이어요,
안개와 빛의 허깨비랍니다.
난 형체가 없고요, 만질 수가 없답니다.
난 당신을 사랑할 수 없어요.
　　　　　–오, 당신이요, 이리 와주오![55]

---

55) – Yo soy ardiente, yo soy morena,
yo soy el símbolo de la pasión;

xvii

오늘 땅과 하늘이 내게 미소짓는다.
오늘 내 영혼 속 깊이 태양이 들어온다.
오늘 난 그녀를 보았어. . . , 내가 그녀를, 그녀가 날 보았어.
　　오늘 난 하나님을 믿는다![56]

xxiii

눈길 한 번에, 세상이,
미소 한 번에, 하늘이,
입맞춤 한 번에. . . 글쎄

de ansia de goces mi alma está llena;
¿A mí me buscas?
　　　— No es a ti, no.
— Mi frente es pálida, mis trenzas de oro;
puedo brindarte dichas sin fin;
yo de ternura guardo un tesoro;
¿A mí me llamas?
　　　— No, no es a ti.
— Yo soy un sueño, un imposible,
vano fantasma de niebla y luz;
soy incorpórea, soy intangible;
no puedo amarte.
　　　— ¡Oh, ven, ven tú!

56) Hoy la tierra y los cielos me sonríen,
hoy llega al fondo de mi alma el sol,
hoy la he visto. . . La he visto y me ha mirado. . .
Hoy creo en Dios!

입맞춤 한 번에 무엇이 생길까![57]

xxi

시(詩)가 무어냐구요? 푸른 눈동자를
내 눈동자에 못박고 당신이 묻습니다.
시가 무어냐구요? 당신이 그걸 내게 묻다니요?
　시란. . . 바로 당신이요![58]

xxx

그녀의 두 눈에는 눈물이 어른거렸고
내 입술에는 사과의 말이 맴돌았다.
그녀의 자존심이 입을 열자 눈물이 사라졌고
내 입술에선 그 말이 거두어졌다.
나는 이 길로 가고, 그녀는 저 길로 간다.
그러나 우리 서로의 사랑을 생각해 볼 때,
난 아직도 말하고 싶다. "그날 왜 내가 입을 다물었던가?

---

57) Por una mirada, un mundo ;
por una sonrisa, un cielo ;
por un beso. . . , ¡Yo no sé
qué te diera por un beso!

58) ¿Qué es poesía? – dices, mientras clavas
en mi pupila tu pupila azul.
¿Qué es poesía? ¿Y tú me lo preguntas?
　Poesía. . . eres tú.

그리고 그녀는, "내가 왜 울지 않았던가?"[59)]

xxxviii

한숨은 공기라서 하늘로 가고,
눈물은 물이라서 바다로 간다.
여자여, 말하라. 사랑이 잊혀질 때
　어디로 가는지 아는가?[60)]

3. 사실주의와 갈도스

스페인 문학은 황금세기 소설에서부터 탁월한 사실주의 전통을 이어왔으며 이는 19세기 전반에 융성하였던 풍속주의(el costumbrismo)로 이어진다. 따라서 스페인 작가들은 유럽에 불어 닥친 사실주의 문

59) Asomaba a sus ojos una lágrima
y a mi labio una frase de perdón ;
habló el orgullo y se enjugó su llanto,
y la frase en mis labios expiró.

Yo voy por un camino; ella, por otro ;
pero, al pensar en nuestro mutuo amor,
yo digo aún : —¿Por qué callé aquel día?"
Y ella dirá: —¿Por qué no lloré yo?"

60) Los suspiros son aire, y van al aire.
Las lágrimas son agua, y van al mar.
Dime, mujer, cuándo el amor se olvida,
¿sabes tú adónde va?

학 사조에 동참할 준비를 이미 해놓고 있었던 셈이다. 이것은 어떤 면으로는 지나간 시대의 전통으로 돌아가는 것이었다. 그리하여 스페인의 소설 문학은 갈도스의 최초 소설이 나온 1870년부터 또 다른 황금시대를 맞이한다. 다른 한편, 유럽 사실주의 작가들의 작품이 많이 읽혀지면서 스페인 소설가들에 영향을 주었다. 그러나 전적으로 외국의 사실주의 규범에 동조하지는 않았으며, 오히려 스페인의 생활과 땅에서 더 많은 영감을 받은 결과, 지역소설이 발달하게 되었다.

자연주의 소설도 스페인에 도입되었는가 하는 것은 논란의 여지가 있으나, 갈도스의 소설인 『무산자(無産者)』, 끌라린의 『섭정관의 부인』(La Regenta), 블라스꼬 이바녜스의 몇 몇 소설에서 예를 찾아볼 수 있다. 그러나 이 작품들은 사회적 조건들에 대한 상세한 관찰을 담고 있을 뿐, 유물론과 결정론에 입각하여 쓰여진 것이라고는 볼 수 없다.

그밖에, 알라르꼰의 『삼각모자』(El sombrero de tres picos), 발레라의 『뻬삐따 히메네스』(Pepita Jiménez) 등도 19세기의 주요한 사실주의 소설들이다.

갈도스(Benito Pérez Galdós, 1843 – 1920)

세르반테스 이후 가장 뛰어난 스페인 소설가로 지칭되는 갈도스는 카나리아 제도의 라스팔마스 태생으로 법학을 공부하러 마드리드에

왔다가 문학에 몰두하여 일생을 보냈다. 발자크, 스탕달, 디킨즈, 도스토예프스키의 작품을 읽고 찬탄하였으며, 세르반테스에 가장 심취하였다. 19세기 스페인의 가장 대표적인 소설가로 각광을 받으며 쉴 새 없이 글을 썼던 그는 정치적으로는 진보적인 색채를 띠었고 얼마 후에는 공화주의자임을 천명하였으며 사회주의자들과 관계를 가졌다. 그러나 극단적인 사상은 점차 완화되는 경향을 보인다. 말년에는 실명하고 경제적으로도 어려움을 당하는 등 비참한 나날을 보냈다.

갈도스의 창작 활동은 한 마디로 거창한 것이었다. 크게 양분하여 보면, 46편의 중편 역사소설을 모은 『국민일화집』(Episodios Nacionales, 1873 – 1912)과 30권 이상의 다른 소설들로 나누어진다. 후자에서는 마드리드의 여러 계층을 묘사하는 것이 주를 이루는데, 심금을 울리는 인간 드라마에 관심을 갖는 한편, 비판적이고 진보적인 성향도 줄곧 보인다. 초기의 『마리아넬라』, 『도냐 뻬르펙타』(Doña Perfecta), 중기의 『포르뚜나따와 하신따』(Fortunata y Jacinta), 후기의 『나사린』(Nazarín)과 『자비심』(Misericordia) 등이 대표작이다.

여기선 『마리아넬라』를 소개한다.

빠블로는 태어날 때부터 장님인데 마리아넬라가 그 길잡이 노릇을 한다. 빠블로는 넬라가 마음씨처럼 아름답다고 상상한다. 그러나 넬라는 오종종하고 추한데다가 일찍 시들어버린 여자이다. 어느 화창한 날 빠블로의 아리따운 사촌동생이 도착한다. 그가 시력을 되찾을 경

우에 그녀와 결혼하기로 되어 있다. 도착한 다음 날 두 사촌과 넬라는 산보를 나간다:

"우리 이 비탈에 앉아요", 사촌누이가 말했다. "그러면 광석을 싣고 지나가는 기차들이 보일 거구요, 여기 이 예쁜 것도 보자구요. 저기 가운데 있는 저 큰 바위에 구멍이 뻥 뚫렸네. 넬라는 보이지요? 그 구멍에 이쑤시개가 하나 꽂혀 있어. 저절로 생겨난 나무에요. 저것도 눈이 있는지 우릴 보고 웃는 것 같아요. 그리고 저 너머엔 곱추 모양이 있고, 파이프를 문 거, 서로 머리채를 잡아당기는 모양이 두 개, 하품을 하는 거, 아가를 재우는 거, 엎드린 거, 두 발 위에 성당을 올려놓은 거, 기타 모양으로 시작해서 강아지 머리로 끝나는 건, 모자 대신에 커피포트를 올려놓았네."

"동생이 말하는 걸 들으니까 말이지, -장님이 입을 열었다-, 눈이 있으면 엉뚱한 게 많이 보이는 모양이야. 그러니까, 그 귀중한 감각이 때때로 사물을 왜곡시키고, 자연스러운 모습을 가짜로 꾸며 놓는 게 아닐까 싶은데. . . 동생의 두 눈은 아주 단순한 사물을 괴상한 것으로 만들어."

"오빠 말이 맞아요. 그래서 난 말이죠, 우리의 눈이 보는 게 아니라 상상력이 보는 거라고 생각해요. 그렇지만, 이 두 눈이 어떤 것들을 지각하는데 소용이 되어서 시각이 없는 가련한 사람들에게 도움을 줄 수 있지요."

이렇게 말하면서 그녀는 넬라의 옷을 만졌다.

"왜 이 착한 넬라가 좀 더 나은 옷이 없는 거에요?"

그리고 덧붙였다. "난 여러 벌이 있으니까 하나를 줄게요, 또 새 걸로도 주겠어요."

우여곡절 끝에 장님 빠블로는 의술의 힘으로 시력을 되찾는다. 가엾은 넬라는 빠블로가 자신의 추한 모습을 보게 될 것이라는 생각에 병이 난다. 빠블로의 행복은 넬라를 불행하게 만들었으며 죽음으로 이끈다. 실제로 얼마 지나지 않아 그녀는 뇌막염으로 사망한다.

갈도스의 명성은 독자계층과 시대에 따라 기복을 많이 겪었다. 그의 진보적인 사상과 자유분방한 문체가 찬사를 받기도 하고 비판을 불러일으키기도 한 것이다. 1920–30년대에는 빛을 발하지 못하였지만, 1950년대에 사회적 사실주의가 대두되면서 그의 작품은 인기를 회복하였고, 『마리아넬라』 외, 여러 편의 소설이 영화로도 만들어졌다.

X. 98 세대와 27 세대

1. 98 세대와 스페인문학의 부흥

98 세대의 시대적 배경

1898년 미국이 싸움을 걸어온 전쟁에서 스페인은 참패를 하고 쿠바, 푸에르토리코, 필리핀, 괌 등을 잃어버린다. 이에 따라서 스페인 내부에서는 당시 스페인의 정치, 사회, 문화 전반에 걸친 자각과 반성의 소리가 나오기 시작한다. 즉, 당시의 스페인이 처한 상황에 책임이 있는 정치에 대한 불만과 사회 전반에 걸쳐 근본적인 개혁의 욕구가 터져 나온 것이다. 이러한 움직임의 주도적인 역할을 맡았던 작가들을 <98 세대>(**la Generación del 98**)라고 일컫는다.

이 명칭을 처음 사용하기 시작한 아소린에 따르면, 이들은 조국의 아픈 현실 앞에서 무기력하게 앉아 있을 수만은 없었던 지식인들이었다. 이들은 조국의 현실에서 고통스럽고 쓰라린 좌절을 느꼈으므로 조국의 모습을 우울하고 비관적인 것으로 파악하였다. 그러나 98 세대의 작가들은 여기서 그치지 않고, 새로운 스페인을 건설하기 위하여 노력하였으며 미래에 대해 확신을 갖고 이러한 노력을 주로 문학을 통해 표현하였다.

98 세대의 특성

98 세대의 모든 작가들은 그들의 조국 스페인에 대해 깊은 애정을 가지고 있었다. 그러나 그들은 당시 조국의 현실이나 전통을 그대로 받아들이려 하지 않았으며 당시의 사회상 및 그들을 에워싼 환경과 충돌하고 그것들을 날카롭게 비판하였다.

98 세대의 작가들이 조국 스페인의 진정하고 본질적인 모습을 찾기 위해 모색한 것은 다음 3가지의 통로, 즉 풍경과 역사와 문학을 통한 조국의 참모습 추구였다.

먼저 이들은 모두 까스띠야의 땅에 애착을 갖고 그 땅에서 새로운 가치를 찾아내고 재평가하려고 했다. 이들의 시각은 사실주의적인 데서 한 걸음 더 나아가 풍경 속에서 스페인의 정신을 찾고자 하는 주관적이고 이상주의적인 것이었다. 즉 그들은 풍경 속에서 외형적인 모습뿐이 아니라, 그 속에 내재된 스페인적인 특성을 찾아내고자 하는 노력을 멈추지 않았다.

또 98 세대의 작가들은 스페인의 역사 속에서 단순한 사건들의 집합을 발견하지 아니하고 역사의 내재적인 면을 발견하고자 하였다. 역사의 깊은 곳에 살아 숨쉬는 스페인 민중의 본질적인 모습을 찾으려 했던 것이다. 이 같은 내재적 역사를 98 세대의 대표적 사상가인 **우나무노**는 '내재적 역사(Intrahistoria)'라고 표현하였다.

또 98 세대의 작가들은 스페인의 고전문학을 새롭게 조명하고 재평가했다. 그들은 스페인적인 특성을 가진 생명력 있는 작품들에 많은 관심을 집중했다. 중세의 베르세오, 후안 루이스, 만리께, 공고라와 같은 고전 작가들이 재조명되었으며 스페인에 대한 강렬한 사랑을 지녔던 낭만주의 시대의 언론인 라르라(Larra)와 같은 이들에 대한 연구가 전개되었다.

이상에서 살펴본 98 세대의 기본 자세와 지향을 바탕으로 98 세대의 전반적인 특성을 정리하면 다음과 같다.

❶ 조국 스페인의 문제에 대한 인식
❷ 까스띠야의 풍경에 대한 재인식과 찬양
❸ 날카로운 사회 비판적 시각
❹ 고전 문학 작품과 스페인의 지난 역사에 대한 사랑
❺ 애국심과 유럽주의 사이의 갈등
❻ 구성원들의 자기학습(autodidactismo)

98 세대의 작가들

대표적인 작가들은 사상적인 면을 대표하는 **우나무노**(Miguel de Unamuno, 1864－1936), 수필을 대표하는 **아소린**(Azorín, 1873－1967), 시를 대표하는 **안또니오 마차도**(Antonio Machado, 1875－1939), 소설 쪽의 **삐오 바로하**(Pío Baroja, 1873－1956), **바예 잉끌란**(Valle Inclán, 1866－1936) 등을 들 수 있다. 이들 작가들은 하나의 문학적 세대를 이루기 위한 몇 가지의 공통점을 가지고 있었다. 출생 시기의 비슷함, 많은 독서를 통한 자기 학습, 구성원들 사이의 밀접한 인간관계, 세대적인 체험의 공유, 전 세대와의 세대적 단절 등이 그것이다.

98 세대의 선구자적인 인물로는 19세기 후반의 앙헬 가니벳이 있으며, 역사적으로 이들과 같은 맥락으로 연결될 수 있는 더 앞선 시대의 작가들은 까달소와 라르라 등이다.

한편, 98 세대를 선두로 하는 20세기 스페인 문학은 약 10년의 간격을 두고 이어진 세 그룹의 활동으로 인해 '제 2의 황금세기'라고 일컬을 만한 찬란한 꽃을 피우게 된다. 그 첫 번째 세대는 우나무노를 중심으로 한 98 세대이며, 두 번째 세대는 **오르테가 이 가셋**을 중심으로 1차 대전 발발 전에 결실을 맺기 시작하는 그룹이고, 세 번째의 세대는 **가르시아 로르까**를 선두로 하는 <27 세대>라 불리우는 시인들이다.

모더니즘 문학(El Modernismo)

사상 처음으로 중남미로부터 일어난 문학사조가 스페인에 커다란 영향을 미친 것이 있는데, 그것이 니카라과의 **루벤 다리오**(Rubén Darío)에 의해 결정적으로 발전한 <모데르니스모>즉, 모더니즘이다. 98 세대보다 10여 년 앞서 보급되기 시작하였기에 초기의 우나무노나 안또니오 마차도에게서도 그 영향을 받은 흔적이 보인다. 그밖에도, 후안 라몬 히메네스, 마누엘 마차도, 바예 잉끌란 등이 이 사조를 받아들였다. 따라서, <98 세대>가 사회학적 개념이고 이들 중에 일부에게만 적용이 되는 반면, 문학적으로 이들 모두는 <모더니즘 세대>인 셈이다.

모더니즘은 근본적으로 19세기의 사실주의 문학에 대한 반동으로 나타난 것인데, 그 주요한 특징들은 다음과 같다.

첫째, 19세기 중반의 중산 계급의 정신에 대한 반발로 예술의 귀족적인 성격을 지향한다.

둘째, 당시의 문학의 산문적 성격을 거부하고 감각적인 미를 추구하여 빛이나 색채감, 음악적 효과를 중요시한다.

셋째, 사실의 객관적인 묘사보다는 주관적인 요소를 표현하는 데 치중한다.

넷째, 현실을 뛰어 넘는 상상의 세계를 즐겨 노래하고 이국적인 분위기를 동경한다.

다섯째, 시를 사회적 혹은 이데올로기적 의사전달 수단으로 생각하지 않고 다만 예술을 위한 예술을 추구한다.

한편, 모더니즘 문학은 그 주제로서, 역사적 사실이나 전설을 취급하거나 내면 깊숙한 세계를 다루고자 하였다. 그 결과, 중세나 고대처럼 먼 시대의 역사나 신화가 자주 등장하였으며, 그 주된 정서로는 아득한 동경이나 아련한 슬픔 따위가 전체적 분위기를 지배하였다.

기법 면에 있어서는 무엇보다도 외형적인 형식미에 중요성을 부여했다. 색채와 음악성은 커다란 의미를 지니며, 시어 선택에 있어 우선적으로 고려되는 요소이다. 또한 시의 리듬과 운율과 감각적 효과 면에서 이전의 시들에 대해 혁신적인 변화를 불러 일으켰다.

이 새로운 사조가 가장 큰 영향을 받은 것은 프랑스의 고답파(Parnasianismo)와 상징주의 시들로부터였다. 전자로부터는 시에 있어서의 음악적 효과를 배웠으며 후자로부터는 색채감과 역사적, 신화적 요소를 도입하여 모더니즘 문학을 꽃피웠다.

2. 격정의 사상가 우나무노

하나님, 살아있는 동안은 의심을,
죽어서는 순수한 믿음을 주소서.
살아서는 생명을 주시고
죽으면 죽음을 주소서.
하나님, 삶과 함께 죽음을 주소서.

우나무노(Miguel de Unamuno, 1864－1936)는 스페인의 북부 빌바오 출신이지만 살라망까 대학의 그리스어 교수와 총장을 역임하면서 까스띠야의 정신을 지닌 사람으로 자처하였다. 그는 수필, 소설, 희곡, 시를 통해 자신의 사상을 표현하였는데, 대표적인 수필집으로는 『돈키호테와 산초의 인생』(1905), 『생의 비극적인 감정에 대하여』(1913), 『기독교의 고뇌』(1925) 등이 있다. 인생에 대한 비극적이고 고뇌에 찬 인식을 몸부림치듯 토로하는 그의 문제는 사실상 하나로 요약될 수 있는데, 이성과 믿음을 일치시키기가 불가능하다는 것이 그것이다. 그래서 지성과 감정의 관계, 영혼의 불멸, 신의 존재, 예수의 신성은 문제적인 것이다. 우나무노에게 있어 인생은 끝없는 투쟁이며, 존재 자체가 모순이다. 사도 바울, 성 어거스틴, 파스칼, 키에르케골 등이 그의 복잡한 사상의 기초를 이루고 있는 듯하다.

그의 소설은 수필의 보완물이다. 『전쟁 속의 평화』(1897)에서는 평범한 민중 속에서 영원한 역사의 원동력을 찾는 «내재적 역사» intrahistoria 관이 피력된다. 『안개』(1914)에는 타자와 불멸의 필요성이 추구되며, 『뚤라 이모』(1921)는 모성애의 문제를 다룬다. 『순교자인 착한 성인 마누엘』(1933)에서는 신앙의 진실성에 대한 회의로 인한 고뇌가 배어 있다. 그리스 비극의 도식성을 느끼게 하는 본질적이고 갈등적인 소설들이라고 할 수 있다.

우나무노는 또한 연극인이 아니었으나 관객들 앞에 자신의 복잡한 사상세계를 펼쳐 보이려고 시도했다. 따라서 등장인물들은 작가의 화신들이다. 『페드라』(1910)가 대표작이다.

주로 스페인의 농촌과 도시의 풍경을 그린 두 권의 여행기에는 비옥하지 않은 대지와 나날이 싸우는 까스띠야의 수수하고 과묵한 농부에 대한 사랑을 담았다.

적지 않은 시도 남겼으나 감미로운 시인이 아니라 심오한 시인이었다. 사색과 명상을 서정시에 실은 것이다. 사랑, 죽음, 종교적 갈등, 까스띠야의 풍경, 일상의 문제 등이 주제의 축을 이룬다. 그의 실존적 시학은 스페인 내란 이후에 크게 각광을 받았다. **『벨라스케스의 그리스도』**(El Cristo de Velázquez, 1920)는 프라도 박물관에 걸린 벨라스케스의 그림 앞에서 얻은 방대한 명상이다. 그 중 일부를 옮겨본다:

푸른 하늘처럼 푸른 당신의 두 눈은
당신 몸의 빛이었소. 그 두 눈으로
당신은 꾸밈없이 맑게 빛났고,
바라볼 때에 순결함으로 벌하셨소.
달도 없고 별도 없는 밤보다
더욱 검은 그 두 눈동자는
어둠의 심연에 깃든
신의 광채로 당신을 밝혔소.
하늘의 둥지를 향해
언제나 날아오르던 저 비둘기들,
그 날개 같던 눈꺼풀이 이제
감겨져 하얀 너울이 드리워지고
당신의 눈길은 피로 봉인이 됩니다.
그저 바라보시고 용서하시는 주님 . . .

다음에는(총 11장과 결론부로 구성된) 『**생의 비극적인 감정에 대하여**』(Del Sentimiento Trágico de la Vida)의 제 1장을 읽어보자:

제 1장 〈피와 살이 있는 인간〉

"나는 인간이다. 인간적인 어떤 것도 내게는 이상하지 않다"라고 옛 로마의 희극작가[61]는 말했다. 그러나 나라면 차라리 이렇게 말하겠다.

61) 기원전 2세기 경 테렌시오가 한 말로서, 인간적 연대감을 표현한 것이다.

"나는 인간이다. 나는 결코 다른 인간을 이상하게 여기지 않는다"고 말이다. 왜냐하면 내게 있어서 <인간적>이라는 형용사는 추상명사 <인류>만큼이나 의심스럽기 때문이다. 인간적이니 인류니 하는 형용사나 명사화된 형용사는 소용없고 구체적인 명사, 즉 <인간>만 있으면 된다. 피와 살을 지닌 이 인간은 태어나서 고생하다가 죽는다 -죽는다는 점이 중요하다. 그는 먹고, 마시고, 놀고, 자고, 생각하고, 원한다. 그러다 세상을 뜨지만 그에게서 우리는 형제, 진정한 형제의 목소리를 듣는다.

왜 이런 말을 하는가 하면, 역시 인간이라고 불리는 다른 것이 있는데 그것은 다소 과학적이기는 하나 상당한 헛소리의 주체가 되는 것이다. 전설상의 *날개 없는 두 발 달린 존재*, 아리스토텔레스의 *이성적 존재*, 루소의 *사회계약자*, 맨체스터 학파의 *경제적 인간*, 린네의 *호모 사피엔스*, 혹은 *직립 포유동물* 등이 그것이다. 이런 인간은 그 어느 땅이나 그 어느 시대에도 속해 있지 않으며 성(性)이나 조국도 갖고 있지 않다. 다만 하나의 개념일 뿐이다. 다시 말해서 비인간(非人間)이다.

우리가 말하는 존재는 이와는 다른 것이다. 즉 피와 살을 가지고 있는 존재이다. 나나 독자가 다 이런 인간에 속한다. 저쪽에 있는 인간도 마찬가지다. 땅을 밟고 다니는 우리 모두 말이다.

그런데 피와 살을 지닌 이 구체적인 인간은 모든 철학의 주체이고 또한 동시에 최고의 대상이다. 스스로 철학자라고 칭하는 자들이 얼굴을 찌푸려도 그것은 어쩔 수 없는 사실이다.

내가 알고 있는 철학사는 대부분 이 학설에서 저 학설이 비롯된다는 식의 체계를 보여줄 뿐, 정작 학설의 제창자인 철학자는 단순한 구실로서만 등장한다. 그러니까 철학자들, 즉 철학하는 인간들의 내밀한 전기는 부차적인 위치를 차지하고 있다. 그렇지만 우리에게 더 많은 것을 설명해 주는 것은 바로 이 내밀한 전기인 것이다.

무엇보다도 먼저 밝혀두어야 할 것은, 철학은 시에 가깝지 절대로 과학에 가까운 것이 아니라는 사실이다. 어느 시대에 있어서든지 개별 학문들의 최종 결과를 최고의 정화(精華)인양 꾸며놓은 모든 철학 학설은 그 어느 것을 막론하고 지속력이 무척 약하며, 또한 그 학설을 만든 철학자의 총체적인 정신적 열망을 나타내는 다른 자료들보다도 훨씬 더 생명이 짧다.

과학이란 것이 우리에게 매우 중요하고 또 우리의 삶과 사상에 없어서 안될 정도로 꼭 필요하지만, 어떤 의미에 있어서 철학보다 더 이상한 것이다. 그것은 가장 객관적인 목적을 달성한다. 다시 말해, 우리들의 품을 멀찍이 벗어난 그 어떤 것을 달성하는 것이다. 과학은 근본적인 면에 있어서는 경제에 관계된다. 따라서 이론가라고 불리는 자들의 새로운 과학적 발견은 기계를 발명하는 것과 같다. 즉, 증기기관, 전화, 전축, 비행기처럼 무엇을 위해 유용한 것이다. 가령, 전화는 우리들이 먼 거리에서 사랑하는 여인과 대화하도록 해주는 데 쓸모가 있다. 그러나 이때 <사랑하는 여인>은 무슨 쓸모가 있는 것일까? 어떤 사람이 오페라에 가기 위해 전차를 탄다고 하자. 그리고 이렇게 자신에게 물어본다고 하자. "이 경우에 있어서 보다 더 유용한 것은 전차인가, 아니면 오페라인가?"

철학은 우리가 세계나 삶에 대해 일원적이고 총체적인 이해를 이루고자 하는 필요성에 부응하는 것이다. 그런데, 이러한 이해의 결과로서 어떤 감정이 생겨나고 여기에서 어떤 내적인 태도나 행동까지 나오는 것일까. 그 반대로, 감정은 이해의 결과가 아니라 그 원인이다. 다시 말해, 세계와 삶을 이해 혹은 몰이해하는 방식인 철학은 삶 그 자체에 대한 우리의 감정에서부터 생겨나는 것이다. 그런데 이 삶이라는 건 그 전체가 정서와 관계된 것으로서 잠재의식 혹은 무의식의 뿌리를 가지고 있다.

우리를 낙관주의자 또는 염세주의자로 만드는 것은 우리의 사상이 아니다. 오히려 그 반대로, 생리적 또는 병리적인 근원을 가지고 있는 우리의 낙관주의나 염세주의가 우리의 사상을 만들어 간다.

흔히 말하길, 인간은 이성적 동물이라고 한다. 그런데 나는, 왜 인간을 정서적인 또는 감정의 동물이라고 하지 않는지 모르겠다. 인간과 다른 동물들과의 차이는 이성에서보다도 감정에서 더 뚜렷하게 나타나지 않을까. 나는 고양이가 웃거나 우는 건 못해도 이성적으로 행동하는 것을 많이 보았다. 속으로 울고 웃는다고? 그러나 이런 식으로 말한다면 바다에 사는 게도 속으로는 이차방정식을 풀 줄 안다고 말해도 아무도 반론을 제기하지 못할 게다.

그러므로 우리가 철학자를 볼 때 가장 중요한 건 바로 그 인간이라는 것이다.

칸트를 예로 들어보자. 쾨니히스베르크에서 태어나 그곳에서 18세기말을 넘기고 19세기 초엽까지 살다가 생을 마친 인간 임마누엘 칸트 말이다. 그는 가슴과 머리를 지닌 인간, 한 마디로 인간이었고, 그의 철학에는 의미심장한 비약이 있다. 이 말은 역시 인간인, －인간 그 자체인!－, 키에르케골이 한 것이었는데, 어쨌든 칸트는 순수이성비판에서 실천이성비판으로 비약을 한다. 인간을 제대로 보지 못한 자들이 뭐라고 말하든 간에 그는 순수이성비판에서 무너뜨린 것을 실천이성비판에서 재건을 한다. 신, 즉 아리스토텔레스적인 신, 이성적 존재라는 추상적인 신, 움직이지 않는 제일동인(第一動因)으로서의 신에 관한 전통적인 증명들을 날카롭게 검증하여 가루를 만들어 놓은 다음에, 이번에는 양심을 가진 신, 윤리질서의 장본인, 한 마디로 루터의 하나님인 신을 재구성하는 것이다. 칸트의 이러한 비약은 루터의 신앙관에서 이미 그 싹을 볼 수 있다.

신에는 두 가지 형의 신이 있다. 하나는 이성적인 신으로서, 정의상(定義上)의 인간, 즉 추상적인 인간, 인간 아닌 인간의 밖으로 무한을 향해 투사한 것이다. 또 하나는 감정과 의지가 있는 신으로서 살아있는 인간, 즉 살과 피가 있는 인간의 내부 속으로 무한을 향해 투사한 것이다.

칸트는 머리로 파괴한 것을 가슴으로 재건하였다. 그를 아는 사람들의 증언이나 칸트 자신이 남긴 편지와 메모 등을 통해 우리가 알 수 있는 것은 인간 칸트는 독신으로 지냈지만 이기주의자는 아니었고, 백과전서파와 이성주의가 기세를 올리던 18세기 말에 쾨니히스베르그에서 철학을 하면서 그 문제에 깊은 관심을 가진 사람이었다는 사실이다. 여기서 말하는 그 문제란 삶에 있어서 유일하고도 진정한 문제이다. 그것은 우리의 오장육부까지 파고드는 문제이며, 개개인의 운명에 관한 것으로서, 영혼의 불멸에 대한 문제이다. 인간 칸트는 죽음에 대해 완전히 체념을 하지 않았다. 완전히 체념을 하지 않았기 때문에 그는 그러한 비약을 한 것이었다. 즉, 순수이성비판에서 실천이성비판으로의 비약은 불멸을 향한 비약이었던 것이다.

실천이성비판을 함부로 읽지 않고 조심해서 읽은 사람이라면, 엄격히 말해 칸트가 영혼의 불멸로부터 신의 존재를 추정하는 것이지, 그 반대로 신으로부터 영혼의 불멸을 끄집어내는 것이 아니라는 것을 깨닫게 될 것이다. 정언명령(定言命令)은 도덕적 요청에서 비롯되는 것이고, 도덕적 요청은 목적론적, 아니 그보다는 내세론적 차원에서 영혼의 불멸성을 전제로 하는 것이다. 그리고 이 불멸성을 뒷받침해 주기 위해서 신이 등장한다. 그 외의 것은 전부 철학을 직업으로 삼는 자들의 야바위에 지나지 않는다.

인간 칸트는 내세론의 근거로 도덕이 있어야 한다고 느꼈다. 그러나 철학교수로서 그는 표현을 뒤집어 놓았다.

어디선지는 모르지만 다른 교수, 즉 윌리엄 제임스[62)]라는 교수이자 인간이 말하길, 모든 인간에게 있어 신은 불멸의 생산자라고 한다. 그렇다. 인간 칸트, 인간 제임스, 그리고 이 글을 끄적이고 있는 인간과 읽고 있는 독자를 포함한 모든 인간에게 있어서 말이다.

어느 날 나는 어떤 시골사람과 얘기하다가 이런 가설을 내놓았다. 즉, 하늘과 땅과 우주의 의식을 다스리는 신이 실제로 있기는 있지만 그렇다고 해서 전통적이고 구체적으로 믿어오던 것처럼 각 사람의 영혼이 불멸하는 것은 아니라고 말이다. 그러자 내 말을 들은 그 시골사람은 이렇게 반문하는 것이었다. “그렇다면 하나님이 뭐 하러 있소?” 칸트나 제임스도 인간으로서 마음 속 깊은 곳에서 그런 반문을 했던

62) 미국의 철학자이며 심리학자(1842 – 1910).

것이었다. 다만 교수로서 행동할 때는 합리성하고는 거리가 먼 그런 태도를 합리적으로 정당화시켜야 했을 뿐이다. 그렇다고 해서 그것이 부조리하다는 건 결코 아니다.

헤겔은 모든 합리적인 것은 진실한 것이고 모든 진실한 것은 합리적이라는 유명한 말을 했다. 그러나 헤겔의 이 금언에 승복하지 않는 많은 사람이 있다. 독자나 나는, 진실한 것은, 진실로 진실한 것은 비합리적이라는 사실을 여전히 믿고 있다. 이성은 비합리성 위에 세워지는 것이다. 대단히 정의(定義)에 능한 헤겔은 정의에 의해 우주를 재구성하려고 시도했다. 어떤 포병대의 하사가 우선 구멍을 하나 낸 다음에 그것을 쇠로 덮으면 대포가 된다고 떠벌렸다는 것처럼 말이다.

다른 인간, 즉 조지 버틀러라는 인간은 18세기 초 영국 국교의 주교였는데, 그에 대해서 가톨릭 추기경인 뉴먼[63]은 그가 영국 교회에서는 가장 위대한 인물이라고 말한다. 그런데 버틀러 주교는 그의 위대한 저서 『종교의 유추』의 제 1장에서 내세의 삶을 논하다가 마지막에 이런 의미심장한 말을 한다. "비록 우리의 호기심을 별로 만족시키지는 못한다 할지라도 여기에서 그렇게 강조한 내세에 대한 믿음은 논리적 증명이 답하는 방식처럼 종교의 모든 목적들에 답하는 것처럼 보인다. 사실 내세의 삶에 대한 논리적 증명이 종교에 대한 증명이 될 수는 없다. 왜냐하면 죽음 후에도 삶이 있다는 것은 무신론과 일치하는 것으로서, 무신론 또한 우리가 현재 살아 있다는 것만큼이나 내세에 대해 인식을 하고 있고, 따라서 무신론이 내세를 부정한다고 하는 것처럼

63) 영국의 성공회 교역자였다가 가톨릭으로 개종한 신학자(1901 – 1890).

부조리한 일도 없을 것이다."

인간 칸트가 버틀러의 작품을 읽은 것 같지는 않은데, 여하간 버틀러는 영혼의 불멸에 대한 신앙을 살리려고 했다. 그렇기 때문에 그는 신에 대한 신앙으로부터 영혼 불멸에 대한 신앙을 독립시켰던 것이다. 그의 『종교의 유추』 제 1장은 아까 말한 바와 같이 내세의 삶에 대해 논하고 있고, 제 2장은 상벌(賞罰)에 대한 신의 다스림을 논한다. 그러니까 이 선량한 성공회 주교는 근본적으로 영혼의 불멸에서 신의 존재를 유추해 내고 있는 것이다. 그리고 이 선량한 성공회의 주교가 여기서 출발을 하였기에 동 세기말에 루터파의 철학자가 했던 비약을 할 필요가 없었다. 버틀러 주교도 하나의 인간이었고, 칸트 교수도 또 하나의 인간이었다.

그런데 인간이라는 것은 무언가 구체적이고 단일하고 본질적이 된다는 것, 즉 사물이라는 것과 마찬가지다. 우리가 알다시피 다른 인간, 즉 17세기 중엽에 네델란드에서 태어난 포르투갈계 유태인 스피노자는 그야말로 모든 사물에 대해서 논하지 않은 것이 없었다. 그의 저서 『윤리학』 제 3부의 여섯 번째의 명제는 다음과 같다 : 각 사물은 자기 자신에 관한 한 그 존재를 보전하기 위해 최대의 노력을 한다. 그에 의하면 각 사물은 자신 속에, 즉 실체 속에 있는데, 실체는 스스로 존재하며 스스로를 인식하기 때문이다. 그 다음의 명제인 일곱 번째에는 다음과 같이 덧붙이고 있다 : 각 사물이 그 존재를 보전하기 위하여 기울이는 노력은 다른 것이 아닌 바로 사물 자체의 현존하는 본질이다. 이게 무슨 말인가 하면, 독자여, 그대의 본질, 나의 본질, 인간 버틀러의 본질, 인간 칸트의 본질, 그리고 인간이 될 수 있는 모든 인간들의 본질은 다른 것이 아니라 바로 이 노력, 죽지 않고 인간으로 계속 남으려는 노력 이외 다른 것이 아니라는 것이다. 또 그 다음의 명제, 즉 여덟 번째는 이렇다 : 각 사물이 자기 존재를 보전하기 위해 기울이는 노력은 유한한 시간이 아니라 무한의 시간을 겨냥한다. 다시 말해, 독자나 나나 스피노자나 할 것 없이 우리는 절대로 죽기를 원치 않는다는 것이고 이 절대로 죽지 않으려는 열망이 지금 이 순간 우리의 본질이라는 것이다. 그런데도 말이다, 안개 낀 네델란드 땅으로 추방된 이 불쌍한 포르투갈계 유태인은 결코 그 자신의 불멸성을 믿어 보지를 못하고 말았다. 그도 그럴 것이, 그의 모든 철학은 그의 신앙의 결핍을 메우기 위한 하나의 자위에 지나지 않았으니까 말이다. 다른 사람들에게 손이나 발이나 심장이나 머리가 아픈 것처럼, 스피노자에게는 신이 아팠던 것이다. 오, 가엾은 사람! 그렇지만 다른 누군들 불쌍한 인간이 아니랴!

그런데, 인간이라는 사물은 과연 하나의 사물에 불과한 것이냐? 질문이 아무리 터무니없게 들린다 할지라도, 그런 질문을 한 사람들이 있다. 얼마 전에 소위 실증주의라고 하는 학설인지 교리인지가 세상을 휘젓고 다니면서 공도 많이 세우고 해도 많이 끼친 것을 알 것이다. 그 해악 중의 하나가 바로 분석인가 뭔가 하는 것을 세상에 끌어들였다는 사실이다. 즉, 어떤 문제를 분석한답시고 사실들을 짓빻아 가루로 만들어 놓는다는 것이다. 그리하여 실증주의가 사실이라고 부른 것들은 사실의 단편들에 지나지 않게 되었다. 심리학에서는 그러한 행위가 몹시 유해했다. 심지어 문학가의 반열에 끼어든 스콜라 철학자들 ― 시인의 반열에 끼어든 철학자는 결코 아닌데, 왜냐하면 시인과 철학자는 비록 똑같지는 않다고 할지라도 쌍둥이 형제나 다름없기 때문이다 — 까지 있어 실증주의적 심리 분석을 소설과 연극에 적용하였다. 그 결과, 살과 피가 있고 의식을 가진 구체적인 인간이 움직여야 할 곳에서 의식이 사라져버리고 말았다. 흔히 지적되는 바이지만, 어떤 복잡한 생명이 있는 유기체의 화학적 화합물을 실험하고 시험하는 데 있어서 번번이 일어나는 현상과 똑같은 현상이 일어난 것이다. 즉 시약이 실험하려고 하는 물체 자체를 파괴하고, 그래서 실험으로 얻게 되는 것은 그 혼합의 산물에 지나지 않는 것이다.

우리의 의식 속에는 상호 모순되는 상태가 전개된다는 분명한 사실에도 불구하고, 그들은 '나'라는 의식을 명료하게 보는데는 실패하였다. 자아에 대해 물어보는 것은 그 몸에 대해 물어보는 것과 같다. 자아에 대해 말하는 것은 구체적이고 개인적인 '나'에 대해 얘기하는 것이며, 피히테가 규정한 '나'가 아니라 피히테 자신, 인간 피히테의 '나'이어야 하는 것이다.

한 인간을 결정짓는 것, 즉 그를 인간이 되게 하는 것, 다른 사람이 아닌 그 누구라는 것은 단일성의 원칙이고 연속성의 원칙이다. 단일성의 원칙은 우선은 육체 덕분에 공간적인 것이지만, 나중에는 행위와 의도에 관한 것이 된다. 우리가 걸을 때 한 발은 앞으로 가고 다른 한 발은 뒤로 가지 않는다. 또 우리가 무얼 볼 때 한 눈은 북쪽을 보고 또 한 눈은 남쪽을 보지 않을 터이다, 건강한 사람이라면. 삶의 매 순간에 우리는 어떤 의도를 가지며, 그것을 위해 우리의 행위들은 공동작용을 이룬다. 물론 의도는 언제든지 바뀔 수가 있다. 어떤 의미에선 누구의 행위가 통일적이 될수록 그 인간다워진다. 인생을 살면서 그것이 무엇이든지 간에 한 가지 목적만을 추구하는 사람도 있다.

그리고 연속성의 원칙은 시간적이다. 이십 년 전의 내가 지금의 나인가 아닌가는 한가한 논의에 지나지 않기 때문에 따질 것도 없지만, 내 생각에는 오늘의 나는 일련의 연속적인 의식 상태를 통하여 이십 년 전 내 몸에 들어 있던 사람으로부터 유래되는 것이다. 기억이라는 것은 한 인간의 개별성의 기초가 되는데, 그것은 마치 전통이 한 민족의 집단적 개성의 기초가 되는 것과 같다. 사람은 기억 속에서 살고 또 기억을 위해 산다. 그래서 우리의 정신적 삶은 근본에 있어서는 존속을 위한, 희망을 가지기 위한 우리 회상의 노력이며, 따라서 미래를 만들기 위한 우리 과거의 노력이다.

이 모든 것은 귀가 따가울 정도로 들어온 뻔한 말이라는 것을 나도 안다. 그러나 세상을 돌아다니다가 보면 자기 자신을 의식하지 못하는 사람들을 만나곤 한다. 나와 가장 가까운 친구 중에 여러 해 동안을 매일 함께 산보를 다니는 사람이 있는데, 내가 그의 고유한 개성에 대한 나의 느낌을 얘기할 때마다 그는 이렇게 말하곤 했다. "그런데 나 자신은 그런 걸 못 느끼겠는걸. 나는 그게 뭔지 몰라."

어떤 때 이 친구가 내게 "나는 누가(이름을 말했다) 됐으면 좋겠어"라고 하는 것이었다. 그래서 나는, "그거야말로 내가 도무지 이해할 수 없는 거야. 왜 누가 다른 사람이 되길 원해. 딴 사람이 된다는 건 자기 자신을 포기하는 거잖아. 남이 가진 것, 이를테면 돈이나 지식 같은 걸 바랄 수는 있지. 그러나 남이 된다는 건 도저히 이해가 안 돼."

왜 그런 말이 있잖은가, 잘 사는 남보다 못 살아도 자기 자신이 좋다는. 그러니까 불행한 사람들이 곤란한 가운데 있다고 해도 건강하기만

하면, 즉 자기 존재를 유지하려고 노력을 하는 한, 비존재보다는 차라리 불행을 원하는 것이다. 나에 관해 얘기를 하자면, 내가 젊었을 때와 아이였을 때 지옥을 연상시키는 무시무시한 그림들이 내게 별로 충격적이지 않았는데, 왜 그러냐 하면 그때부터 이미 무(無) 그 자체만큼 끔찍한 건 아무 것도 없었기 때문이었다. 그건 존재에 대한 일종의 맹렬한 굶주림이었고, 우리의 고행자가 말하듯 신성에 대한 욕구였다.

누구에게 다른 사람이 되어보라고 부추기는 것은 자기 노릇을 그만 두라고 하는 것이다. 각자는 자기의 개성을 지키는 한도 내에서 사고방식이나 감정의 반응방식을 바꾸는 걸 용납한다. 그리고 그 변화는 정신의 단일성에 수용이 될 수 있고 자신의 연속성 속에 숨길 수 있는 것이어야 한다. 요컨대 그 변화는 자신의 여타 존재방식, 사고방식, 감정방식과 조화를 이루고 합쳐져야 하며, 나아가 기억과 연결될 수 있을 때에 한하는 것이다. 어떤 사람에게나 민족에게나 －민족도 어떤 뜻에선 일종의 인간이라고 할 수 있다－ 개체의 단일성과 연속성을 깨뜨리는 변화를 강요해선 안 된다. 때에 따라서는 많이, 심지어는 홀딱 바꾸어놓다시피 할 수 있으나, 연속성이 유지되는 한도 내에서만 가능하다.

어떤 사람들에겐 개성의 변화라고 할 만한 것이 일어나는 것이 사실이지만, 이런 것은 병적인 것이라서 정신과 의사의 연구 대상이다. 그러한 개성의 변화에서는 의식의 바탕이 되는 기억이 완전히 망가진다. 그런 불쌍한 환자의 연속성의 실체는 어디에서 찾아볼 수 있는가 하면, 육체라는 유기물에서일 뿐이다. 그런 병에 걸린 사람은 이미 죽은 사람이나 마찬가지다. 만약 그렇지 않다면 그건 그의 재산을 상속

받아야 할 사람 입장에서나 그런 것일 게다. 어쨌건 그런 병은 일종의 혁명, 진짜 혁명일 뿐이다.

병이란 건 어떤 면에서 유기체의 분해를 뜻한다. 살아있는 몸뚱이의 한 기관이나 요소가 반란을 일으켜 생체의 공동작용을 깨고 나머지 요소들이 꾀하는 조화로운 목적과는 다른 음모를 꾸미는 것이다. 그 목표를 따로 떼어 생각할 때, 즉 추상적인 관점에서 보자면, 더 고상하고 더 숭고하고 더... 뭐든 될 수 있을 것이다. 그러나 그건 이미 다른 것이다. 물속에서 헤엄치고 숨 쉬는 것보다는 하늘을 날면서 숨 쉬는 게 더 좋을는지 모른다. 그러나 물고기의 지느러미가 날개로 변하길 바란다면 그 물고기는 물고기로서는 죽고 말 것이다. 그리고 만약 그 변화에 연속성의 과정이 없다고 하면 결국은 새가 되고 말 것이라는 것은 새삼 말할 필요조차 없다. 잘 모르겠지만 어떤 물고기는 새를 낳는 경우가 있는지 모르는 일이고, 혹은 어떤 물고기가 새에 더 가까울 수도 있을 것이다. 그러나 그런 물고기라 할지라도 자신의 일생에서 새가 될 수는 없는 것이다.

내 속에서 내 생명의 단일성과 연속성을 무너뜨리려고 획책하는 모든 것은 나를 파괴시킬 뿐만 아니라 결국은 자신도 파괴된다. 자기 민족의 정신적 단일성과 연속성을 파괴하려고 공작을 꾸미는 모든 구성원은 민족을 파괴할 뿐만 아니라 자신도 파괴시키게 된다. 왜냐하면 그도 그 민족의 한 부분이기 때문이다. 다른 민족이 더 우수해 보여서 그렇다고? 훌륭한 얘기다, 뭐가 더 좋고 나쁜 건지는 몰라도 말이다. 더 부유하다고 해서? 거 좋지. 더 교양이 있다고 해서? 그것도 좋다. 더 행복하게 산다고 해서? 이건 그렇다고 인정하기는 좀 곤란하지만, 에라 그렇다고 하자! 우리는 정복을 당하는데 저쪽은 정복을 한다고 해서? 축하할 일이다. 그래 다 좋다고 하자. 그러나 남이다. 이걸로 그만이다. 왜냐하면 내가 내 인생의 단일성과 연속성을 깨가면서 남이 된다는 건 내가 나이기를 그만둔다는 것이다. 다시 말해, 존재하지 않겠다는 얘기에 다름 아니다. 이거야말로 안 될 말이다. 다른 건 몰라도 이건 안 된다!

어느 누가 내가 채우고 있는 이 종이를 나보다 더 잘 채운다고 하면? 어느 누가 나의 사회적 역할을 더 잘 수행할 것이라면? 그럴 수 있다. 그러나 나 자신을 대신할 수는 없다.

"나, 나, 나, 언제나 나! 도대체 당신은 누군데?"라고 항의할 독자도 있을 것이다. 이때 오베르만[64]의 대답을 듣는 것이 좋겠다. 그 대단한 인간 오베르만은 이렇게 말했다 : "나란 우주로 봐서는 아무 것도 아니나, 나에겐 전부이다". 그러나 그게 전부는 아니고, 인간 칸트의 신조를 상기할 필요가 있다. 즉, 우리는 이웃, 나 아닌 다른 사람들을 고려하되, 수단이 아니라 목적으로 대해야 한다는 것이다. 나 하나만을 염두에 두자는 것이 아니다. 못마땅해 툴툴거리는 독자여, 그대를 염두에 두고 하는 말이며, 동시에 모든 사람들과 한 사람 한 사람에 대해 얘기하는 것이다. 하나 하나의 의견은 보편적 가치를 지닌다고 논리학자들은 말한다. 단수(單數)라는 것은 사적인 것이 아니라 보편적일 수 있다는 것이다.

64) 프랑스의 세낭쿠르(1770–1846)가 쓴 서간체 소설의 주인공. 오베르만은 예민한 감수성을 타고나 지적생활 속에 파고들지만, 그 의지는 지극히 약해서 오직 자기의 서글픈 마음만을 들여다보며 죽어간다.

인간은 목적이지 수단이 아니다. 모든 문명은 인간을 지향한다. 각 사람, 각각의 나가 그 인간이다. 그런데 도대체 인류니 뭐니 하는 우상은 무엇이냐? 그것을 위해서는 모두가, 또 각 사람이 기꺼이 희생되어야 하는가? 왜냐하면 나는 내 이웃사람들, 동포, 자식들을 위해 희생하고, 이들은 이들대로 끝없이 세대를 이어가며 자기의 이웃, 동포, 자식들을 위해 희생하기 때문이다. 그렇게 희생만 한다면 그 열매를 받는 것은 누구인가?

이 환상적인 희생, 저 목적 없는 헌신에 대해 우리에게 설교하는 사람들은 또한 인생의 권리에 대해서도 주장하곤 한다. 그럼 인생의 권리란 무엇이냐? 그들 말로는 나는 뭐 사회적 목표라나 뭔가를 이루기 위해 이 세상에 태어났다고 한다. 그러나 내가 느끼는 바로는 나는, 내 형제들 한 사람 한 사람과 마찬가지로, 나를 이루기 위해, 살기 위해 이 세상에 태어난 것이다.

그럼, 그럼, 내 눈에도 보인다. 거대한 사회활동, 강력한 문명, 어마어마한 학문, 어마어마한 예술, 어마어마한 산업, 어마어마한 도덕이 나를 둘러싸고 있는 것을 말이다. 그리하여 우리가 세상을 경이로운 공업발전으로, 큰 공장들로, 길들로, 박물관들로, 도서관들로 채우게 될 때 우리는 지쳐서 그것들의 발치에 쓰러지게 될 것이라는 사실도 나는 안다. 그렇다면 이 모든 것들은 도대체 누구를 위해 있는가? 인간은 과학을 위해 존재하는가, 아니면 과학이 인간을 위해서 있는 것인가?

아까 그 독자는 다시 소리칠 것이다. "어럽쇼! 교리문답으로 돌아가자는 게로구먼. 하나님은 누구를 위해 세상을 만드셨냐고 묻는다면 그야 당연히 인간을 위해서라고 답하지 않겠어!" 하긴 그대의 말도 일리가 있다. 인간인 인간은 그렇게 대답할 것이다. 그런데 만약 개미가 의식이 있는 존재라서 이 문제에 생각이 미친다면 무어라 할까. 당연히 개미를 위해서라고 대답할 것이고 그것도 맞는 답일 게다. 그렇다면 세상은 의식을 위해 만들어진다고 할 수 있다. 각각의 의식을 위해서 말이다.

"한 인간의 영혼은 우주 전체에 값한다"고 누군가 고귀한 말씀을 했다. 한 인간의 영혼이라고? 그렇다, 인생이 아니라 영혼이다. 영혼, 즉 의식이 있고 개인적이며 구체적인 영혼을 말함인데, 이 영혼이 불멸한다는 것을 적게 믿으면 적게 믿을수록 가련한 나그네 인생의 가치가 과장되는 법이다. 그리하여 여기에서 전쟁에 대해 지나치게 여성적이고 예민한 감정이 생겨나는 것이다. 정말 죽기를 바란다는 것이 아니고, 다른 종류의 죽음이 있다. "누구든지 제 목숨을 구원코자 하면 잃을 것이요"[65]라고 복음서는 말한다. 그러나 "누구든지 제 영혼을 구원코자 하면 잃을 것이요"라고 말하진 않는다. 영혼은 불멸하기 때문이다. 우리가 그렇게 믿든지 아니면 그렇길 바라는 것에 지나지 않는 것이든 간에 말이다.

모든 객관론자들이 주목하지 않는, 아니 더 정확히 말해, 주목하길 피하는 사실이 있다. 즉 한 인간을 긍정한다 함은 그의 자아, 개인 의식이 그 구체적으로 실재하는 인간을 긍정함으로써 진정한 휴머니즘을 긍정한다는 것이고, –물론 인간에서 파생된 것들의 휴머니즘이

65) 마태복음 16 : 25, 마가복음 8 : 35, 누가복음 9 : 24, 17 : 33을 보라.

아니라 인간의 휴머니즘－, 나아가 인간을 긍정함으로써 그 의식을 긍정하게 된다는 사실 말이다.

세계는 의식을 위해 있다. 더 정확하게 표현하자면, 이 '위하여'라는 목적 개념, 아니 오히려 목적 감정이라고 해야 옳을 이 목적론적인 감정은 바로 의식이 있는 곳에서 태어난다. 따라서 의식과 목적은 근본적으로는 같은 것이다.

만약 태양이 의식을 가졌다고 가정한다면, 자기는 세상을 골고루 비추기 위해 살고 있다고 생각할 것이 틀림없다. 그러나 또한 그가 무엇보다 중요하게 생각하는 것은 이것일 것이다. 즉, 삼라만상은 그들에게 빛을 비춰줌으로써 즐거움을 느끼고 사는 자기를 위해 존재하는 것이라고 말이다. 참으로 그럴듯한 생각이다.

인간이 살아남기 위하여 벌이는 이 모든 비극적인 전투는, 내가 독자에게 앞서 얘기한 것처럼, 인간 칸트로 하여금 저 불멸의 비약을 하게 만든 불멸에 대한 꺼지지 않는 열망으로서, 의식을 위한 전투에 다름 아니다. 그런데 어떤 비인간적인 사상가가 말한 것처럼 의식은 두 영원한 암흑 사이의 순간적인 번득임에 지나지 않는다고 하면, 존재만큼 저주스러운 것도 없는 것이다.

내가 지금 말하고 있는 모든 것에 근본적인 모순이 있다는 것을 눈치챈 사람도 있을 것이다. 왜냐하면 내가 어떤 때는 신성불가침한 것처럼 인생을 열망하고, 또 다른 때는 그만한 가치가 없다고 말하기 때문이다. 모순이라고? 물론! 가슴은 그렇다고 하는데, 머리는 아니라고 하지 않는가! 당연히 모순일 수밖에 없다. 복음서의 저 유명한 말을 누가 모른단 말인가. "주여, 내가 믿나이다! 나의 믿음 없는 것을 도와주소서!"[66] 모순이고말고! 우리는 모순에 의해 살고 또 모순을 위해 살지 않는가. 인생이 비극인 이상, 비극은 승리도, 승리의 희망도 없는 영원한 투쟁이 아닌가. 이것이 모순이로다.

독자들이 보다시피 문제는 정서적인 가치에 관한 것이고, 이것에 대해서는 이성이 소용없다. 왜냐하면 이성은 이성일 뿐이기 때문이다. 다시 말해 진리와는 거리가 먼 것이다. 천성적으로 또는 재치를 부리느라고 유식한 체하는 정의(定義)에 능한 사람들이 있는데, 이들을 보면 나는 어떤 사람이 생각난다. 즉, 꽃다운 나이에 어느 집 자식이 죽자 그 아버지에게 위로한답시고 이렇게 말하는 사람 말이다. "여보게, 참게나. 어차피 우리는 죽는 인생이 아닌가!" 이런 시건방진 말을 듣고 그 아버지가 화를 낸다면 이상하겠는가? 왜냐하면 시건방진 것만은 사실이기 때문이다. 지당한 말이라도 어떤 경우엔 시건방진 말이 있다. 가령 다음과 같은 말을 함부로 하다간 뺨을 맞기 십상이다.

> 자네처럼 생각하려면
> 딴 것 말고 지성만 있으면 되나니.

정말 생각을 하는데 두뇌뿐이 쓰지 않는 것같이 보이는 사람들이 있는데, 생각만을 위한 신체기관이 따로 있는 것일까. 반면에 어떤 사람들은 피로, 골수로, 심장으로, 허파로, 배로, 목숨으로, 즉 온 몸과 온 마음으로 생각한다. 그런데 머리로만 생각하는 사람들이 정의에 능한

---

66) 마가복음 9 : 24. 벙어리 귀신들린 아들을 예수에게 데려온 아버지의 말.

자들, 곧 프로 사상가가 되는 것이다. 프로가 뭔지 아는가? 노동 분업의 결과가 뭔지 그대는 아시는가?

여기에 프로 권투선수가 있다고 하자. 그는 가장 경제적으로 주먹질하는 법을 배운 사람이다. 그는 힘을 주먹질에 모으고, 상대를 쓰러뜨리려는 구체적이고 즉각적인 목적을 달성하기 위해 꼭 필요한 근육만을 움직일 따름이다. 프로가 아닌 자가 상대방을 때려눕히려면 당연히 그 정도의 객관적이고 즉각적인 효율성을 가질 수 없을 것이다. 그러나 대신에 그의 온 몸을 다 쓰다시피 해야 하므로 훨씬 많은 활력을 발산한다는 사실을 알아야 한다. 요컨대, 권투선수의 펀치와 인간의 펀치의 차이인 것이다. 다 아는 일이지만 서커스의 역사(力士)나 장터의 장사(壯士)는 건강하지 못한 경우가 많다. 상대를 보기 좋게 거꾸러뜨리고 엄청난 무게를 번쩍 들지만 폐결핵이나 소화불량에 걸려 죽곤 하는 것이다.

어떤 철학자가 인간이 아니라면 철학자는 더군다나 아니다. 그저 유식한 체 하는 자, 다시 말해 인간의 모방물일 뿐이다. 화학, 물리학, 기하학, 문헌학 등 어떤 학문을 연마한다는 것은 지극히 제한적이면서 매우 좁은 영역 내에서 세분화된 학문이 되기 쉽다. 그러나 철학은 시와 마찬가지로 통합과 조화의 학문이다. 그렇지 않다면 그건 철학같이 보이되 철학이 아닌 사이비철학의 박학다식일 뿐이다.

모든 지식은 저마다 목적이 있다. 알기 위해 아는 것은, 누가 뭐라든 간에, 암담한 원칙의 요청에 지나지 않는다. 무얼 배우는 것은 바로 써먹기 위해서든가, 아니면 다른 지식을 완성하기 위해서이다. 순전히 이론적으로만 보이는 학설, 다시 말해 삶의 필요성에 즉각적인 적용을 할 수 없는 것처럼 보이는 이론조차도 지성의 요구, 사고의 경제성, 의식의 단일성과 연속성의 원칙 등에 쓸모가 있는 것이다. 그러나 어떤 학문의 지식이 기타 다른 지식들에서 목적하는 바가 있는 것처럼, 사람이 품는 철학 역시 외적인 목적이 있는 바, 그것은 인생과 우주에 대한 우리의 태도, 우리의 운명 전체에 관한 것이다. 따라서 철학의 가장 큰 비극적인 과제는 지적인 요구를 감정적이고 의지적인 요구와 조화를 시키는 것이다. 여기에 모든 철학이 실패를 하면서도, 우리 존재의 근거인 이 영원히 비극적인 모순을 깨려고 시도하는 까닭이 있다. 그런데 모든 사람이 이 모순에 직면하는 것 같지는 않다.

예컨대 어떤 통치자가 어떤 일을 하던지 간에 첫 번째 원칙과 최종 목적을 생각하지 않는다거나, 특히 사람들에 관한 일에 있어서 첫 번째로 왜 하는지 최종적으로 무엇을 위함인지를 생각하지 않는다면 — 그것이 잘 드러나지 않는다 할지라도—, 아무 것도 그에게 기대할 수가 없다.

그런데 이 지고한 관심은 순전히 이성적이지만은 않고 오히려 감정적인 요소가 많다. 생각만 해서는 안 되고, 우리의 운명을 느껴야 하는 것이다. 그러므로 사람들을 이끄는 자가 지붕 위의 일은 신경 쓰지 않는다고 선언을 한다면 그는 지도자의 자격이 없다. 이것은 물로 분명한 해결책을 가지고 있어야 한다는 건 아니다. 해결이라! 그런 것이 정말 있는가?

나의 경우라면, 민족의 지도자라고 해서 아무에게나 결코 기꺼이 나를 맡기고 신뢰를 보내진 않을 것이다. 지도자라면 모름지기, 그가 이끌려고 하는 사람들이 피와 살을 지닌 인간으로 태어나 고생하다가 원치 않는 죽음을 맞이한다는 사실과, 국민이 수단일 뿐만 아니라 목적이라는 사실, 인간은 그 모습 그대로 인정해야 한다는 사실, 결론적으로 이른바 행복이라고 부르는 그것을 찾아 헤매는 것이 인간이라는 사실을 철저히 느껴야 하는 것이다. 예를 들어, 희생자의 운명에 공감이 없는 차세대를 위해 한 세대의 사람들을 희생시킨다는 것은 비인간적이다. 희생자들에 대한 추모와 이름을 기억해 달라는 것이 아니라, 그들에 대한 감정이 있어야 한다는 것이다.

사람이 자손을 통해 살아남고, 업적을 통해 혹은 우주 속에 산다는 등등의 얘기는 공은 많이 들였어도 허황된 것으로서, 정서적 치매에 걸린 자들이나 좋아할 얘기이다. 이들은 그러나 두뇌에 있어서는 상당히 뛰어난 사람들일 수도 있다. 왜냐하면 그야말로 위대한 재능을 지닌 사람이 감정에 있어서는 백치요, 윤리적으로는 천치일 수도 있는 것이다. 그런 예는 숱하게 많다.

이 재능 있는 정서적 바보들은 흔히 말하길, 인식할 수 없는 것은 파고들어 봤자 소용이 없다거나 돌부리를 차면 발부리만 아프다고 한다. 그건 마치 다리 하나를 절단해야 한 사람에게 거기에 대해 생각해 봤자 무슨 소용이 있냐고 말하는 것과 같다. 그런데 우리는 모두 무언가가 결핍되어 있다. 그걸 누구는 느끼는데 어떤 사람은 느끼지 못하는 것뿐이다. 아니면 그걸 못 느끼는 사람처럼 꾸미고 있던가인데, 그렇다면 위선자들이다.

어떤 똑똑한 체 하는 자가 솔론[67]이 자식 하나를 잃고 섧게 우는 것

67) 옛 아테네(기원전 7세기)의 정치가로서 그리스 7현인 중의 하나.

을 보았겠다. "무엇 하러 그리 우는가, 아무 소용도 없잖은가?"라고 하니까, 현자가 가로되, "바로 그거라네, 아무 소용이 없기 때문에 우는 것일세". 물론 우는 게 아무 쓸모가 없는 것은 아니다. 하다못해 속이라도 후련해지지 않는가. 그러나 솔론이 그 시건방진 자에게 한 대답의 깊은 뜻은 다른 데 있다. 나는 우리 모두가 길거리에 뛰쳐나가서 우리의 고통들을 드러내 놓고, −그러면 혹시 하나의 공통된 고통으로 집약될지도 모르겠는데−, 다 함께 하늘을 향해 하나님을 불러가며 소리치고 울어댄다면 많은 일이 해결될 것이라고 확신한다. 하늘이 무심할까, 결코 그렇지 않을 것이다. 성전 안에서 가장 신성한 곳은 공동으로 가서 울음을 터뜨리는 곳이다. 운명의 채찍을 맞은 우리 인간들이 모여 합창으로 부르는 미제레레[68]는 철학만큼이나 가치가 있다. 페스트를 고치는 것이 전부가 아니고 그 병에 대해 울 줄 알아야 한다. 정말 그렇다! 울 줄 알아야 한다. 어쩌면 이것이 최고의 지혜일지 모른다. 무엇 때문이냐고? 그 이유는 솔론에게 물어보시라.

이 세상에는 생의 비극적 감정이라고 부를 그 무엇이 있다. 다른 적당한 이름이 있다면 그것도 좋겠으나, 어쨌든 이것은 인생 자체와 우주를 포괄하는 하나의 완전한 개념으로서, 다소간 틀도 잡히고 알맹이가 있어 하나의 철학으로도 손색이 없다. 이것은 개인뿐만 아니라 민족 전체가 가질 수 있고 또 실제로 갖고 있는 것이기도 한데, 감정은 생각에서 비롯된다기보다는 오히려 생각을 결정짓는 것이고, 비록 나중에 가서 생각이 반작용을 일으킬지라도 그로 인해 감정은 더욱 북

68) 다윗의 시로서 구약성경의 시편 제 51편을 가리킴. "하나님이여 주의 인자를 따라 내게 은혜를 베푸시며 주의 많은 긍휼을 따라 내 죄악을 지워 주소서. . ."

돋워질 뿐이다. 감정은 우발적인 질병, 이를테면 소화불량으로부터 올 수도 있고, 체질적인 것일 수도 있다. 그리고 앞으로 보게 되겠지만 건강한 사람이니 건강치 못한 사람이니 하고 논하는 것은 별로 쓸모가 없다. 건강에 대한 표준적인 개념이 없다는 사실 말고도, 사람이 천성적으로 명랑하게 되어 있다는 걸 아무도 증명하지 못했기 때문이다. 그 이상으로, 인간은 인간이기 때문에, 또 의식을 가지고 있기 때문에, 당나귀나 가재에 비해서 아픈 동물이다. 의식은 일종의 질병이다.

피와 살을 가진 인간들 중에는 생의 비극적 감정을 지닌 전형적인 인물들이 있어 왔다. 지금 기억나는 사람은 마르쿠스 아우렐리우스, 성 어거스틴, 파스칼, 루소, 르네, 오베르만, 톰슨, 레오파르디, 비니, 르노, 클라이스트, 아미엘, 켄탈, 키에르케고르 같은 이들인데 이들은 학문보다는 지혜가 더 충만했던 사람들이다.

혹시 이들 중의 누구는 남의 이목을 끌기 위해서 혹은 권력자나 상사의 비위를 맞추기 위해서 그런 태도를 취한 것이라고 －포즈를 취하듯이 그렇게 태도를 취할 수 있는 것인지?－ 믿는 사람도 있을지 모르겠다. 그러나 다른 사람의 의도를 짚어내는 것처럼 인간이 잘아질 때가 없다. 프랑스 속담에 <나쁘게 생각하는 사람이 나쁜 사람이다>라는 말이 있다. 스페인 속담도 있으나 이건 너무 강렬해서 야하다고 할까봐 지금 여기에 옮기지는 않는다.

그리고 나는 생의 비극적 감정을 지닌 민족들도 있다고 믿는다. 이제 건강과 질병이라는 것부터 시작하여 이 문제를 살펴보기로 하자.(*1장의 끝)

3. 과묵한 진실 안또니오 마차도

안또니오 마차도(1875 – 1939)는 세비야에서 태어났고 대단히 섬세한 감수성을 지녔지만, 열정적이고 외향적인 남부인의 기질보다는 너르고 황량한 까스띠야 평원의 가라앉고 묵중한 정신에 오히려 어울리는 깊이와 무게를 지닌 시인이었다. 그리고 생활 면에서는, 지극히 소박하고 외로운 삶을 살았는데, 그는 스스로의 인생을 다음과 같이 소개한다.

> "나는 1875년 7월 어느 날 밤에 세비야 Sevilla에서 태어났고, 집은 거리 이름과 같은 그 유명한 라스두에냐스 las Dueñas의 저택이었다. 고향 도시의 추억들은 모두 유년의 것들뿐인데, 왜냐하면 여덟 살 때 부모님을 따라 마드리드로 이사했기 때문이다. 공부는 자유교육기관 Institución Libre de Enseñanza에서 배웠다. 나는 그곳 선생님들에게 생생한 사랑, 그리고 깊은 감사의 마음을 품고 있다. 사춘기와 청년기는 마드리드에서 보냈다. 프랑스를 갔다 오고, 국내 여행을 좀 하였다. 1907년에 불어 교사 자격을 따서 5년간 소리아 Soria에서 가르쳤다. 그 곳에서 나는 결혼했다. 그 곳에서 내 아내는 죽었고, 그녀의 기억은 언제나 나와 함께 있다. 나는 바에사 Baeza로 옮겼고, 지금도 살고 있다. 내 취미는 산보와 독서다."

이렇듯 소박하고 겸손한 시인 안또니오 마차도는 그러나 걸출한 시인이 많은 스페인 문학사에서도 단연 돋보이는 인물 중의 하나이다. 살아서는 이른바 《98 세대》를 대표하는 시인이었고, 죽어서는 그뿐만 아니라 스페인 문학 전체와 세계 문학사에 영원히 남는 이름이 되었다. 그는 전후 스페인에서 가장 많이 읽히고 연구되는 시인이었고, 후배 세대의 시인들에게 끼친 영향도 지대하였다. 그리고 유네스코 UNESCO는 1989년에 그를 «세계시인»으로 공포를 함으로써 안또니오 마차도란 이름은 영예를 더욱 빛내게 되었다. 라파엘 꼰떼는 그의 현재적 의의를 다음과 같이 평가하고 있다.

> 세계 최고의 국민문학적 표현 중의 하나인 스페인 문학의 은세기(銀世紀), 그 첫 삼분의 일로서의 20세기 스페인 시 위에 안또니오 마차도의 위세는 압도적이다. 그의 차분하고 대범한 생활, 소박성, 거짓말 같은 선량함, 지고한 도덕과 빼어난 시민윤리가 모여 하나의 시학으로 주조되었다. 그 정확성과 정밀함, 그리고 용이한 이해는 거의 기적에 가까운 표현의 밀도와 겨루고 있다. 그리고 잊어선 안 될 것은, 그것들은 또한 우아한 동시에 소박하고, 온순한 동시에 아이러니컬하고, 부드러운 동시에 사색적인 산문으로 주조되었다는 점인데, 그의 글들은 외관상 분산적이지만 심오한 통일성에 의해 다스려진다. 마차도의 작품은 이미 우리나라 문화의 일부가 되었고, 우리의 집단적 무의식의

표현이 되었다.

그의 작품을 일별하자면, 그의 초기 시집『고독의 순간들』(Soledades, 1899 – 1907)에는 절제되고 소박한 시 형식에 생의 내밀한 고뇌가 은은히 담겨 있는데, 이는 이후의 작품들에도 면면히 이어지는 내적 특성이다. 그러나 초기의 주관적이고 개인적인 정서는 중기 시집『까스띠야의 들판』(Campos de Castilla, 1907 – 1917)에서 객관적이고 사회적인 목소리로 바뀌어진다. 여기서 시인은 비옥하지 않은 까스띠야 땅의 풍경을 질박하게 노래하면서 조국의 문제에 관심을 내보인다. 기본적으로 그것은 «98 세대»의 정신에 일치할 뿐 아니라 그 정신을 살찌우는 것이었다. 그리하여 그는 뒤늦게 98 세대의 한 쪽 기둥이 된다. 그의 후기 시집『새로운 노래들』(Nuevas Canciones, 1917 – 1930)에서 시인은 다시 어조를 바꾸어, 짧고 간단한 민요조 가락에 역설로 가득한 사색의 편린들을 담는다. 그 후 마차도는 아벨 마르띤과 후안 데 마이레나라는 가공의 이름으로 형이상학적 산문에 주력한다. 시만을 보면, 내면의 세계에서 사회의 무대로, 그리고 형이상학의 숨바꼭질로 이어지는 30여 년간의 시들을 모은 시 전집에는 불과 193편의 작품이 있을 뿐이다.

마차도의 시 몇 편을 감상해보자.

[V] ≪유년의 추억≫[69]

어둡고 추운 겨울
오후. 아이들이
공부한다. 단조롭게
유리창 너머 내리는 비.

교실이다. 포스터에
그려진 건 도망치는
카인, 죽어 있는 아벨,
진홍빛 얼룩과 함께.

---

69) <Recuerdo Infantil>
Una tarde parda y fría
de invierno. Los colegiales
estudian. Monotonía
de lluvia tras los cristales.
Es la clase. En un cartel
se representa a Caín
fugitivo, y muerto Abel,
junto a una mancha carmín.
Con timbre sonoro y hueco
truena el maestro, un anciano
mal vestido, enjuto y seco,
que lleva un libro en la mano.
Y todo un coro infantil
va cantando la lección;
mil veces ciento, cien mil,
mil veces mil, un millón.
Una tarde parda y fría
de invierno. Los colegiales
estudian. Monotonía
de la lluvia en los cristales.

탁하고 요란한 벨소리,
호령하는 선생님. 늙고
깡마른 몸에 흐트러진 옷.
손에는 책을 들고 있다.

아이들은 입을 모아
교과서를 합창한다.
"백 곱하기 천은 십만,
천 곱하기 천은 백만".

어둡고 추운 겨울
오후. 아이들이
공부한다. 단조롭게
유리창에 내리는 비.

[IX] ≪두에로 강변≫

종루 높은 곳에 황새 한 마리가 나타났다.
탑 주위와 외딴 저택을 돌면서
벌써 제비들이 지저귄다. 눈보라 몰아치던
하얀 겨울, 지옥의 잔인한 바람은 지나갔다.
미지근한 아침이다.
태양은 가난한 소리아 땅을 조오금 덥힌다.
거의 파란색의 푸른 소나무들을 지나
길가와 강변

미끈한 버드나무들에서
봄은 피어나고 있다.
두에로 강은 유유히, 말없이, 부드럽게 흐른다.
들판은 젊다기보다 사춘기 소녀 같다.
풀잎들 사이로 파랗거나 하얀 꽃송이가
얌전히 피어난다. 꽃이 피려 하는 들판의 아름다움이여,
신비로운 봄이여!
하얀 길 가 버드나무들, 강변의 포플라들,
저 파란 원경(遠景) 앞에
산의 아지랑이,
오늘의 태양, 맑은 날!
아름다운 스페인 땅일세!

[CXXXVI] ≪속담과 노래≫[70)]

I

나는 명예를 구한 적도
사람들이 기억해달라고
노래를 지은 적도 없다.
나는 비누방울처럼
여리고 가볍고 부드러운
세상을 사랑한다.
금색, 붉은 색으로 단장하고
푸른 하늘을 떠다니다

갑자기 흔들리며 깨지는
모습이 보기 좋다.

XXIX

나그네여, 그대의 발자국이
길이지 딴 건 없네.
나그네여, 길이 따로 있나,

---

70) PROVERBIOS Y CANTARES

I

Nunca perseguí la gloria
ni dejar en la memoria
de los hombres mi canción;
yo amo los mundos sutiles,
ingrávidos y gentiles
como pompas de jabón.
Me gusta verlos pintarse
de sol y grana, volar
bajo el cielo azul, temblar
súbitamente y quebrarse.

XXIX

Caminante, son tus huellas
el camino, y nada más;
caminante, no hay camino,
se hace camino al andar.
Al andar se hace camino,
y al volver la vista atrás
se ve la senda que nunca
se ha de volver a pisar.
Caminante, no hay camino,
sino estelas en la mar.

XLIV

Todo pasa y todo queda,

걸으면 길이 된다네.
걸으면 길이 되고,
고개를 돌려 뒤를 보면
오솔길이 보이지만
다시 밟을 수는 없는 길이라네.
나그네여, 길이 따로 있나,
바다에 난 항적(航跡)뿐이라네.

XLIV

모든 게 지나가고 모든 게 남는다.
그러나 우리는 지나가는 인생이다.
길을 만들며 지나간다.
바다 위에 난 길들.

4. 세기초 문학 세대

98 세대의 아소린은 1914년에 오르떼가 이 가셋을 중심으로 한 젊은 지성인들의 존재를 인정하고 그들에게 길을 열어주자고 주장하였다. 이들은 19세기로부터 사상과 취향을 상속받는 것을 거부하고 새

pero lo nuestro es pasar,
pasar haciendo caminos,
caminos sobre la mar.

로운 세기의 문화를 창조해 나갈 것을 표방하고 있었다. 보다 구체적으로는, 98 세대와 모더니즘의 전형적인 저항 정신을 극복하고 평온하고 보다 지적인 구심점을 찾으려고 하였다. 즉, 장식적 요소와 지나친 감정주의에서 벗어나 독특한 형식을 통해 순화되고 친밀하며, 지성과 감정이 잘 조화된 문학 형태에 도달하려는 움직임이었다. 그리하여 이들을 <1914 세대>, 혹은 <세기초 문학세대>(El Novecentismo)라고 부르게 되었다.

오르떼가 이 가셋(Ortega y Gasset)

뛰어난 사상가이자 수필가인 오르떼가 이 가셋은 20세기 스페인 최고의 지성으로 여겨지고 있다. 1883년 마드리드에서 태어난 그는 1904년에 철학박사 학위를 받고 난 후 독일로 유학을 떠나 신칸트 학파의 철학을 공부했다. 그는 1911년에 마드리드 대학의 형이상학 교수로 부임하여 명강의로 이름을 날리면서, 1923년『서구 비평지』(Revista de Occidente)를 발간하여 당시 유럽의 중요한 철학 및 문화사조를 스페인에 소개하고 전파하는 등 국민교육에 크게 공헌하였다. 제 2공화국의 열렬한 지지자였던 그는 잠시 국회의원으로 정치에 참여하기도 했지만 내전이 일어난 1936년 망명자의 신세가 되어 프랑스, 독일, 영국, 포르투갈, 아르헨티나 등지에서 체류하였다. 그후 프랑꼬 총통의 사면을 받아 귀국하여 <인문학회>를 설립, 활동하다가 1955년 숨을 거두었다.

스페인과 스페인적인 것의 재발견이라는 «98 세대»의 지표에 유럽 문화의 도입이라는 명제를 결합시킴으로써 새로운 사상적 지평을 연 오르떼가의 철학적 사상의 근본 대상은 삶이며, 실존적 구조분석을 통한 생의 근본적 의미를 해명하려 하였다. 그에 따르면 인간의 근본적 현실은 <나는 나와 나의 환경이다>(Yo soy yo y mi circunstancia). 즉, 나는 나로써 존재하는 것이 아니라 나를 둘러싼 환경과의 공존을 통해 존재하는 것이다. 그런데 환경은 가시적인 완전한 형태로 나타나지 않기 때문에 바라보는 위치에 따라 하나의 조망(perspectiva)에 지나지 않는다. 오르떼가는 "세계에 있어 명확한 것은 정신도 물질도 아니요, 또 그 어떤 고정된 사물도 아니며 바로 조망이다"라고 주장한다. 이런 조망주의(perspectivismo)적 입장에서는 두 개의 시점에서 현실을 조망할 때 주관은 서로 다른 진리에 이를 수밖에 없다. 그러나 이와 같은 불일치는 모순이 아니라 상호보완을 의미하기 때문에 세계에 대한 가장 상이한 개념도 동등한 가치를 지닌다. 그의 조망주의는 한없이 풍부하고 다양한 현실을 편견 없이 파악하려는 것으로 인식론적 합리주의나 상대주의를 극복, 지양한다. 한편 독일에서 신칸트주의를 연구한 바 있는 오르떼가는 순수이성 대신에 '살아있는 이성'(razón vital)을 주창하였다. 니체, 베르그송의 영향을 받아 합리주의에 반대하되, 비합리주의(irracionalismo)로 나아간 것이 아니라 이성으로부터 출발한 반(反)합리주의를 표방하였다. 그래서 그는 이성과 생을 대립관계가 아닌 상호보완 관계로 파악하는 새로운 현실 인식 방법을 세운 것이다.

그의 주요 작품은 『돈키호테의 성찰』(1914), 『예술의 비인간화』(1925), 『대중의 반란』(1929) 등이다.

후안 라몬 히메네스(Juan Ramón Jiménez)

20세기의 '제 2세대'에 속하는 후안 라몬 히메네스(1881 – 1958)는 '순수 시'를 지향한 후기 모더니즘의 선구자로서 1936년 이전 세대에 가장 결정적인 영향력을 미쳤고, 스페인 시인으로서는 처음으로 1956년에 노벨 문학상을 수상하였다.[71] 그의 초기 작품은 모더니즘의 경향을 띠고 있는데, 시어의 풍부한 음악성과 감수성, 운율의 다

71) 스페인의 첫 노벨 문학상 수상자는 희곡작가 호세 에체가라이(1904년)였으며, 두 번째 수상자도 역시 희곡작가인 하신또 베네벤떼(1922년)였다. 히메네스 이후에는 «27 세대»의 시인 비센떼 알레이산드레가 1977년에 수상하였으며, 1988년에는 소설가인 까밀로 호세 셀라가 수상자가 되었다. 중남미에서는 6명의 노벨 문학상 수상자(1946 가브리엘라 미스뜨랄, 1965 미겔 앙헬 아스뚜리아스, 1971 빠블로 네루다, 1982 가브리엘 가르시아 마르께스, 1989 옥따비오 빠스, 2010 마리오 바르가스 요사)가 스페인어의 명예를 드높였다.

양성 등을 특징으로 한다. 이 시기에 속하는 작품으로는, 『슬픈 아리아』(1903), 『낭랑한 고독』(1908), 『쁠라떼로와 나』(1914) 등이 있다. 히메네스는 그 후, 『신혼시인의 일기』(1916)를 냄으로써 모더니즘의 경향에서 벗어나 자신만의 독특한 문학 세계로 들어간다. 『영원에 속한 것들』(1917), 『돌과 하늘』(1918), 『아름다움』(1923) 등이 이 시기의 작품으로, 초기의 감정적인 시에서 보다 지적이고 추상적인 세계로 향한다. 또한 동양 사상에 대한 깊은 관심과 영향도 나타나고 있다. 후기에는 바로크적이며, 신비주의적인 작품을 남기는데, 이 때의 주요한 작품은 『전체의 계절』(1946), 『내면으로부터의 동물』(1947), 『원해지고 원하는 신』(1949) 등이다.

초기의 산문시집 『쁠라떼로와 나』의 첫 장을 감상해보자. 쁠라떼로는 소년의 친구인 흰 나귀의 이름이다.

I

쁠라떼로는 작고, 털복숭이고, 부드럽다. 겉은 어찌나 말랑말랑한지, 뼈가 없이 순전히 솜뭉치라고 할 정도다. 유일하게 단단한 건 두 눈인데, 그건 까만 옥 거울 같기도 하고 검은 수정으로 된 풍뎅이 두 마리 같기도 하다.

그 녀석은 풀어 놔주면 풀밭으로 가서 주둥이로 스치듯 말듯 붉은 꽃, 파란 꽃, 노란 꽃들을 은근히 쓰다듬는다. 난 다정히 불러본다. "쁠라떼로?" 그러면 웃는 것 같이 보이는 즐거운 총총걸음으로 내게로 온다. 어떤 아름다운 종소리가 이 같을는지. . .

내가 주는 건 다 먹는다. 노란 귤이니, 모스카텔 포도니, 맑은 꿀방울이 달린 검붉은 무화과 열매니. . .

사내아이, 계집아이처럼 여리고 응석받이다. 그렇지만 속은 돌멩이처럼 강하고 야물다. 녀석을 타고 일요일에 마을의 길 끝까지 가면, 농부들이 깨끗이 차려입고 천천히 걷다가 한참을 바라본다. "쇠가 들었나벼. . ."

쇠가 들었다. 쇠만 아니라 동시에 달님의 은(銀)이다.

다음은『전체의 계절』에 실린 <나의 마음이라네>란 시이다.

수초(水草) 위를 반짝이며 달리는
시원한 물아
네가 아니라 내 마음이 달리는 거야.

푸른 무지개 앞에서 맘껏 펄럭이는
힘찬 날개야
네가 아니라 내 마음이 펄럭이는 거야.

미풍(微風)에 하늘하늘 흔들리는
붉은 가지들아
네가 아니라 내 마음이 흔들리는 거야.

석양(夕陽)에 맑게 울려 퍼지는
목소리들아
네가 아니라 내 마음이 울리는 거야[72)]

5. 27 세대

1920년부터 1936년까지 스페인 문단을 화려하게 장식한 시인들을 가리켜 «27 세대»(la Generación del 27)라고 부른다. 이들은 1927년 공고라의 서거 300주년 기념 집회에 참가했던 시인들로 구성된다. 비슷한 연령의 친구들로 구성된 동인집단인 이들은 공고라의 시들을 재평가하고 황금세기의 뛰어난 시로부터 운율과 주제를 도입하고자 했다. 그러나 이들은 또한 선배 시인들, 특히 후안 라몬 히메네스의 영향을 받았고, 동시에 울트라이즘을 비롯한 전위 문학 운동의 세례를 받고 있었다. 소위 다다이즘, 미래주의, 입체주의, 창조주의 등 새롭게 출현하는 유럽의 사조들은 스페인의 젊은 시인들에게 상당한 시 혁신을 촉구하였고, 27 세대는 스페인의 초현실주의 시를 선도하게 된다.

72) 원문 : No sois vosotras, ricas aguas/ de oro las que correis/ por el helecho, es mi alma.// No sois vosotras, frescas alas/ libres las que os abrís/ al iris verde, es mi alma.// No sois vosotras, dulces ramas/ rojas las que os meceis/ al viento lento, es mi alma.// No sois vosotras, claras, altas/ voces las que os pasáis/ del sol que cae, es mi alma.

27 세대의 주요한 시인들은 뻬드로 살리나스(Pedro Salinas), 가르시아 로르까(Federico García Lorca), 라파엘 알베르띠(Rafael Alberti), 호르헤 기옌(Jorge Guillén), 루이스 세르누다(Luis Cernuda), 다마소 알론소(Dámaso Alonso), 비센떼 알레이산드레(Vicente Aleixandre) 등이다. 알레이산드레는 1977년 노벨문학상을 수상하였고, 로르까의 경우, 1936년 스페인 내란의 억울한 희생자가 되어 국제적으로 이름이 먼저 알려지게 되었다. 그의 희곡『피의 결혼식』(Bodas de Sangre)은 우리나라에서도 많이 상연된 작품이다. 줄거리는, 남자가 어머니에게 자신의 애인 집에 청혼해 주기를 요청한다. 그런데 그의 애인은 다른 유부남과 사랑하는 사이다. 결혼식 날 신부는 유부남과 도주하고 둘은 신랑에게 추적당한다. 결국 두 남자는 결투로 서로를 죽인다. 산문과 운문을 혼합하여 쓴 이 비극은 실패한 사랑을 뒤따르는 숙명과 사회적 관습, 그리고 성(性)의 힘은 죽음과 고독을 낳는다는 것을 보여준다.

다음은 로르까의 집시풍의 시「집시 로만세」이다.

감송향 둥근 테를 두르고
달이 대장간에 왔다.
아이는 달 구경꾼.

아이가 달을 보고 있다.

흔들리는 하늘 아래
달이 팔을 휘저으며
매끄럽고 티 없는 가슴,
단단한 주석 가슴을 보여준다.

도망쳐 달아, 달아
집시들이 온단 말야
네 심장을 꺼내어서
진주 목걸이와 반지를 만들 거야.

아이야, 난 춤추고 싶어
집시들이 올 때면
넌 모루 위에 누워
작은 눈을 감고 있을 거야.

도망쳐 달아, 달아
말발굽 소리가 들려
아이야, 말리지 마, 풀 먹인
내 흰옷을 밟지 마라.

들판을 북 삼아 치며
기수는 달려오고 있었다.

대장간 안에서 아이는
두 눈을 감고 있다.

올리브 밭을 지나는
집시들은 청동과 꿈
머리는 꼿꼿이 들고
눈은 반쯤 감긴 채.

쏙독새가 울잖아, 쏙독새가
나무 위에서 우는 소리라니!
하늘을 타고 달이 간다
아이 손을 잡고.

대장간 안 울음소리,
집시들이 울부짖네.
하늘은 달의 파수꾼,
하늘이 달을 지킨다.

XI. 전후 문학

1. 소설

스페인 내란(1936－39)이 끝나고 난 후 스페인 사회가 내란의 상처와 프랑코 장군의 독재정치로 침체의 늪에 잠기는 듯할 즈음, 신예작가 까밀로 호세 셀라(Camilo José Cela, 1916~2002)가 내놓은 한 권의 소설이 스페인 사회를 충격으로 뒤흔들어 놓았다. 어머니를 살해한 범인 빠스꾸알이 감옥에서 최후의 날을 기다리며 자신의 일생을 편지 형식으로 회고한 『빠스꾸알 두아르떼의 가족』(La Familia de Pascual Duarte; 1942)이 그것이었다. 알콜 중독자면서 모성애가 없는 어머니와 짐승 같은 아버지 밑에서 자란 추잡한 유년시절, 몸을 파는 누이동생, 돼지에게 두 귀를 뜯어 먹히고 나중에는 기름 항아리에 빠져 죽는 어린 동생, 불행한 결혼생활, 싸움, 범죄, 피, 그리고 무엇보다 어머니를 난도질하여 죽이기... 이 모든 장면은 담담한 어조로 지극히 사실적으로 묘사되어 있기 때문에 잔혹주의(tremendismo)라고 불리게 되었지만, 이 미천하고 끔찍한 범인은 당시의 독재자 혹은 그러한

상황에 내몰린 스페인 민중에 대한 은유로도 읽힐 수 있었다. 소설을 시작하는 첫 번째 편지를 옮겨본다:

> "나는 말입니다, 선생님, 사실 나쁜 놈이 아니올씨다. 그렇게 될 만한 동기들이 없었던 것은 아니지만서도. . . 우리 인간들은 똑같은 가죽을 쓰고 태어나지요. 하지만 자라나면서 운명의 장난이 우리를 떡 주무르듯이 주물러서 각기 다른 길로 보내는 게 아니겠습니까. 결국은 똑같이 죽음에서 만나지만 말이지요. 어쨌든 누구는 꽃길을 걷게 되어 있고, 또 누구는 엉겅퀴와 선인장 길로 내던져지더라 이겁니다. 꽃길을 가는 경우야 느긋하게 세상을 바라보면서 행복의 향기 앞에 순진무구한 얼굴을 짓겠지요. 그러나 두 번째 경우의 사람들은 들판에서 매일 땡볕에 시달리니 쫓기는 살쾡이처럼 암팡진 얼굴을 하게 되더란 거죠. 살에다 분 바르고 향수 뿌리는 거랑 영영 지워지지 않는 문신이나 하는 것하고는 차이가 많지요.
>
> 나는 꽤 오래 전에 태어났습니다. 적어도 쉰 다섯 해 전에 바다호스 지방의 어느 벽지 마을에서였지요. 그 마을은 알멘드랄레호에서 한 삼십 리쯤 떨어진 곳에 있었는데 마치 굶고 보내는 하루처럼 밋밋하고 길기만한 신작로에 쭈그려 앉은 곳이었습니다. 밋밋하고 길기로 말하자면 사형수가 헤아리는 나날처럼 밋밋하고 긴 게 없을 건데 선생님은 그걸 상상도 할 수 없을 겁니다.
>
> 마을은 따뜻하고 볕이 잘 들었고, 올리브와 꿀돼지(죄송)도 상당히 많았지요. 집들을 어찌나 하얗게 칠했던지 지금도 그걸 생각하면 눈이 아플 지경입니다. 마을 광장은 온통 포석을 깔아 놓았고 가운데에

는 물이 세 줄기로 나오는 분수가 있었지요. 내가 거길 떠나기 벌써 여러 해 전부터 물은 솟지 않았지만 우리 모두에게는 그 분수가 참 멋지고 참말로 훌륭해 보였어요. 벌거벗은 어린애의 조각하며 분수대 가장자리의 조개껍질 같이 주름잡힌 문양들이 정말 예뻤어요. 광장에는 면사무소가 있는데 건물이 크고 담배갑처럼 네모졌지요. 중간에 탑이 하나 있고 그 탑에는 시계가 있었습니다. 시계는 꼭 성찬식에 쓰는 빵처럼 하얗고 항상 아홉 시에 멈춰 있었지요. 마치 동네 사람들이 이제 더 이상 시계 같은 건 볼 필요도 없고 그저 장식 정도로 내버려두고 있는 것 같았습니다. 동네에는 물론 좋은 집도 있고 나쁜 집도 있었는데, 항상 그렇듯이 이게 훨씬 많은 거지요. [. . .]

우리 집은 마을 밖에 있었는데, 소나무밭 끝에서 큰 걸음으로 이백보쯤 떨어졌습니다. 우리 집은 내 꼬락서니에 걸맞게 비좁은 단층집이었습니다. 그러나 나는 그 집에 정이 들어 꽤 오래 자랑스럽게 여기기도 했습니다. 사실 우리 집에서 그래도 볼 만한 곳은 부엌이었는데, 집에 들어서면 처음으로 마주치는 그 곳은 늘 깨끗하고 하얗게 칠했지요. 물론 바닥은 흙이었지만 잘 다진 다음에 작은 돌멩이들로 제법 무늬를 만들어 깔아, 다른 집들이 좀 신식으로 보이기 위해 비싼 타일을 깐 것에 비해 손색이 없었습니다. [. . .]

두 개의 방 중에 하나는 나와 내 마누라가 썼고, 또 다른 방에는 하나님이 혹은 악마가 그들을 데려갈 때까지 나의 부모님이 기거했었지요. 그들이 죽은 후에는 거의 항상 비어 있게 되었지요. 처음에는 그 방을 차지할 사람이 없었지만, 그래도 후에는 굳이 누군가 있으려면 있을 수도 있었겠으나 사람들은 방보다는 항상 부엌을 더 좋아했습니다. 왜냐하면 부엌이 더 외풍이 없고 밝았기 때문입니다. 나갔다 돌아와 보면 내 여동생은 항상 부엌에서 잠을 자고 있곤 했지요. 마누라가 후에 아이들을 낳게 되자 그놈들 또한 방보다는 부엌을 더 좋아했답니다. 사실 방이라 했지만 방들은 잘 지어지지도 않은데다 더러웠기 때문입니다. 그렇다고 계속 불평만 할 일은 아니었습니다. 그래도 어쨌거나 살 순 있었기 때문이죠. 성탄절 때엔 비구름으로부터 보호해 주었고, 숨막히는 8월에는 폭염으로부터 피할 수 있었던 거지요. 마굿간은 더욱 형편없었습니다. 어둡고 음산했고, 벽에는 5월경 까마귀가 먹는 썩은 짐승의 시체가 내는 악취가 배어 있었습니다.

이상하게도 젊은 시절 나는 그러한 냄새가 나지 않으면 꼭 죽을 것 같았습니다. 징병 관계로 마드리드로 여행을 간 게 기억이 나는군요. 하루 종일 기분이 나쁜 상태로 돌아다니면서 사냥개처럼 허공에 대고 킁킁 냄새를 맡았더랬죠. 어느 여인숙으로 잠자러 가서 내 골덴 바지 냄새를 맡았습니다. 그러자 갑자기 더운 피가 온몸에 퍼지는 것을 느꼈습니다. 나는 베개를 집어던지고 접어놓았던 바지 위에 머리를 눕혔습니다. 그날 밤 난 돌덩어리처럼 정신없이 잠 속에 빠졌습니다. [. . .]

그렇지만 난 항상 낚시란 남자들의 취미거리로는 좀 부족하다 싶었지요. 그래서 나는 심심하면 사냥을 더 즐겨 하였지요. 마을 사람들은 내가 사냥에 소질이 있다고들 했습니다. 솔직히 말해서 내가 생각해도 그 말을 한 사람은 사실을 제대로 이야기할 줄 아는 사람이라고 봅니다. 내게는 치스파라는 이름의 사냥개가 한 마리 있었습니다. 이 암캐는 좀 못생기고 그리 사납지도 않았지만, 나하고는 아주 잘 통했습니다. 나는 이 개와 많은 아침을 포르투갈 국경에 있는 라차르카까지 가곤 했지요. 그곳은 마을에서 십오 리쯤 떨어진 곳이었는데 거기서 우리는 단 한번도 빈손으로 돌아온 적이 없습니다. 돌아올 때 내 개는 항상 나를 조금 앞서 달려서는 저쪽 앞 갈림길에서 나를 기다리곤 했지요. 그곳에는 키가 낮은 의자처럼 둥글고 납작한 바위가 있었는데, 나는 그 바위에 마치 어떤 사람에게 품고 있는 것 같은 즐거운 추억을 지니고 있습니다. 아니 내게는 어쩌면 사람들에 대해 지니고 있는 추억보다 더 좋은 추억이라 할 만하죠. 그 바위는 그리 크지는 않았지만 매우 편편했습니다. 그래서 그곳에 앉으면 얼마나 편안했는지 도무지 일어나 떠나기가 싫을 정도였습니다. 다리 사이에는 총을 끼우고, 눈에 들어오는 풍경들을 바라보며 담배꽁초를 피우는 맛이란 참 기막혔습죠. 그 때 암캐는 내 앞에 뒷다리를 받치고 앉아 고개를 한쪽으로 기울여 반짝거리는 밤색 눈으로 나를 쳐다보곤 했습니다. 그러면 나는 놈이 귀여워서 뭐라고 한 마디를 하고, 놈은 마치 내 말을 잘 알아듣겠다는 듯이 귀를 쫑긋 세우기도 했습니다. 내가 말을 안 하면 메뚜기를 쫓기도 하고, 혼자 정중정중 뛰기도 했습니다. 바위에서 일어나 길을 재촉할 때면 나는 꼭 그 바위에게 작별인사라도 하듯이 고개를 돌려 바라보곤 했습니다. 바위는 내가 다시 발길을 돌려 그곳에 앉기를 바라는 것 같았습니다. 그러던 어느 날, 역시 자리에서 일어나려는 나를 바위가 끌어당기는 것 같다고 여겨 다시 그 자리에 앉기로 작정하고 발길을 돌렸습니다. 그때 암캐도 다시 내 앞에 앉아 다시 나를 쳐다보기 시작했습니다. 그때 암캐의 눈빛은 냉정한 고해신부의 눈빛 같았습니다. 꼭 살쾡이의 눈빛이었습니다. 내 몸에는 갑자기 전율이 치솟았습니다. 어떤 힘이 내 몸을 뚫고 손을 통해 튀어나오려고 하는 것 같았고 담배꽁초는 이미 꺼져버렸습니다. 난 어느새 내 다리 사이에 끼우고 있던 단발 엽총을 쓰다듬고 있었습니다. 암캐는 여전히 나를 뚫어져라 쳐다보았습니다. 아니 무엇인가 내게 따지고 비난하는 것 같기도 했어요. 암캐의 그런 눈빛은 내 핏줄 속의 피를 부글부글 끓게 했어요. 자칫하면 개의 눈에 굴복 당할 것 같았어요. 그리고 되게 더웠습죠. 참 끔찍한 더위였습니다요. 송곳같이 날카로운 암캐의 눈빛에 빨려 들어가 내 몸은 못이 박힌 것 같았답니다.

나는 엽총을 들어 쏘았습니다. 그리고 다시 장전을 해서 또 쏘았습니다. 암캐는 검붉고 끈적끈적한 피를 갖고 있었는데 그 피는 점점 땅위에 퍼져나가기 시작했습니다.

이 작품은 피카레스크 소설의 연장선상에 있는 것으로도 평가된다. 까밀로 호세 셀라는 다시 1951년 소설 『벌집』(La Colmena)으로 새로운 기법의 사실주의를 제시하였다. 『벌집』은 스페인의 사회적 현실을 벌집처럼 엮어 일상생활의 어두운 그림자와 고통을 드러내었다. 또, 1973년에는 보다 전위적인 작품집 『어둠의 미사5』(Oficio de tinieblas 5)을 내는 등, 셀라는 스페인 현대 소설의 새로운 방향을 제시한 작가 중의 하나로 평가된다. 그는 거침없는 독설로도 유명하지만, 1957년에 스페인의 한림원 회원이 되었고, 1989년에는 노벨문학상을 수상하였다.

내란 이후 스페인 소설문학계에는 여러 문학상이 생겨나 활기를 불어넣었다. 27세에 요절한 문학비평가 에우헤니오 나달을 추모하기 위해 1944년에 제정된 나달 문학상의 첫 수상작품은 무명의 젊은 여성 까르멘 라훠렛이 쓴 『무(無)』(Nada)였다. 안드레아라는 여대생의 눈을 통해 전쟁의 상처를 치유하지 못한 회색빛 암울한 인간들의 삶을 우수 짙게 파헤친 이 소설은 당시 큰 반향을 불러일으켰다. 1947년에는 미겔 델리베스가 『삼나무 그림자가 길게 드리워지다』(La sombra del ciprés es alargada)로 나달문학상을 수상하였다.

그 외에 스페인의 현대 소설로 현재까지 높게 평가되는 작품들을 열거하자면, 산체스 페를로시오의 『엘 하라마』(El Jarama, 1955), 루이스 마르띤 산또스의 『침묵의 시간』(Tiempo de silencio, 1962), 후안 고이띠솔로의 『동일성의 표식』(Señas de identidad, 1966), 미겔 델리베스의 『마리오와의 다섯 시간』(Cinco horas con Mario, 1966) 등이 있다.

2. 시

내전 이후에도 영향을 미치거나 활동을 계속한 시인들은 안또니오 마차도를 비롯하여 27 세대와 앞에서 언급하지 않은 36세대 등이 있다. 특히 36세대의 미겔 에르난데스(Miguel Hernández, 1910－42)의 열정과 품격은 전후의 시에 결정적인 영향을 끼쳤다. 그렇지만 1940년대의 스페인 시는 '뿌리박힌 시'(poesía arraigada)와 '뿌리 뽑힌 시'(poesía desarraigada)로 나뉘어진다. 전자는 긍정적이고 낙관적인 시선으로 사랑, 전원 풍경, 미에 대한 찬양 등 전통적인 주제와 종교적인 감정을 표현한 시로서, 루이스 로살레스, 레오뽈도 빠네로, 루이스 펠리뻬 비방꼬, 호세 가르시아 니에또가 이에 속하였다. 후자는 "세상은 혼돈과 고통이며 시는 질서를 향해 몸부림치는 작업"이라고 정의한 다마소 알론소를 필두로 호세 루이스 이달고, 까를로스 보우소뇨, 가브리엘 셀라야, 블라스 데 오떼로 등이 부조리하고 혼란한 세계를 격렬하게 표출하였다.

1950년대에는 사회적 리얼리즘에 입각한 사회시(poesía social)가 대세를 이루었다. 블라스 데 오떼로의 『나는 평화와 말을 요구한다』(Pido la paz y la palabra), 가브리엘 셀라야의 『이베리아인들의 노래』, 비센떼 알레이산드레의 『마음의 역사』(Historia del corazón) 등에 나타나듯 개인의 실존적 고뇌는 이제 사회적 범주를 지닌다. 셀라야는 시는 세계를 변형시키는 도구이며 시는 시인의 목소리에 귀 기울이는 모든 사람들에게 속한 것으로 간주한다. 그리하여 이들이 즐겨 다룬 주제는 스페인의 현실문제와 사회의 부조리와 광란, 자유와 더 나은 세계에 대한 열망 등이었다. 문체에 있어서는 "시는 곧 전달"이라는 알레이산드레의 공언과 "무한의 다수에게"라고 주장한 블라스

데 오떼로의 경우를 통해 알 수 있듯이 시인과 독자와의 전달이 강조되었다.

1960년대 이후에는 세계와의 교류가 활발해지면서 팝 아트가 유행하는 등, 사회시가 퇴조하고 좀 더 개인적이고 내면적인 세계로 되돌아가는 경향을 보인다.

특정한 시파에 속하지 않으면서 또 고립된 양상을 보이지도 않은 시인 중에 호세 이에로(José Hierro)가 돋보인다. 1922년 마드리드에서 출생한 그는 초기의 『우리가 없는 대지』(1947), 『환희』(1947)에서 젊은 날의 고뇌와 행복을 추구하는 힘든 여정을 담고, 『돌들과 바람과 함께』(1950), 『42년의 보충병』(1952)에서 실존의 고통을 노래하였으며, 『나에 대해서 내가 아는 모든 것』(1957)에서는 자신의 고뇌와 절망이 타인의 고통으로 확대된, 이른바 사회시의 경향을 보여준다. 그러나 그가 다룬 테마는 낙관주의를 제한하지 않고 있으며 여타 시들의 그것과는 다른 농밀함과 풍부한 서정성을 표출해내고 있다.

이에로의 시집 『환희』를 닫는 <삶에 대한 믿음>이라는 시를 감상해보자.

난 겨울이 여기,
저 문 뒤에 있다는 걸 안다. 난
만일 지금 밖으로 나간다면

모든 게 죽어 있을 것임을 안다,
다시 살아나려 애쓰겠지만.

난 만일 나뭇가지를 찾으면
찾지 못할 것이라는 걸 안다.
난 나를 망각에서 구해줄
한 손길을 찾으면
찾지 못할 것이라는 걸 안다.
난 과거의 나를 찾으면
찾지 못할 것이라는 걸 안다.

그러나 난 여기 있다. 움직이고,
살아 있다. 내 이름은 호세
이에로. 기쁨.(기쁨
–내 발치에 떨어진.)
완전한 무질서. 모든 게 망가지고,
이제 더 이상 존재하지도 않을 것이다.

그러나 나는 기쁨을 만진다.
모든 것이 죽어 있다 할지라도
난 아직 살아 있고 또 그걸 알기 때문이다.

3. 극

전후 스페인의 극문학을 빛낸 많은 작가 중 우선 부에로 바예호(1916~2000)와 알폰소 사스트레(1926~)를 들 수 있다. 바예호는 처녀작『어느 계단의 역사』(Historia de una escalera, 1949)로 큰 성공을 거두었다. 스페인에서 흔히 볼 수 있는 한 가정의 평범한 일상생활을 현장감과 객관성을 가지고 묘사하고 있다. 이 작품의 마지막 장면에서는 이미 삶의 좌절을 맛본 두 주인공이 그들이 젊은 시절에 지녔던 것과 똑같은 환상을 자식들에게서 발견한다. 그러나 그들의 자식들은 아직 젊기 때문에 현실적으로 실현 불가능할망정 미래에 대한 꿈을 지니고 있다. 실험극의 성격이 강한『채광창』(Tragaluz, 1967)은 보다 확대되고 집중적인 관점에서 사회비평을 행한 작품으로 평가된다.

사스트레는 유진 오닐, 사르트르, 까뮈, 브레히트 등의 영향을 많이 받은 스페인 현실참여문학의 선구자로서 그에 따르면 예술의 일차적 사명은 우리가 살고 있는 부조리한 사회를 변혁시키는 데 있다. 그는 대중적인 연극을 실천하고자 무척 고심하였지만 진부한 기존 연극을 개혁하고자 실험극을 주로 만들었기 때문에 아이러니컬하게도 대중에게 인기는 없었다. 그의 대표작으로는 사회혁명을 주제로 한『빌헬름 텔은 슬픈 눈동자를 가졌다』(1955), 주제의식보다는 기법의 혁신에 초점을 맞춘『안나 클라이버』(1957) 등이 있다.

반대로, 미겔 미우라(1905 – 77)의『세 개의 예모(禮帽)』(Tres sombreros de copa)는 부조리극이지만 뛰어난 유머와 자유정신으로 인해 대중의 사랑을 듬뿍 받았다. 그러나 시대를 앞서 이 부조리극이 1932년에 쓰여졌을 때는 그 진가를 알아주는 사람이 없어 1952년이 되어서야 연극무대에 올려졌고 그제서야, 사람들은 유진 오닐 이상가는 부조리극의 귀재가 스페인에 있다는 사실을 알게 되었던 것이다.

다음은 이 희곡이 시작되는 부분이다:

돈 로사리오: 자, 들어오세요, 디오니시오 씨. 여기 이 방에 짐을 갖다 놓았지요.

디오니시오 : 네, 아주 예쁜 방이군요, 로사리오 씨.

돈 로사리오 : 가장 좋은 방이라오, 디오니시오 씨. 그리고 가장 깨끗하고요. 발코니는 바다를 바라보지요. 경치가 그만입니다.*(발코니 쪽으로 가며)* 가까이 와 보세요. 지금은 밤이라서 잘 안보이죠. 그러나 하지만 저기 항구의 등불들을 보세요. 아주 아름다운 효과를 내죠. 모두가 그렇다고 말합디다. 보입니까?

디오니시오 : 아니요. 아무 것도 안 보이는데요.

돈 로사리오 : 당신은 덜 떨어진 사람 같군요, 디오니시오 씨.

디오니시오 : 나 원, 참, 왜 그렇게 말씀하시죠?

돈 로사리오 : 등불들이 안 보인다니까 하는 말입니다. 잠깐 있어봐요. 발코

니 문을 열게요. 그러면 잘 보일 거요.

디오니시오 : 아니요, 됐습니다. 굉장히 추운 날씬데요. 관두세요.*(다시 쳐다보고는)* 아, 이제 뭐가 보이는 것 같아요.*(유리창을 통해 보며)* 저기 저 멀리 보이는 세 개의 등불 말인가요?

돈 로사리오 : 네, 그래요, 그래요.

디오니시오 : 참 근사하네요. 하나는 붉은 색이네요, 그렇죠?

돈 로사리오 : 아니요, 세 개가 다 흰색이요. 붉은 색은 없어요.

디오니시오 : 그렇지만 하나는 붉은 색 같아요. 왼쪽에 있는 거 말이죠.

돈 로사리오 : 아니, 붉은 색일 리가 없어. 내가 모든 손님들에게 십오 년째 보여주고 있소이다. 이 발코니에서 항구의 저 등불들을 말이요. 그런데 아무도 붉은 색 불이 있다고는 안 합디다.

디오니시오 : 그러나 저게 안 보이세요?

돈 로사리오 : 네, 난 안 보입니다. 난, 시력이 약해서 한 번도 본 적은 없다오. 우리 아버지가 그렇다고 말씀하셨소. 우리 아버지가 돌아가시면서 말씀하시길, "얘야, 이리 와 보렴. 장미 빛 침실 발코니에선 저 멀리 항구의 흰 등불이 세 개 보이느니라. 손님들에게 그걸 보여주어라, 그러면 다들 좋아할 거다. . ." 그래서 난 언제나 저걸 보여주고 있는 거라오.

디오니시오 : 그래도 하나는 붉은 색이에요, 확실해요.

돈 로사리오 : 그러면, 내일부터 손님들에게 등불 세 개가 보이는데, 두 개는 흰색이고 하나는 붉은 색이라고 말하겠소. . . 그래도 여전히 좋아할 거요. 정말 멋진 경치잖소? 낮에는 더 아름답고!. . .

디오니시오 : 당연하지요! 낮에는 등불이 더 많이 보일 테니까요. . .

돈 로사리오 : 아니요. 낮에는 불을 끈다오.

디오니시오 : 참 재수가 없네요!

돈 로사리오 : 하지만 괜찮아요, 왜냐하면 그 대신에 산이 보이고, 그 위에 아주 살찐 암소가 한 마리 야금야금 산을 먹어 치우고 있거든.

디오니시오 : 거 참 놀랍군요!

돈 로사리오 : 예, 젊은이, 자연은 경이 그 자체요.(*디오니시오는 이미 모자 가방을 다른 가방들 곁에 내려놓았다. 이제 트렁크를 열고 검은색 파자마를 꺼낸다. 체크 무늬에 가슴에는 흰 실로 새 한 마리를 수 놓은 것인데, 침대 발치에 펼쳐 놓는다. 돈 로사리오가 말을 하는 동안 디오니시오는 외투와 머플러를 벗고 모자를 벗어 옷장 속에 넣는다.*) 이 방이 우리 집에서 가장 예쁜 방이요. 이제, 그렇지, 하도 들락거려서 닳아버렸지만. . . 여름엔 손님이 얼마나 많이 오는지!. . . 그렇지만 마루바닥까지 다른 방보다 낫다우. . . 이리 와 봐요. . . 잘 보슈. . . 이 부분은 말고, 왜냐하면 하도 밟아서 닳아버렸고. . . 침대 밑을 보세요, 잘 보존이 되어 있으니까. . . 나무가 참 좋아, 젊은이. . . 성냥 가지고 있소?

디오니시오 : (*돈 로사리오에게 가까이 가며*) 네, 담배하고 불 있습니다.

돈 로사리오 : 불을 켜봐요.

디오니시오 : 뭐 하게요?

돈 로사리오 : 나무를 잘 보란 말이요. 자, 몸을 숙여봐요. 무릎을 꿇고.

디오니시오 : 그러죠.

(성냥불을 켜고, 두 사람은 무릎을 꿇고 침대 밑을 들여다본다.)

돈 로사리오 : 어떻소, 디오니시오 씨?

디오니시오 : 참 근사하군요!

돈 로사리오 : (*큰소리로*) 아이!

디오니시오 : 왜 그러세요?

돈 로사리오 : (*침대 밑을 보면서*) 저기에 장화가 한 짝 있소!

디오니시오 : 신사홥니까, 숙녀홥니까?

돈 로사리오 : 모르겠소. 장화 한 짝에요.

디오니시오 : 맙소사!

이후 호텔주인이 물러가고 잠자리에 들려는 순간, 옆방에 투숙하고 있던 남녀가 들이닥치고 디오니시오의 결혼식 전야는 뒤죽박죽이 된다. 그러나 인습과 타성에 사로잡혀 살던 그에게 이것은 자유와 쾌락, 자신의 감정과 욕구에 눈뜨는 경험이였으니...

제2부

중남미 문학

중남미의 대부분을 차지하는 스페인어권 열여덟 나라의 문학은 스페인 문학을 계승 발전시킨 것이다. 이들 국가가 동일한 역사 · 문화 · 사회 발전 단계 · 인종적 구성을 갖추고 있는 것은 아니다. 그러나 300여 년에 걸친 스페인의 식민 지배를 통하여 이식된 스페인어와 가톨릭 종교, 각종 스페인식 제도와 관행이 이들 문화의 공통분모를 이룬다는 것은 부정할 수 없다. 그렇기 때문에 각 나라의 개별성과 다양성을 넘어 중남미 문학이라고 통칭할 수 있는 영역이 존재하는 것이다.

따라서, 스페인 문학의 흔적 내지 영향이 강하게 나타나는 것이 중남미 문학의 첫 번째 특징이다. 가령, 피카레스크적 경향이나 바로크 정신의 부활은(그것들이 현대적으로 재해석되고 있다 할지라도) 중남미 문학이 스페인 문학의 계승자라는 것을 분명히 말해준다.

두 번째 특징은, 스페인으로부터 독립 후 새로운 정체성을 찾는데 고뇌어린 모색을 계속하고 있다는 점이다. 단계적인 계승과 발전의 역사 대신에 단절과 지배, 혼혈과 차별, 이식과 변형이 반복되는 역사 속에서 중남미는 그 어느 지역보다 더 심각한 정체성의 혼란을 겪어 왔고, 진정으로 자신의 것이라고 할 만한 것을 붙잡기 위해 무진 애를 써야만 했던 것이다.

세 번째 특징은 독특한 혼합의 완성이다. 중남미의 멈출 줄 모르는 자기표현 욕구는 스페인의 문학 유산을 넘어 현대의 다양한 문학적 실험주의와 만나면서 새로운 표현의 영역을 개척한다. 태생적으로 서구 · 원주민 · 아프리카적 요소가 혼합된 지역성을 보편적 문학 언어로 전달할 수 있게 된 것이다. 이리하여 중남미 문학은 스페인 문학의 찬란한 계승 발전자로서 세계의 주목을 받고 있다.

I. 원주민 문학과 식민지 시대 및 독립 초기의 문학(콜럼버스 이전~1492~1910년)

콜럼버스의 신대륙 발견 이전에도 인디오 고유의 문학은 존재하였다. 주로 구전에 의해 남겨진 원주민 문학은 미개하지도 희소하지도 않지만, 대표적인 것은 마야 문명의 바이블이라고 할 수 있는 «뽀뽈부 ***Popol Vuh***»가 꼽힌다. 천지창조의 신화와 영웅들의 모험과 투쟁, 부족의 형성과 역대 왕조의 멸망 등을 상징적이고 시적인 언어로 표현한 고전이다. 인간창조편 중에서 전생과 미래까지도 볼 수 있는 혜안을 지닌 인간의 반역을 두려워한 신이 인간의 지혜를 파괴하는 부분을 보자:

> 그리하여 하늘의 심장은 그들의 눈에 증기를 내뿜었다. 거울에 비친 달에 입김을 분 것처럼 흐려졌다. 그들의 눈은 혼탁해져 단지 가까이 있는 것만 볼 수 있었으니 이것만이 그들에게는 분명한 것이었다. 이렇듯 그들의 지혜는 파괴되었고, 끼체족의 기원이자 시초인 네 사람의 모든 지식이 사라졌던 것이다.

자칫 원주민 문학을 고고학적 가치에 국한시킬 수 있으나, 유형·무형의 원주민의 문화적 전통에서 오늘날의 작가들이 동질감을 발견하고 나아가 신화적, 마술적 영감을 얻는 경우가 비일비재함을 주목해야 할 것이다.

유럽 식민에 의한 문학은 최초의 발견자 콜럼버스로부터 시작된다. 엄격히 말해 콜럼버스**Cristóbal Colón**의 보고문은 창조적 예술 활동이라고는 할 수 없지만 문장이 수려하고 구성이 잘 되었다는 점에서 연대기 문학 즉, 기록문학으로 분류하고 있다. 꼬르떼스를 비롯한 정복자들과 르네상스적 문예를 갖춘 역사가들에 의한 글도 이에 해당된다. 그 중 대표적인 것은, '인디오의 수호자'라고 불리우는 바르똘로메 델라스 까사스 **Bartolomé de Las Casas**신부가 정복자들의 만행을 고발한 «인디아스 파괴사 개요», 상상력이 풍부한 베르날 디아스 **Bernal Díaz**의 «멕시코 정복사», 잉카왕족의 후손인 잉까 가르실라소 델라 베가 **Inca Garcilaso de la Vega**의 «잉카족에 대한 진실한 증언» 등을 꼽는다. 한편, 서사시로는 칠레의 아라우까노족의 불굴의 저항정신과 이를 굴복시키는 스페인의 의지를 그린 알론소 데 에르씨야 수니가 **Alonso de Ercilla y Zúñiga**의 «라 아라우까나 ***La Araucana***»가 유명하다.

17~18세기는 유럽문학에 대한 맹목적인 모방의 시대로서, 바로크 문학 · 계몽합리주의 · 신고전주의를 수용하였다. 이 시기의 독특한 문인은 멕시코의 소르 후아나 이네스 델라 끄루스 **Sor Juana Inés de la Cruz**(1651~95)로서, 수녀라는 신분과 성의 제약을 뛰어넘어 속세의 학문을 섭렵하며 훌륭한 시와 산문을 남겼다.

19세기 초엽에는 대부분의 중남미 식민지가 독립을 쟁취하였지만, 문학적으로는 계속하여 서구의 낭만주의 · 사실주의 · 자연주의를 답습하였으므로 주체의식이 뚜렷한 독창성을 발휘하지는 못하였다. 그렇지만, 아르헨티나의 카우보이인 가우초의 삶을 그리면서 독재자의 폭정을 고발한 도밍고 사르미엔또 **Sarmiento**의 «파쿤도, 문명과 야만 ***Facundo, civilización y barbarie***»(1845)이나, 호르헤 이사악 **Jorge Isaacs**(콜롬비아, 1837~95)의 감상적 연애소설 «마리아 ***María***»는 낭만주의 소설의 금자탑이라 할 만하다.

그러나 정말 중남미 문학의 성가를 드높인 것은 시에서의 모더니즘 운동 **el Modernismo**이었다. 프랑스의 고답주의와 상징주의의 영향을 받긴 하였지만 중남미 원산이라고 할 수밖에 없는 이것은 유럽, 특히 스페인에 심대한 영향을 미쳤다. 두 시인만 들어보자면, 호세 마르띠 **José Martí**(1853~95)와 루벤 다리오 **Rubén Darío**(1867~1916)가 대표적인 시인들이다. 전자가 다른 나라보다 늦은 쿠바의 독립을 위해 저항과 창조의 삶을 산 국민시인으로서 모더니즘의 개화를 위해 중요한 밑거름이 되었다면, 후자는 니카라과 출신의 코스모폴리탄으로서 '모더니즘의 사도 혹은 왕자'라고 불릴 만한 대가였다. 그의 시집 «푸름 ***Azul***», «세속산문집», «생명과 희망의 노래들»은 하나같이 모더니즘의 결정체이다.

젊음, 신성한 보물이여,
이제 영원히 가려는가!
울고파도 난 울지 않으리
하지만 이따금 뜻없이 우나니...

Juventud, divino tesoro,
ya te vas para no volver!
Cuando quiero llorar, no lloro,
y a veces lloro sin querer

(<봄에 부르는 가을의 노래> 중 후렴구)

모더니즘 시는 음악성이 높은 감각적이고 상징적인 어휘를 세련되게 표현하는 상아탑 속의 심미주의라는 평가를 받지만, 언제나 현실과 유리된 것만은 아니었다. 앞서 언급한 호세 마르띠는

"야자수가 자라는 곳, / 난 진실한 사람이라네 Yo soy un hombre sincero / De donde crece la palma, [. . .] 이 땅의 가난한 이들과 나의 운명을 나누고져"(시집 «소박한 시들»에서)하였고, 루벤 다리오 역시 미국의 제국주의를 비판하고 아메리카 고유의 정신을 선양하기도 하였다.

II. 주체기의 문학 (1910～1930)

1910년을 분기점으로 모더니즘은 쇠퇴하고 새로운 경향의 중남미 문학이 태동한다. 외래사조의 모방도 아니요, 현실도피적인 심미주의도 아닌, 조국의 현실에 뿌리박은 독창성을 정립하는 것이었다. 이를 중남미의 자각이라고 볼 수 있거니와, 첫 중요한 계기는 1910년에 일어난 멕시코 혁명이었다.

1. 멕시코 혁명 소설

34년간 특권층과 외국자본만을 살찌게 한 뽀르피리오 디아스의 독재는 이상주의적 자유주의자 마데로가 일으킨 혁명에 의해 타도된다. 그렇지만 정권교체 외에 사회개혁을 구상치 않은 신정부는 복고적 디아스파와 농지개혁을 외치는 사빠따의 반란에 직면한다. 우에르따 장군이 정변을 일으켜 권력을 장악하나 지방 주지사인 까란사는 이에 불복하여 무장반란을 일으킨다. 그는 오브레곤 장군과 함께 권력을 탈취하고 남쪽의 사빠따를 무찌르는 한편, 역시 농지개혁을 부르짖고 봉기한 북쪽의 빤초 비야도 섬멸하고, 1917년에 역사적인 멕시코 신헌법을 제정한다. 그러나 까란사는 1920년에 오브레곤의 쿠데타에 의해 쫓겨난다.

이러한 장기적인 유혈 투쟁이 과연 무엇을 의미하는가에 대한 성찰이 멕시코 작가들에 의해 이루어진 것은 당연하였다. 마리아노 아수엘라 **Mariano Azuela**의 대표작 «하층민들 ***Los de abajo***»(1916)을 잠시 보자.

무정부 상태의 혼란 속에서 데메뜨리오 마씨아스는 폭도들을 피해 마을을 떠난다. 그의 주위에는 소박한 농부들이 모이고 그는 반란집단의 우두머리가 되어 때로는 잔인하면서 관대하고, 때로는 용감하면서 무기력해지는 모순을 나타낸다. 무엇과 누구를 위해 싸우는지 완전한 이유를 모른 채 전투와 방화를 벌인다. 2년 후 고향으로 돌아왔을 때 아내는 울면서 말린다. 도대체 무엇 때문에 싸우는가? 마씨아스는 무심히 벼랑 아래로 돌을 던져 아득히 떨어지는 것을 보며 중얼거린다. "저 돌멩이가 멈추지 못하는 걸 보라니까. . ." 그리하여 다시 떠나건만, 매복한 적군의 기습을 받아 그는 "영원히 고정된 눈으로 총을 겨누고 있다"로 대단원을 맺는다.

직접 혁명에 참가하였던 아수엘라는 이 작품을 통해, 자유와 사회개혁에 대한 정당한 열망이 정치적 대혼란을 빚음을 지적하였다. 나아가, 방향상실과 몰이해가 사건을 외길로 치닫게 하여 투쟁의 제어력을 잃게 한 것으로 보았다. 혁명의 복잡한 얽힘 속에서 누구를 위해 싸우는지 모르는 단순한 전투원으로서의 민중은 거센 회오리바람에 날리는 마른 잎 같은 존재였던 것이다.

다른 작가들도 극적 사실주의로 혁명을 다루되 비관과 혐오를 나타낸 경우가 많았지만, 어쨌든 작가들이 역동하는 그들의 현실에 대해 상세한 증언과 전망을 제시한 것은 중요한 일이었다. 현실에 뿌리를 둔 문학은 이후 중남미 문학의 굵은 전통이 되었기 때문이다.

2. 지역주의 소설

중남미의 작가들이 눈을 돌린 주요한 또 하나의 대상은 아메리카의 광활한 자연이었다. 끝없는 평원, 황무지, 밀림, 거대한 산하는 그 자체가 감동적이다. 이러한 풍경 속에 용해된 인간의 모습 또한 중남미인의 현실임을 깊이 깨달은 것이 지역주의 소설로 나타나게 된다.

울창한 녹색의 밀림이 인간을 삼키는 신비스런 지옥으로 군림하는 것을 묘사한 에우스따시오 리베라 **Eustasio Rivera**(콜롬비아)의 «소용돌이 ***La vorágine***»(1924)는 이 분야의 대표작 중의 하나이다. 천지창조의 원형 같은 열대밀림의 수수께끼 속으로 잠입해 들어가게 하는 소설이다.

로물로 가예고스 **Rómulo Gallegos**(베네수엘라)의 «도냐 바르바라 ***Doña Bárbara***»(1929)에서는 거친 평원 야노를 배경으로 야만과 문명이 대결한다. 미신, 탐욕, 잔학성으로 엮어진 여장부 바르바라와 정의, 질서를 세우려는 문명인 산또스 사이의 투쟁에 자연은 행위의 일부로 참여하여 사건을 전개시키는 미스테리의 힘이다. 비옥하고 거대하며 동시에 약자에게는 가차 없이 냉혹한 자연 속에서 평원과 인간이 한 형상을 이루고 상호 일원화된 이 장편으로 가예고스는 당대 문학의 정상에 올랐다.

그리고, 아르헨티나와 우루과이의 넓은 평야를 달리는 가우초를 주인공으로 삼은 문학에서는, 호세 에르난데스 **José Hernández**의 대서사시 «마르띤 피에로 ***Martín Fierro***»(1872)의 뒤를 이어, 리까르도 구이랄데스 **Ricardo Güiraldes**가 «돈 세군도 솜브라 ***Don Segundo Sombra***»(1926)라는 명작을 내놓았다.

3. 인디오 소설 및 사회고발 문학

원래 아메리카의 주인이되 피압박 소수민족으로 전락한 인디오의 실상은 오랫동안 잊혀져왔다. 혼혈인들이 과두 독재정치의 도구는 될

망정 착취와 박해로부터 벗어나는데 성공한 반면에, 극도의 궁핍과 소외의 상황에서 벗어나지 못하는 순수 인디오의 존재는 아메리카의 비극임에 틀림없다. 이들에 대한 본격적인 문제제기는 때 늦긴 하였지만 20세기에 들어와 인디오 인구가 상당한 안데스 지역 국가의 작가들에 의해 이루어졌다.

알씨데스 아르게다스 **Alcides Arguedas**(볼리비아)는 «청동인종 ***Raza de bronce***»(1919)에서 인디오 문제에 대해 준엄한 정치사회적인 비판을 가한다. 그는 현실 참여적이고 혁명적 인물일 뿐만 아니라, 무엇보다 작가로서 그의 젖줄인 아메리카의 자연을 잔잔한 감동으로 그려내면서 부당하게 인간의 존엄성을 잃어버린 인종의 비극을 묘사하였다.

호르헤 이까사 **Jorge Icaza**(에콰도르)는 «날품팔이 마을 ***Huasipungo***»(1934)에서 인종편견과 탐욕의 죄 없는 희생자로 인디오를 보고, 이들을 위한 투쟁이 문학이 되기를 자원하였다. 완곡을 모르는 어조와 시종 어두운 분위기로써 인디오의 고통과 박해받는 실존에 대해 절제되지 않은 분노를 작열시키는 이 작품의 줄거리는, 날품팔이로 연명하는 인디오들을 대농장주, 외국기업, 정부가 한 통속이 되어 그 땅에서 몰아내려 하고 주민들은 군대의 총에 맞아 죽어가면서도 "마을은 우리의 것이다!"라고 외치는 것이다.

«세상은 넓고 낯설다 ***El mundo es ancho y ajeno***»(1941)로 문명을

얻은 페루 작가 씨로 알레그리아 **Ciro Alegría**도 설 땅이 없이 소외된 인디오 계층을 깊은 연민에서 우러나오는 '성난 사실주의'로 묘사하였다. 그러나 서정성을 배합시킨 것이 작가의 항의를 더욱 설득력이 있게 하였다.

이런 점에서 더욱 두드러진 예는 같은 나라의 호세 마리아 아르게다스 **José María Arguedas**일 것이다. 그가 쓴 «깊은 강들 ***Los ríos profundos***»(1958)은 20세기 후반기의 '신소설'에 들므로 표현기법과 구조상에서 전통적 소설과 구별되지만, 어쨌든 직설적인 비판을 드러내지 않고도 인디오의 비극을 절실하게 그려낸 수작으로 꼽힌다. 그리하여 인디오 문제에 접근하고자 할 때 읽어야 할 필독서는 «날품팔이 마을»이 아닌 «깊은 강들»이 되었다는 것은 시사하는 바가 크다.

그밖에, 중남미의 특징적인 사회고발 문학으로서, 쿠바 · 도미니카 공화국 등 흑인이 많은 나라에서 흑인의 정체성 상실과 정치사회적 박해를 다룬 흑인문학, 특히 시가 있음을 지적해야 할 것이다. 고향인 아프리카와 단절된 아메리카의 흑인은 잃어버린 언어와 전통에 강한 향수를 지닌 탓에, 이들의 문학에는 고유의 리듬과 마술적 분위기가 진하게 배어 있다. 그리고 이러한 바탕 위에 사회 · 정치적인 권리회복을 주장하는 것이다. 쿠바의 니꼴라스 기옌 **Nicolás Guillén**(1902~89)은 기억할 만한 시인이다.

4. 기타 작가와 시인

위의 분류에 들지 않는 문인 중에서도 이 시대 중남미 문학에서 빼놓을 수 없는 이름들이 있다. 중남미 단편소설의 거장이라고 일컬어지는 우루과이의 오라씨오 끼로가 **Horacio Quiroga**는 이국적이고 기괴한 환상과 자연주의적 사실묘사를 결합시킨 작가였다. «사랑과 광기와 죽음에 대한 이야기들 ***Cuentos de amor, de locura y de muerte***»(1917), «구렁이 ***Anaconda***»(1921) 등의 대표작이 있다. 1930년대 이후의 전위주의 작가들이 그들 이전의 문학을 선사시대의 것이라고 혹평할 때도 끼로가는 예외로 하였으니 그의 단편의 진가를 알만 하다.

호세 바스꼰셀로스 **José Vasconcelos**는 유명한 멕시코 사상가로서 «우주인종 ***La Raza Cósmica***»(1925)과 «원주민학 ***Indología***»(1926) 등의 수필을 통해 중남미의 인종적, 문화적 콤플렉스에 관해 뛰어난 통찰력을 보여주었다.

중남미에서 처음으로 노벨문학상을 수상(1945)한 칠레의 여류시인 가브리엘라 미스뜨랄 **Gabriela Mistral**은 소박한 문체와 섬세한 정서로 후기 모더니즘을 대표하였다. 그녀는 시집 «비탄 ***Desolación***»(1922)으로 문명을 얻었다. 그녀에 이어 빠블로 네루다 **Pablo Neruda**도 1971년에 노벨문학상을 받아 조국 칠레의 영예를 드높였다(그러나 그 2년 후에 군사쿠데타가 일어나 먹칠을 하였다). 네루다의 훌륭한 시집들이 여럿 있지만, 청년기에 쓴 «스무 편의 사랑 시와 절망의 노래 하나 ***Veinte poemas de amor y una canción desesperada***»(1924)는 널리 애송되는 시집이다.

III. 변화의 시도(1930~1950) : 전위주의와 마술적 사실주의

초현실주의를 비롯한 각종의 전위주의가 성행하던 시절에 중남미에도 비센떼 우이도브로 **Vicente Huidobro**, 세사르 바예호 **César Vallejo**, 빠블로 네루다, 호르헤 루이스 보르헤스 **Jorge Luis Borges**와 같은 전위주의 시인들이 활약을 하였다. 이 중 보르헤스(1899~1986)는 전위주의를 산문에까지 확대시켜 당시까지 거의 고정된 산문형식에 전혀 새로운 지평을 열었다. 논문인지 수필인지 소설인지가 모호하고, 또 사실과 허구를 교묘하게 섞은 단편소설을 모아 «허구들 ***Ficciones***»(1944)을 발표함으로써 그는 중남미 최대의 상상력과 독창성을 지닌 산문작가의 위치에 섰다.

그의 모든 작품은 미로와 같은 순환적 시간, 영원, 유심론 등의 형이상학적 주제를 기상천외한 플롯 속에 던져 놓고, 독자를 환상적이면서도 심오한 지적 유희로 초대하는 것이 특징이다. 그의 대담한 단편소설의 형식 쇄신은 모든 중남미 현대 산문의 원조라고까지 평가되며, 세계적으로도 포스트모더니즘의 확실한 선구자로 인식될 정도로 역내외에 많은 영향을 미쳤다. 지역성이 거의 드러나지 않는 그의 형이상학과 초월적 회의주의가 현실도피라는 오해를 받곤 하지만 아무것에도 구애받음이 없는 독자적인 정신세계를 참여냐 도피냐의 이분법으로 재는 것은 곤란하다.

반면에, 중남미의 여타 새로운 산문은 지역성에 대한 반성으로부터 출발하여 지역성을 보다 포괄적이고 깊이 있는 세계로 승화시킨다. 즉 지역성을 띤 소설들이 양산된 후 중남미 문학은 1930~40년대에 새로운 방향을 모색하기 시작한다. 그것은 반복되는 주제와 수법이 참신성을 잃었을 뿐만 아니라 이 기간에 세계가 겪은 엄청난 변화 – 대공황, 세계대전, 공업화 – 로 인하여 달라진 인간의 의식을 표현할 수도 없게 되었던 것이다. 이에 덧붙여 의식의 흐름을 적는 자동기술법, 잠재의식을 파고드는 분석심리학의 발전도 중남미 문학의 쇄신을 촉구한 요인들이었다.

그리하여 사실주의적, 다큐멘타리적, 지역주의적 전통에서 벗어나는 실험주의가 시도되었고, 중남미 문학 갱신의 첫 수확은 '마술적 사실주의'(**el realismo mágico**)로 나타났다. 이는 사실주의를 부정하는 것이 아니라, 오히려 중남미적으로 진정한 사실주의를 추구하는 경향이라고 할 수 있다. 인위성이 짙은 평면적 도식화가 아닌, 상상력의 도움을 받아 사실의 깊은 지층에 도달하려는 것이며, 또한 미처 깨닫지 못한 현실의 풍요를 현실의 특권적 계시로 일깨워 그 단계와 범주를 확대시키는 각성을 의도하는 것이다.

이러한 '환상적인 현실'(**lo real maravilloso**)과 '현실 같지 않은 것의 현실성 '(**la realidad de lo irreal**)을 담은 마술적 사실주의를 명명한 두 작가는 과테말라의 미겔 앙헬 아스뚜리아스 **Miguel Ángel Asturias**와 쿠바의 알레호 까르뻰띠에르 **Alejo Carpentier**였다. 전자는 1967년에 노벨문학상을 수상한 소설가로서 «과테말라의 전설 ***Leyendas de Guatemala***»(1930), «대통령 각하 ***El Señor Presidente***»(1946), «옥수수 인간 ***Hombres de maíz***»(1949)과 같은 작품을 썼다. 그의 글을 관통하고 있는 것은 인디언의 신화와 전설, 중미인의 정치 · 사회 · 경제적 열망, 그리고 마야-끼체족의 상징적 언어를 용해시킨 초현실주의라는 세 가지 요소이다. 그의 대표작 «대통령 각하»는 특정 독재자를 고발하는 대신에, 과장되고 추악화한 상황묘사를 통하여 보편적인 독재자상을 만들어 그 본질을 꿰뚫는데 성공하였다. 새로운 문체와 정치현실에 대한 신화적 관점을 제시한 이 작품의 초고는 1898년에서 1920년까지 집권한 독재자 까브레라를 소재로 해서 1922년에 씌어졌으나 1932년에 내용을 일신하였고, 발표는 과테말라의 새로운 독재자 호르헤 우비꼬가 죽고 난 1946년에야 실현되었다.

아스뚜리아스가 인디오와 혼을 섞었다면, 까르뻰띠에르는 카리브

해 일대의 흑인에게서 마술적 분위기를 찾았다. 그의 대표작은 «에꾸에－얌바－오 ***¡Ecué－Yamba－O!***»(1931), «시간의 전쟁 ***Guerra del tiempo***»(1958), «이 세상의 왕국 ***El reino de este mundo***»(1949), «광명의 세기 ***El siglo de las luces***»(1962) 등이다. 그는 정치 · 사회 · 경제적인 비판뿐만 아니라 서양문명에 대해서도 우화적인 비판을 가하고, 원시적 삶의 신비와 건전성을 대안으로 제시하였다. 중편 <씨앗으로의 여행 ***Viaje a la semilla***>에서는 죽음에서 출생으로, 또 아득한 태고로 거슬러 올라가는 시간의 역류를 환상적으로 보여주고 있다.

Ⅳ. '신소설'과 '붐' (1950~1970)

현대 중남미 문학의 큰 물줄기는 무엇인가. 그것은 아마도 실험주의라고 할 수 있을 것이다. 바꾸어 말하면, 어떠한 전통에도 머물지 않고 쇄신을 거듭하려는 것이다. 서구가 사회 · 문화적으로 완숙기를 넘어서 정체의 위험에 빠지는 반면에, 중남미는 모든 것이 형성기에 있어 문학적 소재가 풍부하고 이를 표현하려는 욕구가 넘친다. 나아가 서구에서 이룩한 이론과 기법의 혁신을 주저 없이 받아들이되 임상적 재료가 풍부한 까닭에 더욱 다양화된 결과와 진일보한 기법을 창조해낼 수 있는 것이다.

따라서, 세계의 비평계는 중남미 문학, 특히 소설에 주목하게 되었고, 이러한 순수한 문학적 동기 외에 이 지역을 알려는 관심을 이용한 상업주의적 출판에 힘입어 1960년대 중반에서 70년대 초반까지 중남미 소설은 일대 붐을 일으켰다. 그리하여 이 시기 혹은 그 직전에 써져 스포트라이트를 받은 소설을 통속적으로 '붐' 소설이라 부르나, 전통적 사실주의에서 벗어나 새로운 표현의 영역을 개척한 1950년대 이후의 모든 작품을 중남미의 '신소설'이라 불러도 좋을 것이다.

1. '신소설'의 개척자와 '붐' 작가들

앞에 소개한 보르헤스, 아스뚜리아스, 까르뻰띠에르는 '신소설'의 개척자들이다. 그러나 복잡다단한 현대문학의 특성에 보다 부합된 작품의 출발점은 흔히 «아단 부에노스아이레스 ***Adán Buenosayres***»(1948)로 꼽는다. 아르헨티나의 레오뽈도 마레찰 **Leopodo Marechal**은 이 소설에서 대도회지의 다양한 명암을 신화적 상징과 매우 혁신적인 언어와 구조로 표현하였던 것이다. 더욱 본격적인 실험주의는 멕시코의 후안 룰포 **Juan Rulfo**(1918~86)에 의해 이루어졌다. 1955년에 출간된 «뻬드로 빠라모 ***Pedro Páramo***» 는 다수의 화자가 의식의 흐름에 따라 등장하고, 산 자와 죽은 자의 구별이 없고, 시간의 진행은 과거를 의미하는 등, 소설의 구조와 시간성에 혁명을 일으켰던 것이다. 중남미의 까우디요(호족)의 전횡과 착취 받는 민중의 삶을 마술적 사실주의로 표현한 분량이 짧은 장편소설이다.

60년대의 '붐'과 작품 출판년대가 일치하는 작가들은, 훌리오 꼬르따사르 **Julio Cortázar**(아르헨티나, 1916~84), 까를로스 푸엔떼스**Carlos Fuentes**(멕시코, 1928~2012), 가르시아 마르께스 **García Márquez**(콜롬비아, 1928~), 바르가스 요사 **Vargas Llosa**(페루, 1936~), 호세 도노소 **José Donoso**(칠레, 1924~96) 등인데, 이들의 소

설은 붐 기간에 최고의 판매부수를 기록하였다.

꼬르따사르는 누보 로망과 안티 로망 사이를 오가는 장 · 단편 작가이다. 그의 대표작인 «돌차기놀이 ***Rayuela***»(1963)는 콜라쥬식으로 이질적 요소들을 조합한 장편으로서 독자의 취향에 따라 여러 가지 방법으로 읽을 수 있다. 작자는 자신의 문학을 비평하는가 하면 한 장을 떼내어 새로운 작품을 만들고, 독자는 자유롭게 공범이 되는 식의 개방소설이라고 할 수 있다. 꼬르따사르는 50년대 이후 파리에 머물면서 중남미의 독재상황을 타파하기 위한 활동을 활발히 하였다.

푸엔떼스는 현대의 소설이 '신화, 언어, 그리고 구조'라고 정의하며, 그 자신의 이론을 창작으로 옮긴다. «아르떼미오 끄루스의 죽음***La muerte de Artemio Cruz***»(1962)은 멕시코 혁명을 타락시킨 인간들에 대한 고통에 찬 비판이 그 주제이나 형식과 언어는 매우 독창적이다. 주인공의 내적 독백에 따라 독자는 시간적 순서를 정하며, 마침표가 없이 쉼표와 점과 생각의 교차에 따라 독자는 작가와 상호교감을 해야만 읽을 수 있는 작품인 것이다. 그의 후기 작품들은 더욱 복잡한 양상을 띠고 있다. 푸엔떼스는 해박한 문명비평가로서도 이름이 높다.

마르께스는 «백 년 간의 고독 ***Cien años de soledad***»(1967)으로 세계를 놀라게 하였는데, 노벨상 수상(1982)으로써 그 작품의 중요성을 인정받은 셈이다. 마꼰도라는 상상의 마을에 정착한 부엔디아 가문의 백 년 간에 걸친 역사를 그린 이 소설은 초자연적이고 환상적인 배경하에 고통스러운 아메리카의 현실을 담아내었다. 그밖의 여러 작품을 통해서도 마르께스의 마술적 사실주의는 집요하게 실험되고 있다.

바르가스 요사 역시 중남미 '신소설'을 대변할 만한 독창성을 지녔다. «도시와 개들 ***La ciudad y los perros***»(1962)로 재능을 인정받고 «초록집 ***La casa verde***»(1966)으로 중견작가의 위치에 선 그는 사실을 객관적으로 나타내려고 하되 문학의 사실주의는 작가에 의해 변환되어야 한다는 관점 아래, 복합적 시점과 다양한 화자, 시간과 공간의 이중성, 객관적 대화 속에 내적 독백의 삽입, 상이한 공간과 시간 사이에 일어나는 '망원경적' 서술의 조합을 창조했다. 요사는 현재에도 끊임없이 창의력이 넘치는 '재미있는' 소설을 쓰고 있다. 2010년에 노벨문학상을 수상하였다.

«음탕한 밤새 ***El obsceno pájaro de la noche***»(1970)로 중남미 산문에 새로운 색조를 더한 호세 도노소는 인간의 여러 상황 －유복, 비참, 광기, 소외, 타락 등－을 기괴하고 환각적인 조작과 유머와 냉소

를 통해 표출하고 이를 다시 풍부한 심리현상과 극적 긴장을 동원하여 독자 앞에 내놓는다. «세 편의 짧은 부르조아 소설 ***Tres novelitas de la burguesía***»(1973)에서는 왜곡된 중산층의 심리를 병적인 섬세함으로 해부하였다.

이들 외에, 에르네스또 사바또 **Ernesto Sábato**, 까를로스 오네띠 **Carlos Onetti**, 로아 바스또스 **Roa Bastos**, 레사마 리마 **Lezama Lima**, 까브레라 인판떼 **Cabrera Infante** 등의 작가도 중남미 '붐' 문학의 중요한 기여자들이다.

2. '신소설'의 특징

신소설의 다양한 실험주의적 접근에도 불구하고 현대 중남미 문학의 공통된 목표는, 인간을 중심테마로 놓고 '진정한' 사실주의에 입각하여 보편성을 지닌 문학을 추구하는 것이다. 모호하고 모순투성이의 인간과 주관적 관점을 떠나서는 존재하지 않는 외적 현실을 깊이 파고 들어가 어떤 공감대를 형성하자는 것이다.

이러한 목표가 구체적으로 실현되는 양상을 요약하자면, 극단적인 주관주의, 순차적 시간의 단절, 잠재의식의 부각, 부조리성 혹은 논리의 거부, 화자의 역할 축소, 기존의 형식과 언어질서의 변형, 박학다식, 육체의 의미 격상, 죽음과 소외에 대한 집착, 현실 참여적 성격 등의 특징을 지닌다. 몇몇 작가의 말을 인용하여 보자.

> 지난 시대의 이성주의적 사고방식을 고수하는 비평가들은 우리 시대의 이해할 수 없는 소설에 대해 이러쿵저러쿵한다. 그러나 예술 작품이 왜 이해될 수 있는 것이어야 하느냐를 떠나서 —모짜르트의 교향곡이 무엇을 '뜻'하는가?— 논리학이나 과학에 고유한 것인 지적 질서를 소설에 요구함은 적절한 것이 못된다. 인간은 동질성의 원칙이나 모순성의 원칙과 전혀 관련이 없기 때문이다. 그러므로 반 이성주의는 소설의 한 특성이고 현실에 대한 불가결한 증좌인 것이다.
>
> — 에르네스또 사바또의 «작가와 그의 환영(幻影)들»(1967)에서.

> 중남미의 신소설은 우리의 거짓되고 봉건적인 기원과 마찬가지로 거짓되고 시대착오적인 언어를 연장함에 반대하는 새로운 언어형성이라는 것으로 나타난다. 까브레라 인판떼는 —다른 이들과 함께— 두 가지를 제시한다. 첫째, 기존질서를 반영하거나 정당화하는 것에 그치는 중남미 문학은 시대착오적 무용지물이라는 점이다. 우리의 창작은 무질서의 것, 다시 말해 현재의 것과 반대되는 것이다. 둘째, 중남미의 유산계급은 그들에게 천박함을 면제해 주고, 그들에게 본원적이고 항구적인 찬사를 보내는 고상한 문학을 원할는지 모르나, 우리의 예술은 진정한 의미에서 혁명적이다. 정착된 언어질서를 거부하고, 대

신에 경보, 혁신, 무질서, 유머의 언어를 원한다. 결론적으로, 모호 · 의미복합 · 다발적 암시 · 개방의 언어인 것이다.

– 까를로스 푸엔떼스의 «중남미 신소설»(1969)에서.

사회 · 문화 · 정치적 상황에 대해 뚜렷한 의식을 갖되, 상상적인 것, 신비적인 것, 형이상학적인 것이 중남미의 현실에 대해 책임과 관련성을 맺게 하고, 특히 자주 휘둘러지는 '역사적 현실'이라는 것과 직접적으로 결합하는 것 못지않게 유효하고도 풍요로운 수준의 창작 문학은 [비판받아 마땅한 도피문학과] 구별을 해야 한다.

– 꼬르따싸르의 «혁명 속의 문학과 문학 속의 혁명»(1970)에서.

중남미인들은 지도자가 필요하다. 그리고 작가들에게서 그것을 발견했다고 믿는다. [. . .] 내가 참석하는 모임들에서는 내게 정치적인 질문만을 한다. [. . .] 그러나 작가는 단지 작가일 뿐이라는 것을 그들이 알면 위험해진다. 환멸을 느낀 나머지 우리에게 돌을 던지는 것이다.

– 마르께스, «Indice»誌 제 237호에서.

V. '붐' 이후(1970~현재)

중남미 문학의 성가를 드높인 '붐' 소설들이 그 혁신적 실험성에도 불구하고 여전히 고전적 진지성을 지녔음에 반해, 그후의 소설은 60년대부터 세계를 휩쓸기 시작한 팝 컬춰와 장난기를 반영한다. 멕시코에서는 살바도르 엘리손도 **Salvador Elisondo**, 페르난도 델 빠소 **Fernando del Paso**, 호세 아구스띤 **José Agustín** 등 30년대 이후에 태어난 젊은 작가들이 새로운 물결을 뜻하는 '온다'(onda) 문학을 일으켰고, 쿠바의 세베로 사르두이 **Severo Sarduy**, 페루의 알프레도 브리세 에체니께 **Alfredo Bryce Echenique**, 아르헨티나의 네스또로 산체스, 마누엘 뿌익 **Manuel Puig** 역시 주제 선정과 어조 면에서 가볍고 세밀해진 경향을 보인다. 그렇다고 해서, 이들에게 문제의식이 결여되어 있는 것은 아니다. 가령, 뿌익의 «리타 헤이워드의 반란 ***La traición de Rita Hayworth***»(1968)은 제목의 경박함과는 달리, 팝 컬쳐의 소외효과를 드러낸다. 영화화되어 오스카 상까지 받은 «거미여인의 키스 ***El beso de la mujer araña***»(1976)도 범상치 않은 주제를 숨기고 있다.

여류작가들이 역량을 과시하는 것도 새로운 현상이다. 아르헨티나의 루이사 발렌수엘라 **Luisa Valenzuela**는 «도마뱀 꼬리 ***Cola de lagartija***»(1983)로 찬사를 받았고, 칠레의 이사벨 아옌데 **Isabel Allende**는 «영혼의 집 ***La casa de los espíritus***»(1982)으로 일약 문학적 스타가 되었고 그 후에도 계속하여 좋은 소설들을 쓰고 있다.

중남미에서 70년대의 군정 부활은 '붐' 작가들이 다시 중요한 반독재 소설을 쓰게끔 하였는데, 마르께스의 «족장의 가을 ***El otoño del patriarca***», 로아 바스또스의 «내가 각하다 ***Yo el Supremo***»가 그런 예이다. 중남미에서 '혁명은 필요하고 또 가능하다'라는 신념을 굽히지 않음에도 불구하고 대단한 인기작가인 우루과이의 마리오 베네데띠 **Mario Benedetti** 역시 그의 장기인 단편소설을 통해 중남미인의 연대의식을 고취하였다.

최근에 소설이 영화나 다른 대중문화 양식에 영향을 받았다면, 60년대 이후 시에서는 이야기체, 민요조, 저항가요 운동 등의 영향이 두드러졌다. 상상력과 수사법 등의 전통적 가치가 광채를 잃고, 대신 평범한 형식에 일상어가 쓰여야 '읽히는' 시집이 되었다. 오랫동안 시단을 주름잡아 온 네루다와 옥따비오 빠스 **Octavio Paz**(1990년 노벨문학상 수상)는 퇴조의 기미를 보이고, 대신 반시(反詩)의 창시자 칠레의 니까노르 빠라 **Nicanor Parra**(1914~)나, 니카라과의 신부이자 혁명투사인 에르네스또 까르데날 **Ernesto Cardenal**(1925~)이 새로운 주류의 선봉에 섰다. 이들은 세사르 바예호의 이야기체를 다분히 물려받은 것으로 보이는데, 까르데날은 나아가 대중 문화적인 속어와 광고어, 고전 시구, 아메리카 토착문화 등을 콜라주 기법으로 섞고 있다.

여기까지 본 것처럼, 스페인어권 중남미는 탄탄한 문학 전통, 풍부한 재료가 넘쳐나는 현실, 역량 있는 작가들을 갖추고 있어 앞으로도 세계문학계를 놀라게 할 가능성이 높다.

출전 및 참고문헌

Menéndez Pidal, Ramón(Ed.), *Cantar de Mio Cid*, Espasa Calpe, Madrid, 1990.

Ruiz, Juan, *Libro de Buen Amor*, Ed. Pablo Jauralde Pou, Ediciones Tarraco, Tarragona, 1982.

Manrique, Jorge, *Poesía*, Ediciones Cátedra, Madrid, 1984.

Rojas, Fernando de, *La Celestina*, Editorial Bruguera, Barcelona, 1978.

Garcilaso de la Vega, *Poesía Completa*, Ed. Juan Francisco Alcina, Espasa Calpe, Madrid, 1993.

San Juan de la Cruz, *Poesías Completas*, Ed. Cristóbal Cuevas García, Bruguera, Barcelona, 1981.

Santa Teresa de Jesús, *Moradas del Castillo Interior*, Ed. Antonio Comas, Bruguera, Barcelona, 1984.

V. Ricapito, Joseph(Ed.), *Lazarillo de Tormes*, Ediciones Cátedra, Madrid, 1984.

Góngora, Luis de, *Fábula de Polifemo y Galatea*, Ed. Alexander A. Parker, Ediciones Cátedra, Madrid, 1984.

Vega, Lope de, *Poesías*, Ed. Fco. Javier Díez de Revenga, Bruguera, Barcelona, 1982.

Gracián, Baltasar, *Oráculo manual y arte de prudencia*, Ed. de Emilio Blanco, Cátedra, Madrid, 1997.

Tirso de Molina, *El burlador de Sevilla y convidado de piedra*, Ed. de Joaquín Casalduero, Cátedra, Madrid, 1991.

Calderón de la Barca, Pedro, *La vida es sueño, El alcalde de Zalamea*, Espasa Calpe Mexicana, 1982.

Rosales, Luis, *Poesía española del Siglo de Oro*, Salvat Editores, Navarra, 1986.

Adolfo Bécquer, Gustavo, *Rimas y Leyendas*, Bruguera, Barcelona, 1983.

Pérez Galdós, Benito, *Marianela*, Ed. de Joaquín Casalduero, Cátedra,

Madrid, 2006.

Unamuno, Miguel de, *Obras selectas*, Editorial Biblioteca Nueva, Madrid, 1986.

Unamuno, Miguel de, *Antología poética*, Espasa-Calpe, Madrid, 1968.

Machado, Antonio, *Poesías completas*, Espasa-Calpe, Madrid, 1969.

Jiménez, Juan Ramón, *Platero y yo*, Alianza Editorial, Madrid, 1984.

Jiménez, Juan Ramón, *Antolojía*, Ed. Alejandro Bermúdez Vivas, Ediciones Orbis, Barcelona, 1982.

Mihura, Miguel, *Tres sombreros de copa*, Ed. Jorge Rodríguez Padrón, Cátedra, Madrid, 1986.

Cela, Camilo José, *La familia de Pascual Duarte*, Ediciones Destino, Barcelona, 1989.

Hierro, José, *Antología*, Ed. Aurora de Albornoz, Visor Libros, Madrid, 1993.

Alonso, Damaso, y Galvarriato de Alonso, Eulalia, *Primavera y Flor de la Literatura Española*, I · II · III, Selecciones del Reader's Digest, Madrid, 1966.

García López, José, *Historia de la Literatura Española*, Editorial Vicens-Vives, Barcelona, 1984.

Valbuena Prat, Ángel, *Historia de la Literatura Española*, I · II · III, Editorial Gustavo Gili, Barcelona, 1963.

Green, Otis H., *España y la tradición occidental*, Tr. Cecilio Sánchez Gil, Editorial Gredos, Madrid, 1969.

Gabriele, *John P. (Ed.), Divergencias y Unidad: Perspectivas sobre la Generación del 98 y Antonio Machado*, Editorial Orígenes, Madrid, 1990.

Shaw, Donald, *La Generación del 98*, Tr. Carmen Hierro, Ediciones Cátedra, Madrid, 1989.

Ward, Philip, *The Oxford Companion to Spanish Literature*, Clarendon Press, Oxford, 1978.

Stimson, Frederick S., Navas-Ruiz, Ricardo(Ed.), *Literatura de la América Hispánica*, t. I·II·III, Dodd, Mead & Company, N. Y., 1971.

Villanueva, Darío, Viña Liste, José María, *Trayectoria de la Novela Hispanoamericana Actual*, Espasa Calpe, Madrid, 1991.

Belline, Giuseppe, *Historia de la literatura hispanoamericana*, Editorial Castalia, Madrid, 1985.

Brushwood, John S., *La Novela Hispanoamericana del Siglo XX* (tr. Raymond L. Williams), Fondo de Cultura Económica, México, D. F., 1984.

Veiravé, Alfredo, *Literatura Hispanoamericana*, Editorial Kapelusz, Buenos Aires, 1976.

Fernández Moreno, César(Ed.), *América Latina en su Literatura*, Siglo Veintiuno Editores, México, D. F., 1974.

Brotherston, Gordon, *La Irrupción de la Novela Latinoamericana*, Editorial Pluma, Bogotá, 1980.

김현창, 『스페인문학정선』, 신아사, 1986.

———, 『 중남미문학사』, 민음사, 1994.

민용태, 『중세서반아문학의 맛과 멋』, 빛샘, 1992.

———, 『라틴아메리카 문학 탐색』, 문학아카데미, 2000.

———, 『서 · 중남미 문학론』, 전예원, 1989.

민용태 편, 『세르반떼스, 돈끼호떼 그리고 동양』, 열음사, 1991.

박　철, 『서반아문학사』, 상 · 중 · 하, 송산출판사, 1992.

쎄르반떼스, 『동끼호떼』 I · II, 삼성출판사, 1976.

임상래 · 김우성 · 박종탁, 『중남미 사회와 문화』, 부산외국어대학교 출판부, 1998.

신영복 · 박종탁 외, ｉ으세계고전오디세이』, 천년의시작, 2007.

퍼트리샤 워, 『메타픽션』(김상구 역), 열음사, 1989.

김욱동, 『대화적 상상력 –바흐친의 문학 이론』, 문학과지성사, 1991.

루카치, 『소설의 이론』(반성완 역), 심설당, 1985.

르네 지라르, 『소설의 이론』(김윤식 역), 삼영사, 1991.

Beer, Gilian(1974), 『로망스』(문우상 역), 서울대학교출판부, 1980.

Pollard, Arthur(1970), 『풍자』(송낙헌 역), 서울대학교출판부, 1978.

Muecke, D.C.(1970), 『아이러니』(문상득 역), 서울대학교출판부, 1980.

A. 하우저, 『문학과 예술의 사회사』, 근세편 상(백낙청 · 반성완 역), 창작과비평사, 1990.

에리히 아우얼바하, 『미메시스』, 근대편(김우창 · 류종호 역), 민음사, 1988.

저자

박종탁(朴鍾琢)

한국외국어대학교 스페인어과 졸업
한국외대 통역대학원 영서과 수료
베네주엘라 중앙대학교(UCV) 유학(국비파견)
경희대학교 대학원 석사(스페인문학)
한국외대 대학원 박사(스페인문학)
멕시코 과달라하라 자치대학(UAG) 교환교수
외무고시 · 국비유학생 선발시험 출제위원 역임
현 부산외국어대학교 스페인어과 교수

작품과 함께 읽는

스페인어권 문학사

1판 1쇄 발행 _ 2012년 6월 15일
1판 2쇄 발행 _ 2014년 8월 25일

저　　자 • 박 종 탁
발 행 인 • 정 현 걸
발　　행 • 신 아 사
인　　쇄 • 예지인쇄
출판등록 • 1956년 1월 5일 (제9-52호)
주　　소 • 서울특별시 은평구 녹번동 28-36번지 2F
전　　화 • 02)382-6411 · 팩스 02)382-6401
홈페이지 • www.shinasa.co.kr
E - MAIL • shinasa@chol.com

ISBN 978-89-8396-771-8 (93870)

정가 *13,000*원